일기로 본 사족의 의례 생활

일러두기

단행본과 학술지, 잡지 등은 『』로, 논문과 단편, 시조, 그림은 「」로 표기했다.

학자료 심층연구 총서 26

일기로 본 사족의 의례 생활

한국국학진흥원 인문융합본부 기획

신진혜 김성희 박미선 윤혜민 임혜련 지음

은행나무

책머리에

조선시대 의례는 사족들의 삶과는 뗄 수 없는 관계였다. 사족으로 태어나 죽을 때까지 성년식에서는 관례, 혼인식에서는 혼례, 장례식에서는 상례, 그리고 돌아가신 조상을 받들어 모시는 제사와 같은 수많은 의례적 절차를 거쳤기 때문이다. 또한 관직에 나아가서는 국가 전례에 참여하여야 했다. 의례에 관한 대부분의 글은 절차와 관련되어 있지만 이번 『일기로 본 사족의 의례 생활』을 통해 생활 속 의례라는 조선의 내밀한 모습을 볼 수 있을 것이다.

『일기로 본 사족의 의례 생활』은 한국국학진흥원 국학자료 심층연구 포럼의 결과물로, 임진왜란 때 외교 의례의 생생한 모습, 16세기 후반 외방 기양제의, 조선후기 사족들의 관례·혼례·상례·제례의 실제적 사례, 승문원 관원의 면신례 모습 등에 대한 심도 있는 논의를 담고 있다. 『운천호종일기』, 『초간일기』, 『역중일기』, 『하와일록』, 『계암일록』, 『청대일기』 등에는 조선시대 사족들의 의례 생활과 관련한 기록이 남아 있다. 이에 2023년 5명의 연구자가 모여 1년 동안 '조선시대 일기

속 사족의 의례'라는 대주제를 가지고 같이 공부하고 서로 질문을 던지며 논의를 심화시켜 나가면서 의례 생활에 대해 다각도에서 검토했다. 신진혜는 '『운천호종일기』에 수록된 임진전쟁기 선조의 외교 의례 시행과 의미'에서 임진왜란 때 외교 의례에 대해『운천호종일기』에서 실제적 모습을 살펴보고 의미를 검토하였으며, 김성희는 '권문해의『초간일기』에 기록된 16세기 후반 외방 기양제의 사례와 그 의미'에서『초간일기』에 수록된 기양제의 기록의 역사성과 치제 기록을 분석하였다. 박미선은 '18세기 대구 옻골 최흥원 가족의 기제사 실천 양상'에서『역중일기』를 통해 최흥원 가문의 기제사 실천 양상과 그 특징에 대해서 살펴보았으며, 윤혜민은 '『하와일록』을 통해 본 안동 사족 류의목의 일생 의례'에서 사족의 관례·혼례·상례를 류의목의 사례를 통해 검토했고, 임혜련은 '일기를 통해 본 승문원 관원의 면신례 시행 양상'에서 조선시대 문과 급제자가 승문원에 분관된 후 겪은 면신례에 대해서『계암일록』과『청대일기』를 통해 알아보았다.

『일기를 통해 본 사족의 의례 생활』은 수많은 기탁자분들이 소중한 선조들의 기록 유산을 한국국학진흥원에 기탁하여 연구에 활용할 수 있도록 허락해주셨기 때문에 시작될 수 있었다. 한국국학진흥원에서는 기탁 자료에 대한 기초조사 사업과 함께 국역 사업을 진행하여 '일기국역총서' 시리즈로『초간일기』(2012),『계암일록』(2013),『청대일기』(2015),『하와일록』(2015),『역중일기』(2021),『운천호종일기』(2022) 등을 국역하였는데, 이러한 본원의 사업은 이 연구의 기초로 활용되었다. 무엇보다도 이 연구가 가능했던 것은 참여한 연구자들이 2년 동안 많은 노력을 기울인 덕분이다. 각자의 영역에서 전문가로 활동하는 연구자들이지만 다양한 학문의 전공자들과 심층연구 포럼이라는 형식으로 함께 모여 토론하는 가운데 새로운 관점에서 조선시대 사족들의 의례 생활의 실상을 살펴볼 수 있는 성과를 낼 수 있었다.

앞으로도 기탁된 여러 자료에 대한 깊이 있는 연구를 통해 전통시대 사람들의 다양한 삶과 문화의 모습을 이끌어 낼 수 있도록 최선의 노력을 기울이도록 하겠다.

2024년 11월
한국국학진흥원 인문융합본부

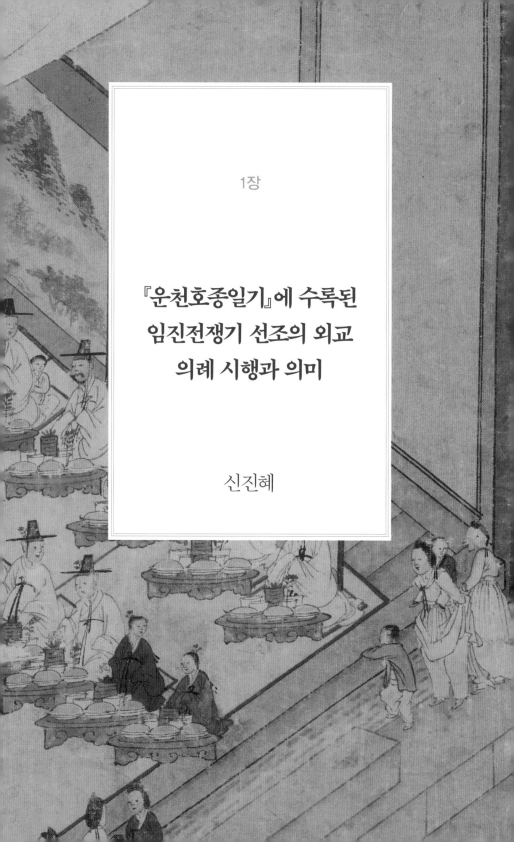

1장

『운천호종일기』에 수록된 임진전쟁기 선조의 외교 의례 시행과 의미

신진혜

※ 이 글은 『국학연구』 53(2024.3)에 실린 논문을 수정·보완한 것이다.

머리말

조선은 건국 이후 유교적 이념을 바탕으로 예제를 구현하였는데, 중국으로부터도 예의지국禮義之國이라 거론되었다.[1] 그런데 임진전쟁이라는 대규모 전란을 경험하게 되었고 백성은 물론 왕실과 정부까지 피난길에 오르게 되면서 모든 측면에서 비상시국에 놓였다. 또한 전쟁중 일본과의 협상이 결렬되어 정유재란으로까지 이어지면서 약 7년의 시간을 전란기로 만들었다.[2] 일상적으로 조선은 오례五禮를 중심으로 국가의례를 주관하였지만, 과연 전란이라는 비상시국에도 국가의례를 그대로 구현할 수 있었는가에 대해서는 여전히 연구가 필요하다.

일본군의 북상 소식을 접한 왕실에서는 종묘의 신주를 모시고 파천길에 나섰고, 정주할 때마다 간략하게라도 신주에 대한 예를 다하고자 노력하였는데, 이를 통해 전란기 길례吉禮 시행의 일면을 살필 수 있다.[3] 그런데 전란기에는, 특히 외교 측면의 의례가 중요했다. 조선 왕조의 국가의례 중 외교적으로 시행되었던 의례는 가례·흉례·빈례에 포함되어 있었고, 명나라 사신에 대한 의례 시행은 비전시에는 일상에 가까웠다. 『세종실록』 「오례」를 거쳐 『국조오례의』에 이르면서 명 사신에 대한 연례, 황제가 내린 문서에 대한 의례가 규정되었고, 제도 정비 이후로도 상황에 따라 절차를 논의하거나 조율한 바 있다.[4]

임진전쟁이 발생하고 명군이 조선에 파견된 상황을 당면했을 때 외교 의례는 더욱 중요하게 작동하였다. 선행 연구에서 이미 임진전쟁기 대명 외교 의례에 관해 『선조실록』과 도면 자료를 바탕으로 명 사신과 장수 영접 양상을 분석하였다. 이 연구는 임진전쟁기를 거시적으로 조명하면서, 명나라에 대한 외교 의례의 작동 사례는 물론 의례 공간의 변화나 파견된 명 장수 및 사신의 명단까지 목록화했다는 점에서 연구사적 의미가 있다.[5]

이 연구에서는 선행 연구를 기반으로, 임진전쟁기에 선조가 시행한 외교 의례에 내포된 의미를 검토해 보고자 한다. 특히 선조 25년(1592) 명군이 파견되었던 시기와 선조 26년(1593) 평양 탈환 이후 강화교섭 시기에 주목하면서, 선조가 명군에 대한 의례 시행을 통해 명나라에 전달하고자 했던 메시지를 분석해 봐야 한다.

이러한 접근을 위해 특히 주목하고자 한 자료는 김용金涌(1557~1620)이 임진전쟁 시기 선조를 호종하면서 기록한 3책 분량의 필사본 『운천호종일기雲川扈從日記』다. 『운천호종일기』는 선조 26년(1593) 8월부터 12월 그리고 선조 27년(1594) 6월까지 의주로 피난하는 선조를 호종할 때 행재소에서 직접 보고 들은 사실들을 기록한 사초의 성격을 가진 자료로 『선조실록』에서 확인되지 않는 내용까지 확인할 수 있기에 반

드시 검토해야 하는 자료다.[6]

특히 『운천호종일기』에 수록된 선조 26년 8월 14·15·16일 기록에 주목하여 선조가 몸소 시행했던 외교적 의례의 절차를 검토해 보고자 한다. 『운천호종일기』는 주로 조명 연합군이 한성을 탈환한 이후의 기록을 담고 있는 만큼, 조선 왕실과 정부 세력이 서울로 돌아가는 과정과 명나라 군사에 대한 예우를 고민한 흔적들을 『선조실록』보다 세부적으로 엿볼 수 있다. 따라서 『운천호종일기』를 중심으로 당시의 상황과 맥락을 정리하고 『운천호종일기』에 드러나지 않은 상황의 전후 맥락을 파악하는 데에는 『선조실록』을 활용하고자 한다.

그리고 서술상 의례 관련 용어는, 황제의 명령에 대한 의례는 가례, 사신에 대한 대접은 빈례에 속하는데, 이 글에서 다루는 의례는 상황에 따라 변형되어 시행되거나 혹은 제도적으로 구축되지 않은 절차가 추가되는 경우도 있기 때문에 '외교 의례'라 통칭하고, 『국조오례의』를 기반으로 개념 구분이 가능한 의례의 경우에는 그에 적합한 명칭을 사용하고자 한다. 조선의 존망이 달린 상황에서 선조가 의례를 통해 어떻게 몸소 조선의 상황을 전달하고 협력을 촉구하였는지 조명하는 것이 이 연구의 목표다.

임진전쟁기 외교 의례의 양상

선조 25년(1592) 임진전쟁의 발생과 명군 파견

조선은 국호國號 선정을 명나라에 요청하였을 만큼 명나라와의 사대적 관계를 뚜렷하게 표방하면서, 한편으로는 조선 중심의 독자적 국제 질서 체계 역시 구축해 나가고 있었다.[7] 그리고 대외적 위상에 있어서는 명 건문제建文帝가 조선의 국왕은 친왕親王과 같다고 인정하였고, 영락제永樂帝 역시 조선을 친왕 등급으로 대우하였기 때문에 조선에서 제정되는 국가의례는 친왕 등급을 기준으로 마련되었다.[8]

『세종실록』「오례」를 거쳐『국조오례의』에 최종적으로 수록된 외교 의례의 종류는〈표1〉과 같다.

중국 황제에 대한 의례는『국조오례의』「가례」에 정지급성절망궐행례의, 황태자천추절망궁행례의, 영조서의, 영칙서의, 배표의가 수록되어 있다. 망궐·망궁·배표는 조선 국내에서 설행되던 의례였지만

〈표1〉『국조오례의』에 수록된 외교 의례의 종류

구분	세부 항목
가례 嘉禮	정지급성절망궐행례의正至及聖節望闕行禮儀 황태자천추절망궁행례의皇太子千秋節望宮行禮儀 영조서의迎詔書儀 영칙서의迎勅書儀 배표의拜表儀
빈례 賓禮	연조정사의宴朝廷使儀 왕세자연조정사의王世子宴朝廷使儀 종친연조정사의宗親宴朝廷使儀 수인국서폐의受隣國書幣儀 연인국사의宴隣國使儀 예조인국사의禮曹宴隣國使儀
흉례 凶禮	위황제거애의爲皇帝擧哀儀 영사시제급조부의迎賜諡祭及弔賻儀 사부의賜賻儀 사시의賜諡儀 사제의賜祭儀

영조칙과 마찬가지로 황제에 대한 예로서 외교 의례의 성격을 띤다. 국왕·세자·종친이 외국 사신에게 베푸는 연회는 『국조오례의』「빈례」에 연조정사의, 왕세자연조정사의, 종친연조정사의, 수인국서폐의, 연인국사의, 예조인국사의로 수록되었고, 그외에도 『국조오례의』「흉례」에 위황제거애의, 영사시제급조부의, 사부의, 사시의, 사제의와 같은 조선의 국휼 시 조문을 위해 파견된 사신 관련 의례가 수록되어 있다.[9]

외교 의례가 빈례·가례·흉례로 구분된 이유에 대해서는 여러 의견이 제시되었다. 먼저, 조선의 이중적인 국제 관계가 의례 정비를 통해 드러난 것이라는 의견이 있다. 가례에 수록된 망궐·영조·영칙·배표 등의 의식은 황제의 권위를 바탕으로 시행되어 명 중심의 동아시아 세계 질서를 표방하지만, 빈례에서는 명 사신과의 대등한 의식과 일본·류큐·여진 등을 대상으로 조선이 우월한 위상을 드러내는 의식만 수록함으로써 조선 중심의 세계관을 드러냈다는 것이다.[10] 그리고 황제의 명령과 이를 전달하는 명 사신의 위상을 구분하여, 황제의 명령에 해당하는 의식은 가례·흉례에, 다양한 출신자들로 파견되었던 명 사신에 대한 의식은 빈례에 수록함으로써 개념 구분을 추구한 것이라 보는 의견 역시 제시된 바 있다.[11]

명나라 역시 여러 이방 국가 가운데 조선을 특별히 우대하였다. 명나라로 오는 조공 사행단은 해로로 입항하거나 육로로 입경할 때 외국인 출입국 허가 증명서인 감합勘合을 반드시 소지하고 각종 규제를 초과하지 않아야 했지만, 조선은 명으로부터 사행단 규모에 대한 상한선을 규제받지 않았고, 감합을 별도로 발급받지 않는 특별대우를 받았

다. 이외에도 여러 측면에서 명나라는 다른 조공국에 비해 조선을 차등적으로 예우하였다.[12]

하지만 명나라와 조선의 의례적인 관계가 아무런 논란 없이 유지되었다고 보기는 어렵다. 조선에서는 대외 관계적 입지에 걸맞게 가례·빈례·흉례에 명나라와 관련된 외교적 의례를 정비하였지만, 명 사신에 의해 절차상의 지적을 받는 경우가 있었다. 대표적으로 조선에서 시행하고 있었던 조서를 맞이하는 의식[迎詔書儀]에 대해 명 사신이 오배삼고두五拜三叩頭 절차를 시행하도록 강요한 사례가 있었다.[13]

그러던 중 선조 25년 임진전쟁이 발생했고, 명나라에서 조선을 지원하기 위해 사신과 여러 장수를 파견하면서 이에 따른 여러 의식이 시행되었다. 일본군은 4월 14일에 부산포에 상륙하여 중로中路·좌로左路·우로右路로 나뉘어 북상하였고,[14] 5월에 이르러 선조는 충주에서의 패전 소식을 접하고 결국 평양으로 들어가게 되었다.[15] 하지만 일본군이 진격하여 황해도로 침입하고 상황이 나빠지자 다시 영변으로 옮겨 갔는데, 선조는 이곳에서 세자[광해군]와 분조分朝하여 세자를 영변에 머물게 하고 선조는 정주로 이동했다.[16]

국왕이 파천 중인 복잡한 상황 속에서도, 전란을 타개하는 데 중요한 역할을 기대할 수 있는 명나라의 파견 사신이나 장수에 대한 상견 접대는 매우 중요하게 다루어질 수밖에 없었다. 선조 25년 임진전쟁 시기에 선조가 직접 명에서 파견된 사신이나 장수들을 접견한 사례를 정리하면 〈표 2〉와 같다.

선조 25년 6월, 파천 중인 조선 정부에서는 명나라 차관 최세신·임세록 등을 상견하게 되었는데, 그들은 적정賊情을 탐심探審하기 위하여

〈표 2〉 선조 25년 선조의 대명의례 시행 양상

일시		장소	접견자	목적	내용
6월	5일 계사	평양 행궁	차관差官 최세신崔世臣·임세록林世祿 등	접견	
	18일 병오	임반관 林畔館	요동유격遼東遊擊 사유史儒 원임참장原任參將 곽몽징郭夢徵	접견	■ 재배再拜
	24일 임자	용만관 龍灣館	참장 곽몽징	황제의 하사품	■ 황제가 하사한 은 2만 냥 ■ 서문 밖으로 나가 지영祇迎 ■ 서로 읍揖하고 좌정
8월	17일 갑진	용만관	유격遊擊 심유경沈惟敬 등 3인	황제의 하사품	■ 황제가 하사하는 은냥銀兩 ■ 서문 밖에 나가서 지영 ■ 용만관 대청 앞으로 와서 사배례四拜禮
				다례	■ 다례 시행 ■ 연례 생략
9월	2일 기미	용만관	행인사행인 行人 司行人 설번薛藩	칙서	■ 상이 백관을 거느리고 칙사를 영접하여 사배례
				접견·다례	■ 국기國忌였기 때문에 연례를 다음 날로 물리고 다례만 시행
	3일 경신	용만관		다례·주례	■ 서로 읍하고 다례·주례
	4일 신유	용만관		전송·다례	■ 상배례相拜禮·회배례回杯禮
11월	10일 병인	용만관	산서노안부동지 山西潞安府同知 정문빈鄭文彬	접견	
	17일 계유	용만관	유격장군遊擊將軍 심유경	접견	
12월	25일 신해	용만관	제독提督 이여송李如松	다례·주례	■ 먼저 용만관 대문 밖에서 영접 ■ 읍양揖讓 ■ 당堂에 올라가 재배再拜

파견된 사람들이었다.[17] 선조는 평양 행궁에서 흑단령 차림으로 이들을 직접 접견하고 조선이 처한 상황을 전하였다. 그 이후로도 선조는 7월과 10월을 제외하고는 매달 외교적 의식을 직접 수행했는데, 명 신종이 하사한 은을 받는 일이나(6·8월) 칙서를 받는 의식을 수행하였고 (9월), 명나라에서 파견된 사람들을 접견하였다.

파천 중에 수행된 모든 의식은 선조가 머무르던 지역 부근의 임시 공간에서 시행되었다.[18] 6월 18일 임반관에서 사유와 곽몽징을 접견하며 서로 재배례로 인사하였고, 6월 24일과 8월 17일에 명 신종이 하사한 은을 받을 때는 의주의 용만관에서 의식을 수행하였다. 『선조실록』 기록만을 바탕으로 당시의 의례적 정황을 상세하게 파악하기는 다소 어렵지만, 기록만 미루어 보았을 때 의례 공간을 변통한 것 외에 읍례나 배례와 같은 주요 절차는 상시의 격식에 맞게 수행하려는 양상을 보였음을 짐작할 수 있다.

하지만 전란이라는 비일상적 상황이니만큼 분명 변통이 필요한 부분도 있었다. 8월 17일 심유경 일행이 명 신종이 내린 은을 전하러 왔는데, 이에 대해 선조가 사배례를 행하고 환복한 후 그들을 접견하였다. 그런데 일상시에 명 사신을 위해 시행되었던 연례宴禮를 시행하지 못했다. 선조는 "종묘와 사직을 지키지 못하여, 연례를 행하지 못하겠다"는 상황을 직접 전달하였고, 심유경 역시 "난리를 만났는데 어떻게 예를 행할 수 있겠느냐"는 답변으로 당시의 상황을 이해했다.[19] 여기에는 연례를 시행하지 못하는 상황을 설명하면서 조선의 처지를 더욱 적극적으로 전달하려는 의도도 내포되어 있었다.

선조 25년 9월 명 신종의 칙서를 맞이해야 했는데, 이를 위해 8월부터 예조에서 여러 절차를 준비하였다. 예조에서 영칙의주迎勅儀註를 가져와 선조에게 아뢰었는데, 선조는 "의주는 서울에서 편안할 때처럼 하지 말고 지극히 간략하게 하여 모양을 이루지 못한 것처럼 하라. 그 문자 역시 간략하게 하라"고 전교하였다.[20] 이러한 사례를 통해 선조가 고의로 의식을 일상과 같이 갖추지 못한 모양새를 보임으로써 명나라에 조선의 상황을 더욱 적극적으로 전달하려는 의도가 있었음을 확인할 수 있다. 명나라 군사가 제 시기에 출병하지 않고 있었던 상황이기도 했기 때문에[21] 선조는 의례 절차를 하나의 의사전달 수단으로 활용하려 했던 것이다.

하지만 모든 것을 초라하게 준비하여 명나라의 파견자들을 불쾌하게 만들 수는 없었다. 앞선 사례와 마찬가지로 칙서를 전달하는 사신에 대한 연례 역시 시행하는 게 마땅치 않은 상황이었지만, 예조에서는 이번에 파견된 중국 사신이 어떤 성품인지 모르기 때문에 곤란한 일이 발생할 수도 있을 것이라 염려하였다. 예전부터 중국에서 사신이 오면 나라에 변고가 있다 해도 연례를 베풀었는데, 지금 연례를 폐지하면 곤란한 일이 발생할 수 있으니 연의宴儀를 하되 음식의 가짓수와 잔 수를 줄이자고 건의하였다. 이에 대해 선조는 연례를 중단할 수 없다면 선조가 직접 나서지 않고 배신陪臣을 보내 시행하도록 전교했다.[22]

하지만 재신宰臣들은 예로부터 행하던 예를 우리가 스스로 중지하면 체모體貌를 손상하게 될 것이라며 우려를 표했다. 연례를 행하더라도 조선이 처해 있는 군박窘迫한 모습이 연례를 행하는 사이에 자연스럽게 드러날 것이니 선조가 직접 행할 것을 요청하였다. 이미 신하들 역시 선조가 연례를 시행하지 않으려는 의도가 조선의 초라하고 힘겨운 모습을 전달하기 위한 것임을 파악하고 있었다. 하지만 예조에서도 칙사를 대접하는 것은 중요한 일이기 때문에 선조가 직접 연의宴儀를 행하지 않으면 흠결이 될 것이고, 연례 없이 다례茶禮를 행하면서 명나라에서 발병發兵해 주기를 청한다는 것은 냉정한 것이라며 재차 선조의 연례 시행을 촉구하였다. 선조는 결국 간략하게 준비하도록 명했다.[23]

칙사인 행인사행인 설번은 조선에 병화가 있으니 연회를 하지 않는 것이 좋겠다는 뜻을 전달하였다. 하지만『선조실록』에서 9월 2일 다례를 행하고, 날짜를 하루 물려 9월 3일 주례를 행했다고 기록한 상황을 미루어 본다면 결국『국조오례의』「가례」연조정사의宴朝廷使儀의 의식 준비 → 다례 → 주례의 과정을 대략 모두 거친 것으로 볼 수 있다.[24]

명나라에서 장수를 거듭 파견하는 시점에 이르러서는[25] 이들을 접견하고 대접하는 일이 중요한 사안으로 떠올랐다. 승정원에서는 중국의 장수들을 접대하는 일이 이전보다 훨씬 중요하니 별도로 이 일을 주도하는 인원을 두고 평상시 중국 사신이 올 때 설치되는 영접도감迎接都監과 같이 준비할 것을 아뢰었고, 비변사에서는 중국에서 파견되는 장수를 접대하는 것은 중국 사신이 올 때의 사목事目에 의거할 것을 아뢰었다.[26]

12월 요동에 도착한 제독부 제독 이여송을 동부승지 심희수沈喜壽를 보내 영접하였고, 동지중추부사 민여경閔汝慶을 보내 문후하였다.[27] 실제 이여송을 영접한 사례를 살펴보면 먼저 용만관에 도착하여 대문 밖에서 영접하고, 읍양한 다음 당에 올라 재배례를 행하였는데, 이는 『국조오례의』영조서의의 빈주례賓主禮 단계에서 사자와 임금이 배위에서 상호 국궁 재배례를 행하는 것과 유사하다.[28] 이어서 이여송에게 다례와 주례를 행했는데, 이 역시 연조정사의의 절차에 따라 다례와 주례를 시행했다고 짐작할 수 있다. 따라서 명 제독을 일상시의 명 사자를 영접하는 순서로 대했음을 확인할 수 있다.

선조는 이여송을 접견하는 자리에서 삼대장三大將을 맞아 접견하고 싶다고 했는데, 이여송은 당장 이 자리에서 모두 접견하기는 불편할 테니 이여송이 나간 이후 접견하도록 했고, 이여송 자신과 함께 온 장관이 50여 명인데 내일 선조에게 접견하라고 하였다. 그런데 다음 날 선조는 비록 이여송이 직접 건의한 일이기는 하지만 함께 온 장수들을 한꺼번에 다 접견하지 못하고 운運을 나누어 행례行禮한다면 기력이 읍양하는 절차를 감당하지 못할 것 같으니 선처할 방도를 찾도록 했다. 결국 동부승지 심희수를 용만관으로 보내 선조의 기후가 평안치 않아 접견이 어렵다고 고했고, 좌상 윤두수를 비롯한 신하들이 장관의 처소에 가서 밤이 깊어 행례할 수 없다는 뜻을 전하고 궁자弓子와 찬선饌膳을 전했다.[29] 그런데 중국 장수와 관원을 접대하는 일이 증가하는 과정 중에 접대하는 예가 혼란스럽다거나 선조의 동정動靜 절차에 착오를 범하는 일이 거듭 거론되었다.[30]

정리하자면, 선조는 전란 초반에는 명 사신 접견과 연례를 통해 초라한 모습을 보여 절박함을 전달하자는 의견을 내세우거나, 50여 명의 명 장관을 직접 접견하는 것에 대해 피로감을 드러내기도 하였다. 하지만 점차 선조가 몸소 명군을 예우하는 모습을 최대한 드러내면서 그들의 조력을 이끌어 내려 하였는데, 그러한 모습은 선조 26년부터 더욱 두드러지게 드러난다.

선조 26년(1593) 강화교섭 시기 선조의 명군 접견

선조가 의주에 머무르고 있었던 선조 26년 1월 9일 오시午時에 조명 연합군이 평양성을 탈환하였다는 소식이 전해졌다. 선조는 대신과 승지를 파견해 장수와 관리들에게 문안하도록 하면서, 명 제독 이여송에게 치사致謝하고 문안하도록 일렀다. 그리고 원외 유황상과 주사 원황이 선조에게 축하의 인사를 전하며 뵙기를 원하자, 선조는 "명나라 장수가 같은 성중에 있고 황제의 은혜가 한이 없으니 몸소 나아가서 사례하겠다"는 뜻을 전하며 밤에 가도 상관이 없다고 하니, 대신 역시 이러한 선조의 태도가 마땅하다고 아뢰었다.[31]

선조는 용만관에서 유황상과 원황을 접견하였는데, 황상의 위령威靈 덕분에 적을 섬멸하였으니 곧 옛 강토를 회복할 수 있을 것이라 기뻐하면서 유황상과 원황 두 사람에게 감사의 뜻으로 절하겠다고 청하였다[請行謝拜]. 감사의 절을 올리는, 즉 사배를 하는 것은 『국조오례의』에 규정된 절차라기보다는 평양 수복에 대한 선조의 기쁨과 앞으로의 일에 대한 부탁의 의미가 담긴 예라고 볼 수 있다. 하지만 조선 국왕인 선조가 원외와 주사에게 절을 올리는 것에 대해 두 사람은 "이것은 황상의 은혜이니 감히 저희가 사사롭게 받지 못한다"는 뜻을 전했고, 이에 대해 선조는 황상의 은혜에 대해 사배하겠다고 청하였다[請拜謝皇恩]. 그리고 자리를 펴게 하여 북쪽을 향해 다섯 번 절하였고, 두 사람과 함께 두 번 절[再拜]을 하였다.

절을 마치고 유황상과 원황은 오히려 선조에게 축하의 뜻으로 하배賀拜를 하겠다고 청하였다. 『선조실록』에서는 선조가 황공하다고 사양하였는데, 두 사람이 굳이 청하기에 선조가 "감히 감당할 수 없다[不敢

當]"고 답한 것으로 서술되어 있다.[32] 두 사람이 하배를 올렸는지 여부가 기록상 명확하지 않기 때문에 실제로 선조가 하배를 받았는지는 알 수 없지만, 선조와 유황상·원황이 서로 감사와 축하의 뜻을 담아 사배와 하배를 하려 했던 정황은 파악할 수 있다.

조선 국왕이 중국 사신에게 정해진 규정 외에 별도로 배례를 청하거나 실제로 시행한 경우가 이전에도 없지는 않았으나 흔한 경우는 아니었다.[33] 선조는 일본군을 완전히 몰아내려면 명나라의 도움이 절실하다는 것을 규정 외의 배례를 청하거나 실행함으로써 몸소 표현했다. 선조 26년 선조가 명나라와 관련하여 직접 수행했던 의례에 대해 『선조실록』을 바탕으로 정리하면 〈표 3〉과 같다.

선조 26년 조명 연합군이 평양과 한성을 탈환하고 그 이후에 이르기까지 선조가 직접 명나라에 대해 외교 의례를 행한 사례를 거칠게나마 정리하면 다음과 같다. 명 장수 및 사신을 접견하였다는 기록은 약 26회이고(단순 접견과 다례 등을 겸한 접견 모두 포함), 다례·연례·주례를 베푼 경우는 약 19회, 황제에 대한 망궐례 5회, 황제에 대한 사은 배례 4회를 시행하였다. 그외에도 황제의 문서를 맞이한 경우는 선유 1회·칙서 1회·등황조서 1회가 확인되며, 별도로 선조가 길에서 주본을 만나 말에서 내리면서 예를 표한 경우 그리고 황제가 망룡의를 내려준 데 대한 배례를 시행한 사례도 확인할 수 있다. 이러한 경향을 월별로 따져 본다면 7월과 12월을 제외하고는 1년 내내 명과 관련된 외교적 의례에 선조가 몸소 나섰음을 파악할 수 있다.

또한 임진전쟁기였기 때문에 선조가 의도치 않게 경험하게 된 특수한 사례 역시 확인할 수 있다. 앞서 언급한 사은을 위한 별도의 배례인

〈표 3〉 선조 26년 선조의 대명의례 시행 양상

일시		장소	접견자	목적	내용
1월	3일 무오	용만관	원외랑員外郎 유황상劉黃裳	접견·다 례·주례	■ 사배謝拜·다례·주례
	6일 신유	용만관	병부주사兵部主事 원황袁黃 원외랑員外郎 유황상劉黃裳	영접	
	9일 갑자	용만관	황제	사은배례	■ 북향 오배
			원외員外 유황상 주사主事 원황袁黃	접견·다례	■ 평양 탈환에 감사
	10일 을축	용만관	원외員外 유황상 주사 원황	다례·주례	
	16일 신미	용만관	도사都司 장삼외張三畏	접견	
	18일 계유	용만관	황제	망궐례	■ 궐패 마련 ■ 북향 오배삼고두
			도사 장삼외	접견	■ 장삼외에게 고사告辭 및 읍례揖別
	19일 갑술		주본奏本	하마	■ 주본을 가진 사람이 지나가자 선조 하마
2월	4일 기축	교외	요동진무遼東鎭撫 계연방桂聯芳	접견	■ 영하靈夏 평정 등황조서謄黃詔書
	8일 계사	용만관	총병摠兵 양원楊元		
	10일 을미	신안관	황제	망궐례	■ 궐패 설치 ■ 백관을 거느리고 재배再拜
	14일 기해	신안관	장수 조염祖廉 장수 장여익張汝翼 장수 진문언陳文彦 장수 섭백명葉伯明 장수 조응작趙應爵	접견	
2월	18일 계묘	가평관	총병 양원	접견	

일시		장소	접견자	목적	내용
2월	21일 병오	숙녕관	중군中軍 방시춘方時春	접견	
	25일 경술	영유 가는 길	제독부 참군提督府 參軍 여응종呂應鍾		■선조가 연輦에서 내려 말을 타고 앞으로 나아가 마상에서 서로 읍례
3월	7일 임술	숙녕관	황제		■오배삼고두
			제독 이여송李如松		■선조가 배례하고 제독 답배
	10일 을축	숙녕관	동지同知 정문빈鄭文彬 지현知縣 조여매趙汝梅 참군 여응종	접견	■읍례
	16일 신미	객관	지휘 황응양黃應陽 지휘 유준언兪俊彦	다례	
	24일 기묘	대동관	제독 이여송	접견	
	24일 기묘	양대장 사처	대장 양원	읍례·다례	
	29일 갑신	청천강 지역	통판 왕군영王君榮	읍례	■마상에서 읍례
		안흥관			
4월	7일 신묘	운흥관	도사 장삼외		
	19일 계묘	숙천관	부총병副總兵 유정劉綎	접견·주례	■재배례
	23일 정미	객관	예부禮部 홍로승鴻臚丞 고운정高雲程	접견	
	27일 신해	안정관	원외 유황상	접견·배례	■선조가 재배로 사례謝禮할 것을 청하니, 유황상도 하배賀拜할 것을 청함 ■주례는 사양 ■읍례로 사례
5월	2일 을묘	청계관	황제	망궐례	■사은망궐례(경성 수복 감사)

일시		장소	접견자	목적	내용
5월	20일 계유	객사		사은표	
6월	5일 무자	안흥관	경략 송응창	접견·사 은·다례	■ 읍례로 인사 ■ 황은에 사배삼고두 ■ 경략 답배 ■ 경략에게 사배하려 했으나 경략이 거절 ■ 다례
	5일 무자	백상루	원외 유황상	접견·다례	
8월	14일 을미	황주부	제독 이여송 부총副總 양원	접견·다 례·연례	■ 선조가 이여송·양원에게 사배 및 삼고두 ■ 이여송·양원이 답배
10월	1일 신사	모화관	황제	사은배례	■ 사배례四拜禮(경성 환도 후 사은)
11월	9일 기미	모화관	도사 장삼외		
		남별궁	선유宣諭	사배례	
	16일 병인	남별궁	도사 장삼외	상마연	
	17일 정묘	모화관	도사 장삼외	주례	
	18일 무진	남별궁	총병總兵 척금戚金	접견	
	29일 기묘	남별궁	황제	동지 망궐례	
	30일 경진	시어소	총병 척금	접견	■ 척금의 환갑이라 선조가 하배하려 했으나 읍례로 대신함 ■ 척금도 사례로써 읍례
윤 11월	1일 신사	남별궁	총병 척금 참장參將 호택胡澤 경력經歷 심사현沈思賢	다례·주례	
	10일 경인	시어소	망룡의蟒龍衣를 내린 데 대한 사례	사배례	

일시		장소	접견자	목적	내용
윤 11월	10일 경인	시어소	참장參將 심유경沈惟敬	접견·다례	■ 선조가 사배하려 했으나 심유경이 거절하여 읍례
	12일 임진	모화관	칙서	영칙서	■ 사배四拜 삼고두
			행인行人 사헌司憲	다례·주례	■ 사헌부에서 대가를 전도하는 일을 잘못한 것에 대해 지적
	14일 갑오	남별궁	행인 사헌	다례	■ 북향하여 서로 읍하고 다례 ■ 예를 마칠 무렵 사신이 별배를 하려고 함
	18일 무술		행인 사헌	다례·주례	■ 상이 사신과 서로 읍하고 신시申時 환궁
	19일 기해	남별궁	행인 사헌	전연餞宴·배례	
	20일 경자	모화관	행인 사헌	전연·주례	■ 배례하려 했으나 사신이 읍하기를 청함. 풍악을 울리려 했는데 사신이 중지를 청함 ■ 읍하고 선조 환궁
		관소	총병總兵 유정	접견	■ 선조가 배례하고자 청했으나 유정이 사양하여 읍만 행함 ■ 선조가 사배하려고 했으나 유정이 사양하여 읍례하고 환궁
	23일 계묘	숭례문 밖	총병 유정	배웅	■ 읍례하고 환궁

사배謝拜를 시행하는 것 외에도, 평상시에는 궁에 기거하던 선조가 떠돌며 파천 중이었기 때문에 발생한 예외적인 의례 그리고 명 장수가 장기 체류 중인 특수한 상황으로 인한 선조의 의전 사례를 예로 들 수 있을 것이다.

일상적 상황이라면 국왕은 궁에 있으므로 황제에 대한 문서나 물품을 길에서 마주할 경우는 드물었다. 그런데 명군이 조선에 주둔하고 있는 데다가 선조가 수도를 벗어나 있는 특수한 상황이었기에 이전에는 없던 상황을 맞닥뜨리는 경우가 있었다. 1월 19일 선조가 정주로 이동하던 중, 주본奏本(황제에게 상주하는 문서)을 가지고 지나가는 사람을 마주치게 되었는데, 홍순언洪純彦이 "명나라 조정의 사람들은 이것[주본]을 만나면 말에서 내렸다"고 아뢰자 선조가 말에서 내리게 되었다.[34] 조선에서도 『경국대전』 「예전禮典」에 왕명의 상징물을 길에서 마주할 때 사람들이 예를 표하는 규정이 "대·소원인大·小員人은 길에서 향축香祝·교서敎書·유서諭書·선온宣醞·선패宣牌의 종류를 만나면 말에서 내려 국궁하고, 이것을 가지고 가는 사람은 말에서 내리지 않는다. 왕에게 바치는 물품을 만나면 공수拱手하고 선다"는 내용으로 수록되어 있다.[35] 일상적 상황이라면 조선 국왕이 황제에 대한 상징물을 길에서 마주하는 일은 발생 가능성이 매우 낮았지만, 임진전쟁기에는 선조가 파천 중이었기 때문에 이와 같은 돌발적 상황이 발생했고, 당시의 선조는 명에 대해 최대한의 예우를 다해야 했기에 홍순언의 조언에 따라 하마했던 것이다.

또한 선조가 지속적으로 이동 중이었기 때문에 명군을 예고없이 마주하는 경우도 있었다. 2월 25일 선조가 숙천에서 영유로 이동할 당시에 말을 타고 있는 명 제독부 참군 여응종을 마주쳤는데, 그는 선조에게 작은 종이에 "7만 군중 가운데 한 명의 참군이 있는데도 왕은 알지 못하니 월왕越王이 현인을 좋아하던 정성과 비교하면 어떻겠는가?"라는 내용으로 글을 써 보였는데, 명 참군인 자신에게 정성을 보이라는 의미였다. 선조는 동부승지를 보내 만나자는 뜻을 전하였고 주변 상황이 여의치 않아 마상馬上에서 상견하게 되었다. 선조는 연에서 내려 말

을 타고 여응종을 만나러 가서 서로 마상에서 읍하였다. 선조는 대인
께서 앞에 오는 줄도 모르고 길가에서 예를 표하게 되어 송구하다는
뜻을 전하면서, 조선의 존망이 대인에게 달려 있다는 뜻을 표하며 정
성을 보였고 헤어질 때도 마상에서 서로 읍하며 예를 표했다.[36] 이처
럼 돌발적으로 선조가 직접 명나라 사람을 마주하는 경우가 발생했고,
이런 경우에는 규정을 검토해서 절차를 갖추기보다는 당면한 상황에
맞추어 예우하면서 그들의 협력을 이끌어 내기 위해 노력했다.

　선조는 국가의 존망이 걸려 있는 상황에서 몸소 나서서 명을 예우하
는 뜻을 보이는 경우가 많았는데, 이는 신하들보다는 선조의 의도가
반영된 것이었다. 3월 29일 선조가 통판 왕군영王君榮을 만날 당시의
기록에 대한 사론에, "임금의 거둥은 신중해야 하는데, 하루 안에 금방
갔다가 돌아오는 등 청천강을 두 번 건넜으니 조정의 신하들도 그것이
미안한 줄을 알지 못했던 것은 아니었다. 그런데도 상이 뜻하는 것이
라면 감히 극력 저지하지 못하였으니 하물며 이보다 더 큰일에 있어서
이겠는가"라는 표현을 통해 본다면,[37] 선조가 수고로운 길을 오가는
것도 마다하지 않았는데 그것이 선조의 뜻이었기 때문에 신하들이 감
히 저지하지 못했음을 짐작할 수 있다. 선조는 왕군영을 만나 눈물을
흘리며 평양을 수복한 기회를 놓치지 않고 일본군을 물리쳐야 한다는
뜻을 전하면서, 우리나라의 백성도 천조의 백성[小邦之民, 亦天朝之民]이
고 일본군이 죄 없는 적자赤子를 죽인 것은 천조에 죄를 얻은 것이니 부
모의 마음으로 그들을 공격해 줄 것을 호소하기도 했다.[38]

　그리고 총병 척금이 조선에 주둔하면서 환갑을 맞이했다는 소식을
접하고 선조는 그에게 축하의 의미로 하배賀拜를 하려 했다. 이 역시

일상적인 상황이라면 드문 일이었으나 전란으로 인해 명군이 장기 주둔하게 된 영향으로 발생한 것이라 볼 수 있다. 선조가 척금에게 축하의 배례를 하고자 했지만 척금은 이미 후한 선물을 받았다며 거절하였고, 선조가 읍례하는 것으로 대신하였다.[39] 강화교섭의 진전과 일본군을 몰아내기 위한 명군의 조력이 절실한 상황이었기 때문에 선조는 몸소 여러모로 명군 지휘부에 대해 신경쓰고 예우하는 모습을 보여 주었다.

선조의 예우는 명군 상관들에게만 한정되지 않았다. 26년 1월, 선조는 의주를 출발할 당시 도사 장삼외뿐만 아니라 명나라 군사라면 하졸下卒이라도 교자轎子 위에서 소매를 들어 치사하고 사례하는 뜻을 보이고 떠나겠다고 하였는데, 예조에서도 이는 인정과 예의에 모두 지극하니 전교대로 할 것을 회계하였다. 선조는 여에 오르면서 장삼외의 수하로서 양식 운반을 담당했던 임세록林世祿과 좌우에 늘어선 명나라 사람들에게 사례하였고, 평양을 공격할 때 탄환을 맞아 병으로 돌아가는 길이었던 중군中軍 방시춘方時春을 만났을 때에도 그에게 활과 화살을 내려 주고 내의內醫를 보내 진찰하도록 했다.[40]

4월에도 명나라 군사[天兵]들이 주둔한 곳을 지날 때 그들의 지위가 높지 않더라도 감사의 뜻[謝意]을 전하고자 했다. 승정원에서는 관직이 높은 장수들은 모두 관館에 있고 밖의 진영에는 하졸下卒들만 있는 듯하니 선조가 평상복을 입고 지나가도 될 것이라고 아뢰었지만, 선조는 관복冠服을 갖추고 가마를 타고 먼저 사람을 보내어 명군의 원문轅門에 통고하였는데, 이에 장수들이 사람을 보내어 '천세를 올린다[拜上千歲]'며 치사致謝하였다. 선조는 그들에게 포단布段과 부채를 하사하였고 이에 명나라 병사가 고두叩頭하며 배사拜謝하였다.[41]

선조가 평상복 차림으로 명군의 주둔지를 지나지 않고 굳이 관과 복을 갖추었던 이유는 제장諸將들이 모두 밖에서 거처하고 있는데 선조가 평상복을 입고 거만스럽게[偃然] 지나가는 것이 마땅치 않다고 여겼기 때문이다. 사의를 표하고 물품을 하사하는 것뿐만 아니라 선조 자신이 그들의 눈에 비치는 모습에 대해서까지 고심하면서 평양과 한성을 탈환하는 데 조력했던 명군 하졸에게까지 감사하며 조선을 위해 끝까지 조력해 줄 뜻을 전했던 것이다.

선조는 더위나 추위를 따지지 않고 명나라 사람들과 접촉하여 조선의 상황을 전하기 위해 노력하였다. 4월 19일 부총병 유정을 만나는 일에 대해서도 예조에서 "성상께서 더위를 무릅쓰고 거둥하셨다가 이제 겨우 돌아오셨고 원릉園陵의 변고를 당하여 이제 겨우 복을 벗으셨으니 굳이 멀리 행차하여 접견하지 않더라도 우리에게 미안한 뜻은 없을 것"이라고 회계해도 선조는 몸소 유정을 접견하였다.[42]

이러한 선조의 노력은 윤11월 26일의 기록을 통해서도 확인할 수 있다.[43]

영의정 유성룡, 약방제조 윤두수가 아뢰기를, "근일 중국 사신과 장수가 잇따라 온 것 때문에, 상께서 이런 추위에 자주 거둥하신 것은 지극한 정성에서 나온 것이지만 수고로우므로 기력을 손상됨이 필시 많을 것이라, 신들은 민망하고 절박함을 못 견디겠습니다. 이제 정원에 내리신 전교를 들으니, 더욱 어쩔 줄 모르겠습니다. 감히 문안합니다."

하니, 답하기를, "문안하지 마라. 내가 병이 깊기는 하나 반드시 조석 사이에 죽지는 않을 것이다. 오직 경중京中의 굶주린 백성이 굶주림과 추위에 울부짖으며 죽어 가는 것이 하루도 못 넘길 것 같은데 구제할 방법이 없으니, 병중에도 몹시 민망하고 절박하여 못 견디겠다" 하였다.

선조는 명 사신과 명 장수로 인해 여러 차례 거둥하였고, 그것은 신하들이 보기에도 건강이 우려될 정도였다. 선조 26년 전체를 두고 보았을 때, 『선조실록』에서 확인할 수 있는 선조가 몸소 명나라를 접견하거나 예우한 날은 약 42일이다. 같은 날 여러 번 접견한 경우까지 포함한다면 그 빈도는 더 증가한다. 그리고 『운천호종일기』와 비교해 본다면 아마도 『선조실록』에 기록되지 않은 선조의 접견 및 외교 의례도 다수 존재할 것이라는 추론이 가능하다. 『선조실록』을 기반으로 한 〈표 3〉에서는 8월 14일에만 이여송·양원을 접견하고 예를 행한 것으로 확인되지만, 동 시기를 기록한 『운천호종일기』에서는 8월 14일·15일·16일에 모두 선조가 명 장수와의 접견이나 다례를 시행했던 것으로 기록되어 있다. 『운천호종일기』의 사례는 다음 절에서 살펴보고자 한다.

선조 26년 1월, 제독 이여송이 이끄는 명군은 평양성에서 일본군을 몰아내고 서울로 진격했으나 벽제관에서 일본군의 공격을 당한 후 잠시 공격을 주저하게 되었고, 명과 일본 모두 전투를 지속하기 어려운 상황에 놓이게 되었다. 4월 18일, 일본군은 명군과의 교섭을 거쳐 한성에서 물러났는데, 명군은 일본군에게 책봉과 조공 허락의 대가로 조선에서 물러날 것을 요구했다. 그러나 이후 도요토미 히데요시[豊臣秀吉]로부터 7조목의 강화 조건을 전달받게 된다. 이렇듯 양측이 원하고 요구하는 조건에 차이가 있었기 때문에 협상은 난항을 겪게 된다.[44]

정리하자면, 이러한 상황이 이어지는 가운데 선조는 명 장수에 대해 사배謝拜를 행하거나 몸소 나서서 그들을 예우하면서 명군의 마음을 움직이기 위해 많은 노력을 기울였고, 그런 모습은 신하들이 보기에도 기력이 손상될까 봐 걱정될 정도였다. 이 글에서 다루고 있는 외교적 의례 외에도 조선에서 전사한 명군을 위한 제사, 그들을 위한 기념 의례 역시 선조의 노력을 볼 수 있는 부분이지만 이는 향후 별도로 검토하고자 한다.[45]

『운천호종일기』 선조 26년 8월의 의례 기록 분석

선조 26년(1593) 7월 김용金涌은 행재소行在所에서 선조를 호종하였는데, 이 무렵 그는 전임 사관史官인 예문관 검열 겸 춘추관 기사관記事官에 제수되었다. 『운천호종일기』는 김용이 사관으로 임명된 시기부터 작성된 그의 사초로, 김용이 선조 26년 8월부터 12월, 선조 27년(1594) 6월까지 의주로 피난하는 선조를 호종할 때 행재소에서 직접 보고 들은 사실들을 기록한 3책 분량의 필사본이다.[46]

『운천호종일기』는 일본군의 동향, 명군에 대한 접대, 조선 내부의 상황에 대한 다양한 내용을 확인할 수 있는데, 여기에 기록되어 있는 모든 내용이 『선조실록』에 포함되지 않았던 만큼 『운천호종일기』를 통해서만 확인할 수 있는 면모가 존재한다. 특히 이 시기에 선조가 직접 나섰던 외교 의례와 관련된 주요 기록을 추출하면 〈표 4〉와 같다.

앞서 〈표 3〉에서 확인한 바와 같이 8월 14일에 선조가 이여송과 양원을 만난 기록은『선조실록』에서도 확인할 수 있었다. 그런데『선조실록』8월 14일 기록에서 선조가 그들에게 다례·연례를 베푸는 모습은 확인할 수 있지만, 연례를 행하면서 선조가 직접 이여송에게 잔을 건네는 모습은『운천호종일기』에서만 확인할 수 있다. 또한 8월 15일부터 16일에 이여송·양원과 선조가 만나고 서로 배례로 예를 행하는 모습 역시『선조실록』에는 기록되어 있지 않은 내용이다.

먼저『선조실록』과『운천호종일기』천天권에 수록된 선조 26년 8월 14일의 기록을 비교하면 〈표 5〉와 같다. 기록의 분량이 상당하므로 선조가 이여송·양원을 접견하고 상견례 → 다례 → 연례 → 주례를 시행했던 부분으로 비교 대상 기록을 한정하였고,『선조실록』과 동일한 내용을 다룬 부분을 편의상 번호로 구분(①~⑧)하였다.

먼저 선조가 이여송·양원과 상견례를 하고 사배한 기록을 비교하면 〈표 5〉와 같다.

먼저 실록에서는 선조가 황주부에서 윤빙의 집으로 이동한 내용 ①을 두 개의 기사로 나누어 서술하였고,『운천호종일기』에서는 하나의 기록에서 연이어 다루었다는 소소한 차이가 있다. 그리고 선조가 이여송·양원을 상견하는 내용 ②는『운천호종일기』가 훨씬 상세하게 다루고 있다. ②의 내용을 비교해 보면, 실록에서는 선조와 이여송·양원이 서로 만났을 때 재배하고 답배하였으며, 선조가 이여송에게 은혜에 감사하다는 의미로 사배하고 삼고두하자 이여송이 답배하였고, 양원에게 재배하자 양원이 답배하였다는 주요 내용을 담고 있다.

그런데『운천호종일기』에서는 선조가 대문 밖으로 나와 이여송을 맞이하였는데, 이여송이 평상복[褻服] 차림이라 감당치 못하겠다며 옷

〈표 4〉『운천호종일기』에 수록된
선조 26년 선조의 대명 의례 시행 양상

일시	장소	접견자	목적	『선조실록』과의 비교
8월 14일 을미	황주부	제독 이여송 대장 양원	상견례·다례·연례·주례	■ 『선조실록』에 동일 기록 있음 ■ 연례 당시 선조가 직접 이여송에게 잔을 올리는 내용은 『운천호종일기』에서만 확인 가능
8월 15일 병신	봉산지역 배장裵章의 집[47]	제독 이여송 대장 양원	물품 지급과 접견	■ 『선조실록』에 동일 기록 없음 ■ 선조가 은·소를 보냈지만 이여송이 사양하며 술과 고기만 받겠다고 함 ■ 선조와 이여송·양원이 차례로 재배하고 읍례
8월 16일 정유	재령군 모처[48]	부총 사대수査大受 유격 주홍모周弘謨 제독 이여송 대장 양원	상견례·사배·다례	■ 『선조실록』에 동일 기록 없음 ■ 상견례·주례 ■ 사배謝拜로 선조가 이여송에게 재배 삼고두 읍하고 이여송이 답하였고, 선조가 양원에게 재배 삼고두 읍하고 양원이 답하였다 ■ 다례

〈표 5〉『선조실록』과 『운천호종일기』 (천)권 8월 14일 기록 비교

	『선조실록』	『운천호종일기』
① 접견	『선조실록』 41권, 선조 26년 8월 14일 을미 1 상이 윤빙尹聘의 집에서 황주부黃州府로 거둥하여 제독 이여송과 부총 양원을 접견하고 저녁에 윤빙의 집으로 돌아왔다.	8월 14일(을미) 맑음. ○ 상이 윤빙의 집에서 황주부로 행차하였다. ○ 제독 이여송과 대장 양원을 접견하고, 저녁에 윤빙의 집으로 돌아왔다.
② 상견례와 사배례	『선조실록』 41권, 선조 26년 8월 14일 을미 2 이 제독과 양 부총이 황주에 이르니, 상이 제독에게 재배再拜하자 제독도 답배答拜하였다. 상이 또 양원에게 재배하니, 양원이 답배하였다. 상이 말하기를 "우리나라가 대인의 은덕을 입어 오늘이 있을 수 있었으니, 온	○ 이 제독과 양 대장이 이르자, 상이 대문 밖으로 나와서 맞이하였다. 제독이 말하기를, "평상복[靉眼] 차림이라 감당하지 못하겠습니다." 하였다. 드디어 모두 대청 위로 들어갔다. 주상이 읍을 하려 하니, 제독이 말하기를, "감당하지 못하겠습니다. 청컨대 방으로 들어가 옷을 갈아입겠습니다." 하였다. 주상이 잠시 막차幕次로 피하자, 제독과 양대장이 옷을 갈아입고 나왔다. 주상이 다시

35

	『선조실록』	『운천호종일기』
② 상견례와 사배례	나라 군신이 그 은덕을 어찌 갚아야 할지 모르고 있습니다. 사배謝拜를 하겠습니다." 하니, 제독이 말하기를, "사배는 그만두십시오." 하였다. 상이 말하기를, "황은皇恩이 하늘 같으니 대인께 사배하겠습니다. 만약 대인이 아니었다면 우리나라에 어찌 오늘이 있겠습니까?" 하고, 상이 승지承旨를 시켜 제독에게 고하게 하기를, "국왕께서 배례拜禮한 뒤에 삼고두三叩頭하고자 합니다." 하니, 제독이 말하기를, "이 또한 감당할 수 없습니다." 하였다. 상이 제독 앞으로 나아가 재배하고 삼고두하니, 제독이 답배하였다. 상이 다시 양원 앞으로 나아가 재배하니, 양원이 답배하였다. 상이 말하기를, "황은이 망극합니다. 대인의 덕 또한 망극합니다." 하니, 제독이 말하기를, "병마兵馬가 많이 지친 데다 꼴과 군량 관계로 흉적凶賊을 다 쓸어 버리지 못하였으니 황공하고 부끄러운 마음 이길 수 없습니다. 돌아가면 경략에게 고하고 다시 의논하여 처리하겠습니다." 하였다. (…)	들어가 대청 위에서 읍하였다.【원문 빠짐】하였다. 상이 이르기를, "상견례相見禮를 행하기를 청합니다." 하니, 제독이 말하기를, "우리가 먼저 그렇게 생각했습니다." 하였다. 상이 제독에게 재배하고, 제독이 답배하였다. 상이 또 양원에게 재배하고, 양원이 답배하였다. 상이 이르기를, "우리나라가 대인의 은덕을 입어 오늘이 있을 수 있었으니, 온 나라 군신이 그 은덕을 어찌 갚아야 할지 모르고 있습니다. 사배를 행할 것을 청합니다." 하니, 제독이 사배를 피하려 하였다. 상이 이르기를, "황은이 하늘 같으니 대인께 사배하겠습니다. 만약 대인이 아니었다면 우리나라에 어찌 오늘이 있겠습니까?" 하고, 상이 승지를 시켜 제독에게 고하게 하기를, "국왕께서 배례한 뒤에 삼고두하고자 합니다." 하니, 제독이 말하기를, "이 또한 감당할 수 없습니다." 하였다. 상이 제독 앞으로 나아가 재배하고 삼고두하니, 제독이 답배하였다. 또 상이 다시 양대장 앞으로 나아가 재배하니, 양원이 답배하였다. 상이 이르기를, "황은이 망극합니다. 대인의 덕 또한 망극합니다." 하니, 제독이 말하기를, "병마가 많이 지친 데다 꼴과 군량 관계로 흉적을 다 쓸어 버리지 못하였으니 황공하고 부끄러운 마음 이길 수 없습니다. 돌아가면 경략에게 고하고 다시 의논하여 처리하겠습니다." (…)

을 갈아입고 다시 나와 선조를 만났다는 추가적인 정보를 수록하고 있다. 그리고 재배와 답배를 시행한 내용에 대해서도 선조가 상견례 행하기를 청하고 이어 서로 재배·답배를 했다는 것, 선조가 사배와 삼고두를 하려 하자 이여송이 "감당할 수 없다"며 피하려 했던 내용이 약간 더 상세하게 기록되어 있다.

선조가 이여송에게 하려고 했던 고두례는 요·금·원과 같은 정복 왕조에서 주로 시행했던 절차로,[49] 조선 전기 세종·단종·성종·중종 재위기에 명 사신으로부터 오배삼고두 시행 요구가 있었다.[50] 하지만 조선 정부에서는 홍무제가 반사한 『번국의주』를 중심으로 시행되고 있었던 절차를 바꾸지 않겠다는 입장을 고수하다가, 중종 32년(1537)에 파견되었던 명 사신 공용경이 『대명회전大明會典』을 근거로 오배삼고두 시행을 요구하여 결국 수용되었다.[51] 조선에서는 오배삼고두 절차를 수용했지만 정식 의주에 수록하지는 않았다.[52]

선조 역시 임진전쟁 시기에 황제의 은혜에 대해 고두례를 시행했음을 〈표 3〉과 〈표 4〉를 통해 확인할 수 있었고, 다음의 기록을 통해 이미 조선에서는 고두례를 시행해 왔음을 알 수 있다.[53]

예조가 아뢰기를, "교외에서 조칙詔勅을 맞을 때 『오례의』의주儀註에는 국궁鞠躬한다는 일절一節만 있고 오배삼고두하는 예는 없습니다. 공용경龔用卿 이후부터는 으레 이 예를 시행하였습니다. 전일 설번薛藩이 중국 사신으로 왔을 때에도 이것을 행하였기에 지금 의주에 첨가하여 넣은 것입니다. 계연방桂聯芳은 요동차관遼東差官으로서 조칙을 전달하러 왔으니 진실로 중국 사신이라고 할 수 없습니다. 다례는 예문대로 마련하였습니다 다만 상마연과 하마연은 할 수 없을 듯하니 대신에게 의논하여 조처하게 하는 것이 어떻겠습니까?" 하니, 상이 이르기를, "아뢴 대로 하라. 그리고 전부터 등황조칙謄黃詔勅의 경우는 조칙을 맞지 않았는데 이번에는 어째서 이와 같이 하는가?" 하였다.

위의 기록에 따르면 조칙을 맞이하는 공식적 의주에 오배삼고두를

37

추가하지는 않았지만 실제로는 계속 시행되었음을 짐작할 수 있다. 그리고 임진전쟁기에 명의 원조를 받는 과정에서는 이러한 선례와 당시 처한 상황이 접목되어 황제 이외의 대상을 향해서도 고두례를 행하는 사례가 나타난다.

조칙을 맞이할 때 고두를 시행하는 것은 이전에도 있었지만, 이는 황제의 조칙에 대한 예를 표현한 것이었다. 하지만 선조가 명의 제독을 위해 고두례를 했다는 것은 조선이 당시 처해 있던 특수한 입장에서 기인한 것으로, 선조가 배례와 고두례를 통해 명나라의 원조가 절실함을 의례적으로 표현했다고 해석할 수 있다. 이러한 선조의 고두례 시행에 대해 명 장수들 역시 감당하기 어려운 처사로 여겼음을 『운천호종일기』를 통해 확인할 수 있다.

선조가 이여송·양원과 다례와 연례를 행한 기록을 비교하면 〈표6〉과 같다.

다례를 행한 내용 ③은 실록에서는 신하들이 왕자를 생환시켜 준 것에 대해 이여송과 양원에게 사배하자 두 사람이 읍례를 한 내용과 선조가 군졸들에게 내려 줄 은전에 대해 거론하고 이여송과 문답한 내용이 주를 이루는데, 『운천호종일기』에는 선조가 이여송이 좀 더 머물러 주기를 청하는 내용을 전하려 했던 사실과 군졸에게 내려 줄 물품에 대해 논의한 내용이 좀 더 세세하게 기록되어 있다. 다루고 있는 주요 내용은 동일하지만 『운천호종일기』의 기록이 상대적으로 세세하고 현장감이 있다.

연례를 행한 내용 ④는 실록에서 "상이 연례宴禮를 행하였다"는 간략한 기록으로 처리되어 있지만, 『운천호종일기』에서는 선조가 잔을

〈표 6〉『선조실록』과 『운천호종일기』(천)권 8월 14일 기록 비교

		『선조실록』	『운천호종일기』
③ 다례		상이 앉기를 청하니, 제독과 부총이 모두 앉았다. 신하들이 뜰에 서서 왕경王京을 수복하고 왕자를 생환生還시켜 준 데 대해 사배하기를 청하고 절을 하니, 제독과 부총이 일어나서 읍하였다.	상이 앉기를 청하니, 제독과 양원이 모두 앉았다. 신하들이 뜰에 서서 왕경을 수복하고 왕자를 생환시켜 준 데 대하여 사배하기를 청하였다. 제독과 양원이 일어서서 읍하였다.
		없음	상이 장운익張雲翼에게 이르기를, "왜적이 아직 남아 있는데 대인께서 서행하시니, 왜적이 만약 다시 날뛴다면 우리나라는 틀림없이 망하게 되리라는 뜻으로 작별할 때 간곡하게 구급해 달라고 하라." 하였다.
		상이 다례茶禮를 행하였다.	상이 다례를 행하였다.
		상이 승지에게 이르기를, "군졸들에게 줄 은전銀錢의 수를 미리 강구해서 결정하라. 해를 넘기며 전쟁하느라 고생한 사람들에게 은전을 주지 않아서야 되겠는가." 하였다.	상이 승지에게 이르기를, "군졸들에게 줄 선물의 수량을 미리 강구하여 결정해야 하는데, 군졸의 수가 적다고 한다." 하니, 심희수가 아뢰기를, "따라온 자가【원문 빠짐】명이라 합니다." 하였다. 상이 이르기를, "은銀은 얼마를 지급하며 부채는 몇 자루를 주어야 하겠는가?" 하니, 홍진이 아뢰기를, "통사가 나온 후에 셈해서 지급하겠습니다." 하였다. 상이 이르기를, "한 해가 지나도록 전쟁하느라 고생한 사람에게 어찌 은전을 지급하지 않을 수 있겠는가?" 하였다.
		제독이 말하기를, "전라도 소성령小星嶺은 험고險固하니 지킬 만합니다." (중략)	제독이 말하기를, "전라도는 소성령小星嶺이 험고하니 지킬 만하고, 조령鳥嶺 또한 지킬 만합니다. (중략)
④ 연례		상이 연례宴禮를 행하였다.	○ 연례를 행하였다.
		없음	상이 제독에게 잔을 올렸다. 잔을 비우자 다시 올리니, 제독이 도로 전하에게 청하였다. 상이 받기를 사양하고서 또 올리니 제독이 한 잔을 마시고 잘 마시지 못한다고 사양하였다. 제독이 또 한 잔을 올리니 상이 받았다. 상이 한 잔을 더 청하니 제독이 벌써 두

	『선조실록』	『운천호종일기』
④ 연례	없음	잔을 마셨다며 사양하였다. 상이 이르기를, "대인의 은덕이 망극하니 따로 한 잔을 드립니다." 하니, 제독이 말하기를, "명하신 대로 하겠습니다." 하고 잔을 비웠다. 상이 양원 앞에 나아가 잔을 올리니 양원이 잔을 비웠다. 다시 올리니 양원이 이르기를, "이야李爺께서 오래 서 계시니 미안합니다. 전하께서 잔을 비우시기를 청합니다." 하였다. 또 올리니, 양원이 말하기를, "그만 마시고 싶습니다." 하니, 상이 이르기를, "예를 이루기를 청합니다." 하였다. 양원이 말하기를, "명하신 대로 하겠습니다." 하였다.

올리는 내용까지 상세히 전하고 있다는 점에서 다른 부분에 비해 실록과의 기록 차이가 크다. 선조가 이여송에게 잔을 올렸고, 잔을 비우자 다시 올리니, 이여송이 도로 선조에게 청하였다. 선조가 잔 받기를 사양하고 또 올리니 이여송이 한 잔을 마시고 잘 마시지 못한다고 사양하였고, 이여송이 또 한 잔을 올리니 선조가 받았다. 선조가 직접 이여송에게 잔을 권하고 올렸던 상황이 상당히 상세하게 기록되어 있다는 것이 특징이고, 선조가 명 제독에 대해 직접 잔을 주고받으면서 최선의 예우를 보였다는 사실을 확인할 수 있다.

그리고 선조가 "대인의 은덕이 망극하니 따로 한 잔을 드립니다"며 이여송에게 잔을 권하였고, 이어서 양원에게 나아가 잔을 올렸고 양원이 잔을 비웠다. 연이어 선조가 양원에게 잔을 권하였는데, 양원이 그런 선조에 대해 "이야李爺께서 오래 서 계시니 미안합니다"라고 한 부분 역시 당시의 상황을 짐작하는 데 유효하다. 이미 『선조실록』에서 경칭으로 노야老爺라는 표현을 쓰거나, 송응창宋應昌을 송야宋爺, 병부상서兵部尙書 석성石星을 석야石爺라고 호칭하는 경우는 상당수 찾아볼 수 있으나,[54] 선조를 '이야'로 칭한 기록은 찾아보기 어렵다. 그런데 사초의 형태로 전해지는『운천호종일기』를 통해 명 대장 양원이 선조를 '이야'라 칭한 것을 통해 명나라의 원조를 받고 있던 당시 상황에서 조선 국왕이 일반적인 어른의 경칭으로 불리는 사례가 있었음을 짐작할 수 있다.[55]

『선조실록』에서는 확인할 수 없는 선조가 직접 이여송·양원에게 잔을 올렸던 내용, 양원이 선조를 '이야'라 칭했던 내용을 통해, 임진전쟁 당시 선조를 비롯한 조선 정부가 처해 있던 절실한 상황과 명 측의 입장이 상징적으로 드러난다. 그리고『선조실록』에서는 확인할 수 없지만 당시에 발생했던 선조와 명군의 여러 접견 상황에서도 충분히 이와 같은 호칭이 사용되었을 것이라 감히 짐작할 수 있다.

마지막으로 선조가 이여송·양원에게 베푼 주례, 예단 증정 및 전송의 과정을 비교하면〈표 7〉과 같다.

이여송·양원을 접견하고 연례를 행하는 중에도 사대수와 한종공을 만나게 될 경우의 연례에 대해 논의한다거나, 제독이 만약 돌아간다면 송별하는 예를 갖추기 위해 차비差備해야 한다는 논의가 오간 내용 ⑤ 역시『운천호종일기』에서만 확인할 수 있다. 그리고 연례에 이어 시행된 주례酒醴 역시『선조실록』에서는 명확하게 기록하지 않았고,『운천호종일기』에서만 주례를 행하면서 잔을 든 내용 ⑥이 언급되어 있다. 선조가 이여송과 양원을 위해 다례·연례·주례를 시행한 것에 이어 예단禮單을 증정하는 내용 ⑦과 선조와 이여송·양원이 재배하고 선조가

〈표 7〉『선조실록』과 『운천호종일기』(천)권 8월 14일 기록 비교

	『선조실록』	『운천호종일기』
	없음	심희수沈喜壽가 아뢰기를, "사대受査大受와 한종공韓宗功이 여기에 왔다고 하니, 먼저 치사致謝하소서." 하니, 상이 이르기를, "만약 보게 된다면 연례를 행해야 할 텐데 때맞춰 구비할 수 있겠는가? 선물할 물건도 미리 마련해야 한다." 하니, 제독과 양원이 임춘발에게 치사하게 하기를, "몇 차례나 예물을 보내 주시고 이어서 선물膳物까지 보내 주시니 너무나 감사하고 감사합니다." 하였다. 상이 이르기를, "대인의 은덕이 망극하여 과인으로서는 갚을 길이 없습니다. 그런데 지금 또 사람을 시켜 치사하게 하시니 더욱 망극합니다." 하니,
⑤	제독이 아뢰기를, "제가 처음 나올 때에는 귀국의 지방이 이렇게 황폐하지는 않았었는데, 지금 와서 보니 분탕으로 입은 피해가 더욱 극심합니다. 우리 군대[중국군]가 틀림없이 요란하게 끼친 침해가 많았을 텐데 한두 명이 아니어서 일일이 다스려 벌을 줄 수가 없습니다. 미안하고 미안합니다." 하니, 상이 이르기를, "우리나라[소방小邦]의 신민이 천병天兵(중국 병사) 덕분에 오늘까지 부지하게 되었습니다. 무슨 요란한 침해가 있겠습니까. 지금 높으신 말씀을 들으니 도리어 황공합니다." 하였다.	제독이 또 아뢰기를, "지금이 어느 때입니까? 왜적의 분탕으로 인한 피해가 극심하였으나 제가 처음 나올 때에는 귀국의 지방이 이와 같이 심한 피해를 입은 줄 몰랐습니다. 지금 와서 보니 분탕으로 입은 피해가 더욱 극심합니다. 우리 군대까지 틀림없이 요란하게 끼친 침해가 많았을 텐데 한두 명이 아니어서 일일이 다스려 벌을 줄 수가 없습니다. 미안하고 미안합니다." 하니, 상이 이르기를, "우리나라의 신민이 중국 병사 덕분에 오늘까지 부지하게 되었습니다. 무슨 요란한 침해가 있겠습니까. 지금 높으신 말씀을 들으니 도리어 황공합니다." 하였다.
	없음	심희수가 아뢰기를, "제독이 지금 아주 돌아간다면 예를 차려 송별하는 데 대한 차비差備가 있어야 할 듯합니다. 통사가 빈청賓廳에 와서 말하였습니다." 하니, 상이 이르기를, "예로 송별하는 절차는 어떠한가? 교외에서 송별하는 절차처럼 하는가? 아주 돌아가는 것이 아니라 하더라도 역시 나가서 전송할 수 있는가?" 하니, 심희수가 아뢰기를,

	『선조실록』	『운천호종일기』
⑤	없음	"【원문 빠짐】하는 사람은 혹 채찍을 지닌 채 전송합니다." 하였다. 상이 이르기를, "【원문 빠짐】지금은 아주 돌아가는 것이 아니기 때문에 반드시 다시 나올 것이다. 그러므로 예를 갖추어 전송하지 않겠다는 뜻으로 말하라." 하였다. 상이 이르기를, "【원문 빠짐】마실 수 없는가?" 하니, 심희수가 아뢰기를, "전부터 조금만 마셔도 취하였습니다. 호군【원문 빠짐】" 하자,【원문 빠짐】이 이르기를, "장수의 경우 받지 않을 듯하다. 올리는데 받지 않는다면 미안하니 중군에게 보내어 그로 하여금【원문 빠짐】하게 하라." 하였다.
	제독이 손수 소첩小帖을 써서 상에게 증정하며 말하기를, "나를 수행隨行했던 배신陪臣과 통관通官들이 노고가 많았으니, 현왕賢王께서는 그들을 승진陞進시켜 용인用人의 공정함을 보여주십시오." 하니, 상이 말하기를, "감히 대인大人의 높은 가르침을 어기겠습니까? 삼가 승진시킨 뒤에 회자回咨하여 알려드리겠습니다." 하였다.	【원문 빠짐】이 손수 소첩小帖을 써서 상에게 증정하며 말하기를, "나를 수행하였던 배신陪臣과 통관들이 노고가 많았으니,【원문 빠짐】용인用人의 공정함을 보여 주십시오." 하니, 상이 이르기를, "감히 대인의 높은 가르침을 어기겠습니까? 삼가 승진시킨 뒤에 회자하여 알려드리겠습니다." 하였다.
⑥ 주례	없음	○ 배신이【원문 빠짐】하였다. 주례酒禮를 행하였다. 상이 이르기를, "대인께서 우리나라를 위하여 이렇게까지 분부하시니, 우리나라가 무엇으로 보답하겠습니까? 다만 과인이 지금 경성으로 가는데 흉적이【원문 빠짐】하여 다시 날뛴다면 우리나라가 끝내 지탱할 수 없을 것입니다." 하니,【원문 빠짐】하고 제독이 말하기를, "관백關白이 대마도對馬島 변경 너머에서 말하기를, '황조皇朝가 조공을 허락한다면 늘 천조의【원문 빠짐】을 칭송하며 조선 지방을 다시 침범하지 않겠습니다'라고 하였습니다." 하고, 또 말하기를, "제가 있으니 걱정하지 마시기 바랍니다." 하였다.【원문 빠짐】하니, 제독이 말하기를,

	『선조실록』	『운천호종일기』
⑥ 주례	없음	"이미 마음으로 받았으니 다시 재청再請할 필요가 없습니다." 하고, 제독이 말하기를, "별도로 한 잔을 허락한다면,【원문 빠짐】합니다." 하니, 한 잔을 들어서 마셨다.
⑦ 예단 증정	상이 두 장수에게 예단禮單을 주며 이르기를, "우리나라에 정을 표시할 만한 물건이 없어 황공하고 부끄럽습니다." 하니, 제독이 말하기를, "마필馬匹도 미안하여 받을 수 없고 인삼人蔘도 받을 수 없습니다. 벼루[硯石] 2면面만 얻고 싶습니다." 하였다. 상이 말하기를, "인삼은 우리나라에서 생산되는 것이고, 말도 노둔駑鈍하여 쓸모가 없지만 그래도 받아 주시면 고맙겠소이다. 벼루는 서울에 도착하는 대로 사람을 시켜 보내 드리겠습니다." 하니, 제독이 말하기를, "전에도 이미 많이 받았는데, 또 받기가 미안합니다." 하였다. 상이 이르기를, "대인의 군사들이 여러 달 수고하는 동안 술 한 잔 호궤하지 못하였습니다. 변변찮은 물건이나마 군중에 호궤할까 합니다." 하니, 제독이 말하기를, "은냥銀兩은 주린 백성에게 나누어 주시고, 소는 밭을 갈아야 할 것이니 받을 수 없습니다. 그밖의 것이라면 모두 받겠습니다." 하였다. 상이 말하기를, "우리나라 사람들이 천조天朝의 은혜를 입어 다시 살아나게 되었으니, 어찌 이런 물품으로 갚을 수 있기를 바라겠습니까마는, 귀 도독부의 군병에게 나누어 주시기 바랍니다." 하니, 제독이 말하기를,	이어서 상이【원문 빠짐】두 장수에게 주며 이르기를, "대인의 은덕이 망극합니다만 우리나라가 왜적의 침해로 파괴되어 정을 표할 물품이 없습니다.【원문 빠짐】합니다." 하니, 제독이 말하기를, "【원문 빠짐】내가 미안하여 인삼을 받을 수 없습니다. 벼루 2면面만 얻고 싶습니다." 하였다. 상이 이르기를, "【원문 빠짐】우리나라에서 나는 것이고, 말도 노둔하여 쓸모가 없지만, 마구간이나 채우시기 바랍니다. 그리고 벼루는 서울에 도착하는 대로 사람을 시켜 보내 드리겠습니다." 하니, 제독이 말하기를, "말은 이미 많이 받았으니 미안합니다." 하였다. 상이 이르기를, "대인의 군사들이 여러 달 수고하는 동안 술 한 잔 호궤하지 못하였습니다. 변변찮은 물건이나마 군중에 호궤할까 합니다." 하니, 제독이 말하기를, "전에 보낸 3천 냥의 은도 돌려보냈으니 남아 있는 병사가 쓰도록 해 주십시오. 그리고 이번 은냥은 굶주린 백성들에게 나누어 주시고, 소바리는 밭을 갈게 하는 것이 옳으니, 이것은 받을 수 없습니다. 나머지는 모두 받겠습니다." 하였다. 상이 이르기를, "우리나라 사람들이 천조의 은혜를 입어 다시 살아나게 되었으니, 어찌 이런 물품으로 갚을 수 있기를 바라겠습니까마는, 귀 도독부의 군병에게 나누어 주시기 바랍니다." 하니, 제독이 말하기를, "나의 군사들에게는 천조에서 분사하는 은혜가 있을 것이니 나의 청을 들어주시기 바랍니다. 처음에 행한 의식과 같이 배례를 청합니다." 하였다.

	『선조실록』	『운천호종일기』
⑦ 예단 증정	"나의 군사들에게는 천조天朝[중국 조정]에서 분사分賜하는 은혜가 있을 것이니 나의 청을 들어주시기 바랍니다. 처음에 행한 의식과 같이 배례를 청합니다." 하였다.	
⑧ 전송	상이 막차幕를 나오고, 이 제독과 양 부총이 나왔다. 상이 대문 밖까지 나가 전송하였다.	상이 제독 앞에 나아가 재배의 예를 행하고 또 양 대장 앞에 나아가 재배의 예를 행하였다. 상이 막차를 나왔다. (…) ○ 제독과 양 대장이 나갔다. 상이 대문 밖에서 전송하며 읍하였다.

이들을 전송한 내용 ⑧은 『선조실록』과 『운천호종일기』가 대동소이한 기록을 담고 있다.

『운천호종일기』 지地권에 수록된 8월 15일의 기록은 『선조실록』에서 찾아볼 수 없는 내용이다. 이여송이 선조가 보낸 다른 것들은 받겠지만 은과 소만큼은 받을 수 없다며, 은으로는 굶주린 병졸을 먹이고 소로는 버려진 밭을 갈도록 권하였던 내용이 담겨 있다.

본문을 살펴보면 다음과 같다.[56]

제독이 말하기를,

"전에 은자 3천 냥兩을 보냈지만 제가 모두 받지 않았으니, 지금의 은과 소는 받을 수 없습니다. 은으로는 굶주린 병졸을 먹이고 소로는 버려진 밭을 가는 것이 좋겠습니다. 나머지는 모두 받겠습니다."

하였다. 상이 이르기를,

"왜적이 만약 물러간다면 우리도 백성들을 구제하고 밭을 갈 것이니, 비록 이런 물품이 마땅하다고 생각하는 것은 아니지만, 【원문 빠짐】입니다."

하니, 제독이 말하기를,

"더 이상 말하지 마십시오."

하였다. 상이 이르기를,

"만약 이런 물품이 아니라면 우리나라로서는 달리 정을 표할 방법이 없으므로 감히 간청하는 것입니다."

하니, 제독이 말하기를,

"술과 고기 안주는 모두 받겠습니다. 그러나 은과 소는 받을 수 없으니, 제가 말한 대로 하는 것이 마땅하겠습니다."

하였다. 이어서 제독과 재배한 다음 읍하였다.

또 양 대장楊大將과 재배한 다음 읍하였다.

서로 사양하며 당堂을 내려갔다.

선조는 부족한 물품이지만 받아 주기를 바란다는 뜻을 전하며 "왜적이 만약 물러간다면 우리도 백성들을 구제하고 밭을 갈 것"이라고 하였다. 선물을 권하는 것은 물론이고 일본군이 완전히 조선에서 물러나기까지 명군이 조력해 주기를 바라는 뜻을 전한 것이라고 볼 수 있다. 그리고 이여송·양원과 접견한 이 상황에서 선조는 두 사람에게 재배하고 읍하였고, 두 사람 역시 동일하게 답례하였다. 이 기록은 이전에 있었던 것과 유사한 상황이 반복되었다는 점에서 아주 특별한 점을 찾아보기는 어렵지만, 『선조실록』 8월 15일의 기록에서 확인할 수 없는 내용이라는 점에서 의미가 있다.

『운천호종일기』 지地권에 수록된 8월 16일의 기록 역시 『선조실록』

동일 날짜에서 찾아볼 수 없는 내용이다. 선조가 사대수와 유격 주홍 모를 만나고 이여송과 양원을 만나는 상황이 기록되어 있다. 사대수와 주홍모가 왔다는 소식을 접하고 선조는 연례와 그들에게 선물할 물품 이 있는지 확인하였고, 두 사람을 만났다. 그리고 조선 배신들이 명 장 수를 위해 행례하려 했는데, 명 장수들이 거부하자 선조가 통사通事를 통해 "우리나라 배신이 대인의 망극한 은덕에 감격하고 있는데, 할 수 있는 일이 없으므로 술 한 잔을 올리려는 것일 뿐"이라고 청하니 두 장 수가 수락하였다.[57]

『운천호종일기』의 기록에 원문을 확인하기 어려운 부분이 많아서 중간 과정을 명확하게 확인하기는 어렵지만, 두 장수를 만난 것에 이 어 이여송을 만난 기록이 이어져 있다. 선조는 이제 선조 본인은 한성 으로 돌아갈 것인데 일본군이 남아 있다가 이여송이 서환西還한다는 것을 알면, 다시 독기를 부릴 텐데 그럴 경우 조선이 끝내 버티지 못할 것이라며 걱정스럽다는 소회를 드러냈다. 이에 이여송은 "그럴 리 없 을 것이니 마땅히 나를 믿으라"고 답하였다. 이에 선조는 감은感恩하는 뜻으로 잔을 권하고, 또 선물로 인삼과 말을 권하였는데 이여송은 인 삼과 말은 사양하고 다만 좋은 벼루 2면面만 받겠다고 하였다.[58]

그리고 선조는 이여송에게 상견례를 행할 것을 청하였고, 선조와 이 여송·양원은 재배하고 읍하였다. 선조는 은덕을 입었음에 감사하며 사배할 것을 청하였다. 내용을 보면 다음과 같다.

　　상이 제독에게 상견례相見禮를 행할 것을 청하였다.
　　상이 제독과 재배하고 읍하였다. 또 양 대장과 재배하고 읍하였다. 상이

이르기를,

"대인의 은덕을 입었으니, 온 나라 신민은 감사한 마음이 망극합니다."

하니, 제독이 답하기를【원문 빠짐】하였다. 상이 또 이르기를,

"대인의 은덕이 망극한데, 더 이상 마음을 표할 길이 없습니다. 배례拜禮

를 행하여 사례하겠습니다."

하니, 답하기를,

"사배謝拜는 하지 마십시오."

하였다. 상이 이르기를,

"만일 대인의 은덕이 아니었다면 우리나라가 어떻게 살아날 수 있겠습니

까. 반드시 배례를 행하여 감사드리고자 합니다."

하니, 이 제독이 이르기를,

"그렇다면 하십시오. 감당하지 못하겠습니다."

하였다. 상이 재배하고 삼고두하고 일어나 읍하였다.

이 제독이 답하였다.

또 양 대장 앞에서도 청하여 재배하고 삼고두한 후 일어나서 읍하였다.

양 대장이 답하였다.

　선조는 선물을 권한 것에 이어 사배하고자 하였고, 사배와 함께 고
두례를 했음을 알 수 있다. 조명 연합군이 평양과 한성을 탈환한 것에
이어 일본군에게 잡혀 갔던 두 왕자가 생환한 것에 대한 감사의 뜻을
표했던 것이다.[59] 그리고 명나라의 도움을 절박하게 구하는 의미 역시
포함되어 있었다. 선조는 "우리나라의 신민들이 마치 어린아이가 자
애로운 어미를 믿는 것처럼 쳐다보고 있습니다. 지금 듣기로 지금 왜

적이 부산 등 8개 성 밖에 주둔하고 있다는데, 대인께서 돌아가시니 우리나라는 안타깝고 절박한 심정"이라는 뜻을 직접적으로 전하면서 일본군이 여전히 조선을 위협하고 있다는 걱정을 가감 없이 드러냈다. 그리고 조선 신하들이 뜰에서 재배로 예를 표하자 이여송과 양원 역시 평상에서 내려와 답읍答揖하였고, 이어 선조가 다례를 행하였는데, 선조는 "우리나라의 존망存亡은 제독에게 달려 있다"는 뜻을 다시금 전하였다.[60]

하지만 이러한 선조의 노력이 당장 효과를 발휘하지는 못하였다. 선조 26년 9월, 사은사 정철 일행은 삼경三京[평양·개성·한성] 회복에 감사를 표하는 사은표문을 가지고 명나라 조정으로 파견된다. 이후 전달된 명 신종의 칙유勅諭에는 "다시 국경을 넘어 구원하는 일을 쉽게 기대하지 말고 와신상담하여 스스로 경계하라"고 권면하는 내용을 담고 있었다. 당시는 전란을 정면으로 맞닥뜨린 조선뿐만 아니라 명나라 역시 정쟁으로 내부가 복잡한 상황이었기 때문에 '스스로 경계하라'고 권면할 수밖에 없었던 것이다.[61]

정리하면, 이처럼 복잡한 외교적 상황 속에서 선조는 명나라에서 파견되는 사신뿐만 아니라 장수들에 대해서까지 최대한의 예우를 다하면서 원조를 촉구할 수밖에 없었다. 『운천호종일기』를 통해 선조가 이여송과 양원에게 사은배례는 물론 직접 잔을 올리는 예우까지 더하면서 절박한 뜻을 전하려 했음을 확인하였다. 조선은 당시 존망의 갈림길에 서 있었고 선조는 국왕의 신분으로 할 수 있는 모든 예우를 동원하여 명나라의 원조를 이끌어 내고 유지하려 했던 것이다.

맺음말

　임진전쟁기에 선조가 명 장수에 대해 시행했던 접대와 제반 의례가 어떤 형식으로 시행되었는가에 대해 『선조실록』과 『운천호종일기』를 바탕으로 살펴보았다. 조선 정부에서는 명에서 군사를 파견한 이후로는 명 사신을 대접할 때와 마찬가지로 외교 의례에 많은 노력을 기울여야 했다. 선조 25년 임진전쟁이 발생했던 초반에는 명나라에서 조선의 상황을 객관적으로 파악하려는 태도였기에, 선조는 명 사신과의 접견과 연례 절차를 초라하게 준비하면서 조선이 처해 있는 힘겨운 상황을 전달하려는 입장을 보이기도 하였다.

　하지만 선조 26년 평양 탈환 이후 강화교섭 시기에 접어들면서 선조는 몸소 명군을 예우하는 모습을 최대한 드러내면서 그들의 조력을 이끌어 내려는 모습을 보였다. 선조가 직접 명 장수에 대해 감사의 뜻을 담은 배례인 사배와 고두례를 행하거나 몸소 나서서 명 하졸들까지 모두 아울러 예우하려 했다. 국왕인 선조가 직접 『국조오례의』에 정해진 절차가 아닌 사배를 추가로 시행한다거나, 황제가 아닌 명 제독을 위해 고두례를 시행했던 것은 당시 조선이 처해 있었던 특수한 상황을 여실히 보여 주는 사례다. 선조는 이렇게 명나라에 대해 감사를 표하면서 한편으로는 절박함을 전달하고 협상을 원활하게 진행하기 위해 노력하였다.

　그리고 김용이 남긴 사초인 『운천호종일기』를 통해 『선조실록』에서는 누락된 의례의 사례까지 확인할 수 있었다. 『선조실록』을 통해 선조가 이여송에게 사은의 의미로 사배례와 고두례까지 행했던 모습을 확인할 수 있었고, 『운천호종일기』를 통해 선조가 이여송과 양원에게 직접 잔을 올리는 예우까지 더하면서 절박한 뜻을 전하려 했음을 확인하였다. 조선은 당시 존망의 갈림길에 서 있었고 선조는 국왕의 신분으로 할 수 있는 모든 예우를 동원하여 명나라의 원조를 이끌어 내고 유지하려 했던 것이다.

선조는 환도하면서 불타 버린 조선의 종묘와 명 황제 가운데 어느 쪽에 먼저 예를 표할지를 논의하는 과정에서 '불타 버린 조선의 종묘에 대한 애도는 사적인 예[私禮]'이니, 중국에 대한 사은을 먼저해야 한다고 말할 정도로 외교 의례의 중요성을 강조했다. 이는 선조가 의례를 통해 시각화되는 모든 외교적 행위를 얼마나 중요하게 여겼는지 충분히 짐작할 수 있는 부분이다. 임진전쟁 이후로도 조선에서는 명에 대한 재조지은再造之恩의 이념을 강조하였는데, 이러한 인식은 임진전쟁기 전 시기를 거치면서 축적되고 재생산되고 또한 굳어져 갔던 것이다.

참고문헌

구도영,「조선 전기 朝明 외교관계의 함수, '禮義之國'」,『대동문화연구』89, 2015.

김경태,「임진왜란 후 명 주둔군 문제와 조선의 대응」,『동방학지』147, 2009.

_____,「임진전쟁 강화교섭 전반기(1593.6~1594.12), 조선과 명의 갈등에 관한 연구」,
『한국사연구』166, 2014.

김문식,「明使 龔用卿이 경험한 외교의례」,『조선시대사학보』73, 2015.

김성우,「임진왜란 초기 制勝方略戰法의 작동방식과 상주 북천 전투」,『한국사연구』163,
2013.

김성희,「제3장 조선시대 빈례賓禮 연구의 현황과 과제」,『조선시대 의례연구의 현황과
지평의 확장』, 민속원, 2022.

노영구 해제, 김상환 역,「『운천호종일기 해제』-『선조실록』편찬의 기본사초-」,『일기국
역총서 38 운천호종일기』, 한국국학진흥원, 2022.

소 종,「명나라 사신 공용경龔用卿의 조선사행 연구」,『역사문화논총』6, 2010.

신진혜,「임진전쟁기 종묘의 소실과 재건 과정 연구」,『역사학보』240, 2018.

_____,「영조 12년(1736) 老·少論 화해를 위한 耆老臣 宣醞 시행과 의미」,『사학연구』
140, 2020.

유바다,「朝鮮 初期 迎詔勅 관련 儀註의 성립과 朝明關係」,『역사민속학』40, 2012.

이규철,「조선 성종대 외교의례 변경에 대한 논의와 대명의식」,『역사와 현실』98, 2015.

정다함,「朝鮮初期 野人과 對馬島에 대한 藩籬·藩屏 認識의 형성과 敬差官의 파견」,『東方學
志』141, 2008.

정은주,「임진전쟁기 明 將官에 대한 接待都監 운영 양상」,『명청사연구』57, 2022(a).

_____, 「임진전쟁기 명사明使에 대한 외교의례 전개 양상」, 『한국학』 45, 2022(b).

채홍병, 「『國朝五禮儀』賓禮에 편성된 對明儀禮의 특징과 朝鮮의 의도」, 『한국사학보』 84, 2021.

최종석, 「鞠躬인가 五拜三叩頭인가?」, 『한국문화』 83, 2018.

한형주, 「對明儀禮를 통해 본 15세기 朝明 관계」, 『역사민속학』 28, 2008.

허태용, 「朝鮮王朝의 건국과 國號 문제」, 『한국사학보』 61, 2015.

주

1 조선이 예의지국이라는 인식은 조선 전기뿐만 아니라 조선 후기에도 이어졌다. 일부 사례를 제시하면 다음과 같다. 『成宗實錄』 卷46, 성종 5년 8월 24일 병오; 『中宗實錄』 卷32, 중종 13년 4월 21일 기축; 『景宗實錄』 卷10, 경종 2년 12월 19일 경오.

2 『선조실록』에 따르면, "선조는 봉산 지역 민가를 출발하여 율곶栗串 선상船上에서 주정晝停하고 저녁에는 재령군載寧郡에서 묵었다고 한다. 『운천호종일기』에서는 상이 배장裵章 집에서 출발하여 율곶 선상에서 주정하고, 저녁에 재령군載寧郡에 머물렀다고 하여 출발지를 명료하게 기록했다는 차이를 보인다. 『宣祖實錄』 卷41, 선조 26년 8월 16일 정유; 『운천호종일기』 (地)卷, 8월 16일 정유.

3 신진혜, 「임진전쟁기 종묘의 소실과 재건 과정 연구」, 『역사학보』 240, 2018.

4 조선 외교 의례에 대한 연구사 정리는 다음을 참고한다. 김성희, 「제3장 조선시대 빈례賓禮 연구의 현황과 과제」, 『조선시대 의례연구의 현황과 지평의 확장』, 민속원, 2022.

5 정은주, 「임진전쟁기 明 將官에 대한 接待都監 운영 양상」, 『명청사연구』 57, 2022(a); 정은주, 「임진전쟁기 명사明使에 대한 외교의례 전개 양상」, 『한국학』 45, 2022(b).

6 자료의 서지 사항 및 해제는 노영구, 「『운천호종일기』 해제-『선조실록』 편찬의 기본 사초-」, 『일기국역총서 38 운천호종일기』, 한국국학진흥원, 2022. 이 연구에서는 『운천호종일기』 원문과 한국국학진흥원에서 발행한 김상환 역, 『일기국역총서 38 운천호종일기』 국역본을 주요 검토 자료로 활용하였다.

7 이에 관해서는 鄭多函, 「朝鮮初期 野人과 對馬島에 대한 藩籬·藩屛 認識의 형성과 敬差官의 파견」, 『東方學志』 141, 2008; 허태용, 「朝鮮王朝의 건국과 國號 문제」, 『한국사학보』 61, 2015.

8 한형주, 「對明儀禮를 통해 본 15세기 朝明 관계」, 『역사민속학』 28, 2008.

9 가례·빈례·흉례에 수록된 조선 외교 의례의 종류는 『국조오례의』(권3 「가례」; 권5 「빈례」; 권7, 권8 「흉례」)와 다음 연구를 참고하여 정리하였다. 김성희, 위의 책, 2022, 110~134쪽.

10 한형주, 위의 논문, 2008, 69~70쪽.

11 채홍병, 「『國朝五禮儀』 賓禮에 편성된 對明儀禮의 특징과 朝鮮의 의도」, 『한국사학보』 84, 2021.

12 구도영, 「조선 전기 朝明 외교관계의 함수, '禮義之國'」, 『대동문화연구』 89, 2015.

13 유바다, 「朝鮮 初期 迎詔勅 관련 儀註의 성립과 朝明關係」, 『역사민속학』 40, 2012; 이규철, 「조선 성종대 외교의례 변경에 대한 논의와 대명의식」, 『역사와 현실』 98; 최종석, 「鞠躬인가 五拜三叩頭인가?」, 『한국문화』 83, 2018.

14 김성우, 「임진왜란 초기 制勝方略戰法의 작동방식과 상주 북천 전투」, 『한국사연구』 163, 한국사연구소, 2013, 225~246쪽.

15 『宣祖實錄』 卷26, 선조 25년 5월 7일 병인.

16 『宣祖實錄』 卷27, 선조 25년 6월 8일 병신; 6월 10일 무술; 6월 13일 신축.

17 『宣祖實錄』 卷27, 선조 25년 6월 1일 기축; 선조 25년 6월 5일 계사.

18 임진전쟁 당시 외교 의례 공간의 양상은 다음 연구를 참고한다. 정은주, 앞의 논문, 2022(b), 134~143쪽.

19 『宣祖實錄』卷29, 선조 25년 8월 17일 갑진.

20 『宣祖實錄』卷29, 선조 25년 8월 25일 임자 "此儀註, 毋如在京平安之時, 極其草草, 似若不成模樣者然. 其文字亦簡略爲之."

21 『宣祖實錄』卷29, 선조 25년 8월 22일 기유.

22 『宣祖實錄』卷29, 선조 25년 8월 26일 계축.

23 『宣祖實錄』卷29, 선조 25년 8월 29일 병진; 卷30, 선조 25년 9월 1일 무오.

24 『宣祖實錄』卷30, 선조 25년 9월 1일 무오; 9월 2일 기미; 9월 3일 경신. 연조정사의의 절차 구조는 한형주, 2008, 앞의 논문, 64~65쪽.

25 『宣祖修正實錄』卷26, 선조 25년 12월 1일 정해.

26 『宣祖實錄』卷33, 선조 25년 12월 12일 무술; 12월 21일 정미.

27 『宣祖實錄』卷33, 선조 25년 12월 19일 을사; 12월 21일 정미.

28 『宣祖實錄』卷33, 선조 25년 12월 25일 신해. 한형주, 2008, 앞의 논문, 68쪽 참조.

29 『宣祖實錄』卷33, 선조 25년 12월 26일 임자; 선조 25년 12월 27일 계축. 하지만 선조와의 접견이 무산된 것에 대해 실망하는 장관이 많았고 이에 대해 이여송은 다례만 간략히 행해도 무방하니 장관들과의 상견례를 행할 것을 권했다.

30 『宣祖實錄』卷33, 선조 25년 12월 28일 갑인.

31 『宣祖實錄』卷34, 선조 26년 1월 9일 갑자.

32 『宣祖實錄』卷34, 선조 26년 1월 9일 갑자.

33 이전의 사례는 『中宗實錄』卷84, 중종 32년 3월 10일 기축; 3월 14일 계사; 3월 16일 을미.

34 『宣祖實錄』卷34, 선조 26년 1월 19일 갑술.

35 『經國大典』「禮典」朝儀, "大·小員人 道遇香祝·敎書·諭書·宣醞·宣牌之類 下馬鞠躬 齎奉人不下馬 (遇供御之物, 則拱立)." 교서·유서의 위상에 대한 정리는 신진혜, 「영조 12년 (1736) 老·少論 화해를 위한 耆老臣 宣醞 시행과 의미」, 『사학연구』140, 2020.

36 『宣祖實錄』卷35, 선조 26년 2월 25일 경술.

37 『宣祖實錄』卷36, 선조 26년 3월 29일 갑신.

38 『宣祖實錄』卷36, 선조 26년 3월 29일 갑신.

39 『宣祖實錄』卷44, 선조 26년 11월 30일 경진.

40 『宣祖實錄』卷34, 선조 26년 1월 17일 임신; 1월 18일 계유.

41 『宣祖實錄』卷37, 선조 26년 4월 20일 갑진.

42 『宣祖實錄』卷37, 선조 26년 4월 18일 임인.

43 『宣祖實錄』卷45, 선조 26년 윤11월 25일 을사.

44 『宣祖實錄』卷37, 선조 26년 4월 24일 무신. 교섭 과정에서 명 조정과 명군, 조선 사이에서 벌어진 정치 분쟁으로 일본과의 강화교섭이 지체되었고, 이는 강화교섭 결렬의 요인 중 하나로 이어졌다. 이상의 내용은 다음 연구를 참고하였다. 김경태, 「임진전쟁 강화교섭 전반기(1593. 6~1594. 12), 조선과 명의 갈등에 관한 연구」, 『한국사연구』166, 2014, 57~59쪽.

45 이에 관해서는 정은주, 앞의 논문, 2022(a)에서 이미 사례를 검토한 바 있다. 명 장수의 생사당을 세워 현창했던 사례(209~210쪽)나 명 장수를 위한 조문에 선조가 관심을 기울였던 사례(214~219쪽)를 확인할 수 있다.

46 노영구, 앞의 글, 2022, 11~12쪽.

47 『선조실록』에는 "상이 윤빙의 집에서 출발하여 저녁에 봉산 지역 민가에서 묵었다"고 기록하고 있지만 『운천호종일기』에 따르면 "윤빙의 집에서 저녁에 봉산 지역 배장裴章의 집으로 행차하였다"고 상세히 기록하고 있다. 『宣祖實錄』卷41, 선조 26년 8월 15일 병신; 『운천호종일기』(天)卷, 8월 15일 병신.

48 『선조실록』에 따르면, "선조는 봉산 지역 민가를 출발하여 율곶栗串 선상船上에서 주정晝停하고 저녁에는 재령군載寧郡에서 묵었다고 한다. 『운천호종일기』에서는 상이 배장裴章 집에서 출발하여 율곶 선상에서 주정하고, 저녁에 재령군載寧郡에 머물렀다고 하여 출발지를 명료하게 기록했다는 차이를 보인다. 『宣祖實錄』卷41, 선조 26년 8월 16일 정유; 『운천호종일기』(地)卷, 8월 16일 정유.

49 동북아시아 고두례의 시행 양상에 관한 정리는 유바다, 앞의 논문, 2012, 151~152쪽.

50 오배삼고두 절차가 가지는 의미에 대해 크게 두 가지 의견이 제시되었다. 고두 절차는 정복 왕조에서 주로 시행되었던 고압적인 형식이었다고 보면서, 명나라가 북경천도를 한 이후 조선을 명 제국 범위 안에서 수직적 예의 대상으로 삼고자 했기 때문에 조서를 맞이할 때 오배삼고두 절차 시행을 강요했을 것이라고 보는 의견이 있다(유바다, 위의 논문, 2012). 반면에 고두 절차는 당시 명나라 내에서 구현되었던, 천하에서 통용되었던 예이기 때문에 조선에서도 실행하도록 했던 것이지, 조선을 상대로 고압적인 요구를 했던 것이라고 보기는 어렵다는 의견 역시 제시되었다(최종석, 앞의 논문, 2018).

51 『中宗實錄』卷84, 중종 32년 3월 5일 갑신. 공용경에 관한 연구는 소종, 「명나라 사신 공용경龔用卿의 조선사행 연구」, 『역사문화논총』6, 2010; 김문식, 「明使 龔用卿이 경험한 외교 의례」, 『조선시대사학보』73, 2015.

52 유바다, 위의 논문, 2012, 151~153쪽; 이규철, 앞의 논문, 2015.

53 『宣祖實錄』卷34, 선조 26년 1월 30일 을유.

54 이러한 몇 가지 사례는 다음 사료를 참조하였다. 『宣祖實錄』卷34, 선조 26년 1월 7일 임술; 卷35, 선조 26년 2월 19일 갑진; 卷36, 선조 26년 3월 29일 갑신; 卷39, 선조 26년 6월 5일 무자; 卷45, 선조 26년 윤11월 10일 경인.

55 이러한 사례를 바탕으로 선행연구에서는 명나라의 원조를 받고 있는 조선에 대해 명군이 상당히 고압적인 모습을 띠었을 것이라고 짐작하기도 하였다. 노영구, 위의 글, 2022, 34쪽.

56 『운천호종일기』(地)卷, 8월 15일 병신.

57 『운천호종일기』(地)卷, 8월 16일 정유.

58 『운천호종일기』(地)卷, 8월 16일 정유.

59 『宣祖實錄』卷41, 선조 26년 8월 15일 병신.

60 『운천호종일기』(地)卷, 8월 16일 정유.

61 김경태, 앞의 논문, 2014, 72~73쪽. 『宣祖實錄』卷44, 선조 26년 11월 19일 기사; 11월 28일 무인; 卷45 선조 26년 윤11월 12일 임진.

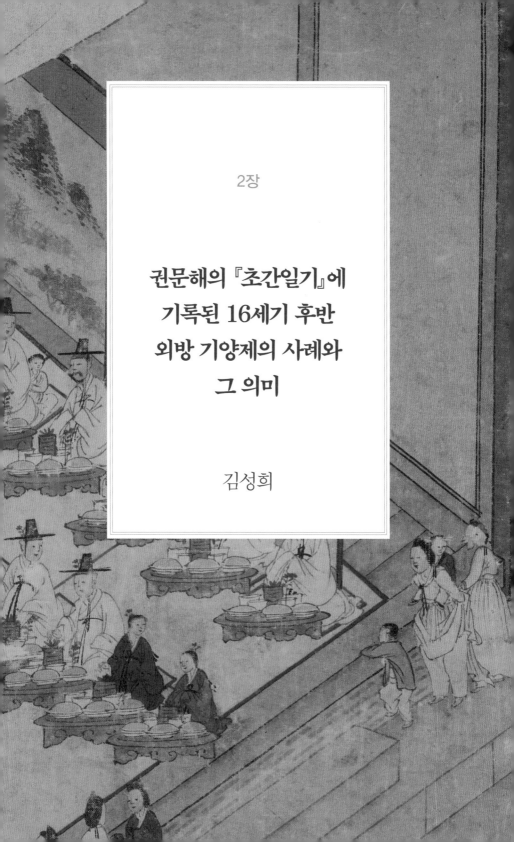

2장

권문해의 『초간일기』에 기록된 16세기 후반 외방 기양제의 사례와 그 의미

김성희

머리말

근민지관近民之官으로서 국왕의 위민 통치를 대행하였던 수령은 지역 행정과 민사民事를 관장함은 물론 국전國典에 편제된 각종 의례도 주관하였다. 이는 외방外方 국행의례國行儀禮 설행 시 해당 수령이 제주祭主를 맡도록 하는 의례 규정에 따른 것이었다. 이 같은 수령의 치제致祭는 민생의 긴요한 사안과 직결된 공무의 일부분이었으며, 특히 긴급한 재난 상황의 해소를 위한 조치로 비중 있게 수행되었다.

우리 역사에서는 고대로부터 기우제祈雨祭·기청제祈晴祭·여제厲祭 등 천재지변에 대응한 각종 기양제의祈禳祭儀가 민관에서 설행되었는데 조선 시기에는 이 제의들의 주체가 점차 국가로 수렴되었다.[1] 가뭄 또는 역병과 같은 자연재해가 곧 위정자의 실정失政이 초래한 하늘의 견책이라는 유교적 재이론[天譴論]은 통치의 잘못을 시정하고 민심을 위무하기 위한 의례 시행의 근거가 되었다.[2] 수령은 백성들과 가까운

거리에서 민생을 직접 돌보는 존재였기에 재이를 물리치기 위한 수령의 치제 역시 유교적 사회 위무慰撫의 차원에서 심장한 의미를 가진다고 하겠다.[3]

하지만 이와 같은 중요성에도 불구하고 외방 기양제의 설행 사례에 대한 분석 및 역사성 규명은 아직 충분히 이루어진 것으로 보기 어렵다.[4] 이러한 연구의 부진은 조선 전기의 경우 더욱 두드러지는데, 이는 관련 자료의 양적·질적 부족에서 기인한 것으로 판단한다. 중앙에서 설행한 주요 국행의례는『국조오례의國朝五禮儀』에 편제되기까지의 논의 과정과 의주가 분명히 확인되는 반면, 외방에서 설행한 기양제의의 경우 제의 절차와 제처祭處 등 구체적 정보가 결여된 채 단편적인 설행 사실만 기록된 경우가 많고, 조선 후기에 이르러서야 정식으로 국전에 등재되는 제의도 있기 때문이다.[5] 그러므로 외방에서 설행된 각종 기양제의 사례를 고찰하여 그 의미를 분석함으로써 조선 시기 국전 정비 과정에 대한 이해의 범주를 넓힐 필요가 분명하다.

이와 같은 문제의식과 관련하여, 기왕의 연구 성과 가운데, 비록 본 연구의 대상 시기와는 차이가 있지만, 1890년대 초반 함안 군수咸安郡守로 재임하였던 오횡묵吳宖默(1834~?)의 일기『함안총쇄록咸安叢瑣錄』에 대한 분석을 통해 당시 설행된 기우제의 내용과 의미를 분석한 연구가 눈에 띈다.[6] 이 연구의 저자는 함안 군수가 지낸 15차례의 기우제는 숙종 30년(1704)에 정식으로 마련된 국행기우제國行祈雨祭 12차제次第[7]를 넘어서는 이례적인 제의였음을 지적하였으며, 이는 한재旱災 극복을 위한 수령의 적극적인 노력과 위민의식의 소산이었다는 의견을 제시하였다. 다만 이 연구에서 착안한『함안총쇄록』은 오횡묵의 치제 사실만 집중적으로 기록한 사료가 아니므로 이를 통한 기우제 내용 분석 및 서술의 한계는 명확한 편이다. 이러한 한계와 관련하여 비슷한 시기 안동 부사安東府使로 재임한 김가진金嘉鎭(1846~1922)의『기우일기 祈雨日記』를 통해 1892년 6월에 9차례 거행한 기우제의 절차 및 내용을 복원해 낸 성과 또한 주목된다.[8] 이 연구의 주요 사료인『기우일기』는 기우제의 차례에 따른 제의 절차, 제주의 재계齋戒와 복장, 제수祭需·제 문祭文 등에 대한 기록을 상세히 수록하고 있는 자료로서, 19세기 말 안 동 지역 기우제 실태 분석에 효과적으로 활용된 것으로 판단한다.

이처럼 소수의 연구를 통해서나마 조선 시기 수령이 주관한 기양제 의에 대한 이해의 폭이 넓어질 수 있었다. 그럼에도 위에 소개한 연구 는 국행의례의 의주 정비가 이미 완료되었던 조선 말기의 기우제에만 국한하여 분석을 진행하였다는 한계가 분명하므로, 이를 통해 조선 시 기 수령의 기양제의 수행 양상 및 국행의례 정비 과정을 통시적으로 고찰하기는 어렵다. 물론 기우제 이외에도 기청제나 여제, 해괴제解怪 祭와 같이 조선 시기 전반에 걸쳐 지속적으로 설행되었던 다종의 기양 제의에 착목한 연구[9]가 몇몇 존재한다. 하지만 이 연구들은 대부분 중 앙에서 거행하였던 의례를 중심으로 분석을 진행하는 가운데 지방에 서의 의례 거행 양상을 부분적으로 다루는 정도에 국한하고 있다. 그 러므로 수령의 치제 자체에 대한 이해 심화에 기여하는 바는 제한적이 라고 할 수 있다. 중앙을 넘어 외방을 아우르는 광범한 국토에서 국가 안위와 민생 개선을 위해 설행된 기양제의 기록을 담고 있는 자료 발 굴과 연구가 이루어져야 하며, 이 연구는 그와 같은 필요에 부응하는 사례 연구로서 의의를 지닌다고 할 수 있다.

권문해의 생애와 『초간일기』

　상기 연구 경향 및 문제의식과 관련하여, 안동 부사·청주 목사淸州 牧使·공주 목사公州牧使·대구 부사大丘府使 등 다양한 외방 수령직을 역 임하였던 조선 중기 문신 권문해權文海1(534~1591)의 『초간일기草澗日 記』가 주목된다. 권문해가 1580년 11월 20일부터 1591년 10월 6일까 지 작성한 일기에는 개인의 일상사는 물론 당시 국정의 대요大要에 대 한 내용이 담겨 있다. 특히 그가 공주 목사와 대구 부사로 재임하는 동 안 일상적으로 수행한 공무뿐만 아니라, 단편적이나마 제주로서 거 행한 제의 기록까지 수록되어 있다. 이 점을 고려하여 『초간일기』는 16세기 후반경 외방 수령이 주관한 각종 제의의 일면과 국행의례의 실 제 사례를 확인할 수 있는 자료로 판단한다.

　권문해는 본관이 예천醴泉, 자는 호원灝元, 호는 초간草澗이다. 이황李 滉의 문하에서 수학하였으며, 김성일金誠一·류성룡柳成龍·김우옹金宇 顒 등과 교유하였다. 1552년(19세) 향시에서 장원을 하였으며, 1560년 (27세) 별시 문과에 급제하고 권지성균관학유權知成均館學諭가 되었 다. 이후 형조 좌랑刑曹佐郎·예조 정랑禮曹正郎 등 여러 관직을 거친 뒤, 1570년(37세) 문신 정시文臣廷試에서 장원을 하고 영천 군수榮川郡守로 나갔다. 1573년(40세)에 안동 부사, 1575년(42세)에 청주 목사, 1580년 (47세)에 공주 목사, 1584년(51세)에 대구 부사에 각각 제수되었다. 1589년(56세)에 우리나라의 지리·역사·인물·문학·식물·동물 등을 총 망라하여 운별韻別로 분류해 놓은 유서類書 『대동운부군옥大東韻府群 玉』을 완성하였다. 이후 승문원承文院과 사간원司諫院, 승정원承政院의 각종 관직을 역임하였으며, 1591년(58세) 11월 졸卒하였다.

권문해는 47세던 1580년 11월부터 사망 직전인 1591년 10월까지 10년여의 기간 동안 거의 매일 일기를 작성하였다. 이 기록은 각각 『선조일록先祖日錄』·『초간일기』·『신묘일기辛卯日記』라는 표제의 일기 3책에 담겨 현전한다. 『선조일록』에는 1580년 11월 20일부터 1584년 7월 28일까지의 기록이, 『초간일기』에는 1580년 11월 초하루부터 1590년 4월 6일까지의 기록이 각각 담겨 있는데, 두 책의 1580년 11월~1584년 7월까지의 기록은 중복되어 있다. 『신묘일기』는 1591년 7월 9일부터 동년 10월 6일까지의 기록으로 중간에 일기가 누락된 일자가 있다. 1997년 한국정신문화연구원에서 일기 3책을 '초간일기'라는 표제로 간행하였다.

『초간일기』에는 저자 권문해가 지방관으로 재임하거나 향촌에서 거주하던 시절의 공무와 일상, 공적·사적으로 거행한 봉제사奉祭祀 접빈객接賓客의 기록, 당대 정치사의 주요 사건이 세세히 기록되어 있다. 특히 그가 제주로서 주관한 치제 기록 가운데에는 공주 목사 재임 시절에 웅진사熊津祠와 계룡산사鷄龍山祠에서 거행한 정조제正朝祭, 대구 부사 재임 시절에 사직단社稷壇, 조족산鳥足山, 금호강琴湖江의 옥연玉淵, 인산寅山 등지에서 거행한 기우제의 기록을 위시하여 각지에서 거행한 석전제釋奠祭, 경주 집경전集慶殿의 정조제, 지진으로 인한 해괴제, 역병으로 인한 성황발고제城隍發告祭 및 여제 등 다양한 제의 기록이 확인되며, 간혹 친히 작성한 제문을 함께 수록하여 의례에 임하는 그의 사유를 엿볼 수 있게 한다.

이와 같은 자료의 특성에도 불구하고, 현재까지 『초간일기』를 활용

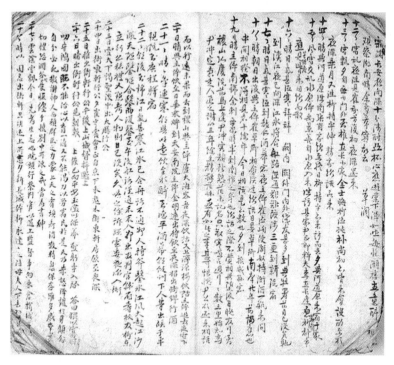

권문해의 『초간일기』

한 역사학 분야의 연구는 많지 않은 상황이다. 권문해, 권별[10] 부자의
『초간일기』와 『죽소군일기竹所君日記』를 통해 16~17세기 예천 권씨
가문의 의례 생활을 살펴본 김윤정의 연구[11]를 위시하여, 임진왜란 이
전 시기 사대부가의 전통적 생활양식을 고찰한 연구에서 부분적으로
활용된 사례가 보인다.[12] 이외 한문학계 혹은 국문학계에서 권문해의
문학관을 분석한 연구[13]가 몇 편 확인된다. 주지하듯 권문해는 『대동
운부군옥』의 저자로 유명한 만큼, 그와 관련한 연구에서는 빈번히 다
뤄졌지만 이 연구에서 주목하는 바와 같이, 외방 수령으로서의 행적,

특히 국행의례 수행과 관련한 측면에 착안한 연구는 사실상 전무한 상황이다.

권문해의 『초간일기』는 임진왜란 이전 관료의 일기로서 현전하는 몇 안 되는 사료의 하나이므로 병화兵火로 소실된 기록을 보완하는 소중한 자료로 평가된다. 특히 조선시대 일기류 자료가 일반적으로 구비한 사실성과 일상성의 특장점[14]을 그대로 공유하는 가운데 조선 시기 국행의례의 흐름을 살필 수 있게 하는 내용을 담고 있으므로 연구 자료로서 가치가 높다고 할 수 있다. 다만 심층 연구를 위한 주 사료로 활용하기에는 기록의 밀도가 높지 않으므로 근접 시기의 연대기 자료 등과 연동하여 내용을 고찰해야 한다. 이를 통해 16세기 후반 외방 기양제의 설행 양상을 되짚어 보고, 관련 연구의 외연을 확장할 수 있으리라 기대한다.

『초간일기』 수록 기양제의 기사의 역사성

이 절에서는 『초간일기』를 통해 확인되는 기양제의가 조선 시기 국행의례의 큰 틀 속에서 어떠한 의미를 지니는지 이해하기 위해 조선 국가 전례 체제를 개략적으로 설명하고, 그 가운데 길례로 편제된 기양제의와 그 배경을 이루는 당대인의 사유 체계를 소개할 것이다.

조선 시기 왕실이나 나라의 애경사 등이 있을 때 행했던 국가 차원의 의례 정비는 국초부터 비롯되어 태종-세종 연간을 거치며 본격적으로 정리되었다. 이러한 과정을 통해 『세종실록』「오례五禮」에 각종 국가의례가 길례吉禮·가례嘉禮·빈례賓禮·군례軍禮·흉례凶禮의 다섯 가지 의례 체제에 맞춰 편제되기에 이르렀다. 이후『국조오례의』(1474), 『국조속오례의國朝續五禮儀』(1744),『국조속오례의보國朝續五禮儀補』(1751),『국조오례통편國朝五禮通編』(1788),『춘관통고春官通考』(1788) 등 국가 전례서에 오례 체제를 바탕으로 각종 의주가 정비·수록되면서 조선의 국가 전례 체제는 완성된 틀을 갖추었다.

오례 중 수위에 편제된 길례는 제사와 관련된 의례를 가리킨다.[15] 이 의례는 천신天神·지기地祇·인귀人鬼에게 각각의 신격에 맞는 규모의 제사를 설행하여 신령의 은택에 보답하는 의미를 가진 의례이므로 오례 중에서도 가장 중시되었고 의주의 분량 또한 가장 많다. 길례에 속한 의례는 제의 대상의 위상과 제의 규모를 기준으로 대사大祀·중사中祀·소사小祀로 나누어졌는데, 그 등급은 시대마다 조금씩 변화하였다. 조선 전기에 정리된 길례 제의의 종류는 국전國典의 '변사辨祀' 조를 통해 확인이 가능하다. 다음〈표 1〉은 조선 전기 국전 수록 길례 제의를 발췌하여 정리한 것이다.

〈표 1〉에 보이는 다양한 길례 제의 가운데 기양을 목적으로 한 제의는 소사의 영제, 포제, 여제를 위시하여, 기고에 해당하는 우사[16]와 주현에서 거행하는 포제, 여제, 영제가 있다. 이 가운데 영제는 장마 등으로 인해 수해가 발생하였을 때 날이 개기를 기원하면서 성문城門에서 거행하였던 기청제다. 한발旱魃이 심할 때 강우를 기원하는 우사의雩祀儀와는 정반대의 제의다. 다음으로 포제는 병충해로 인한 농작물의 피해[蟲災]가 심할 때 이를 기양하기 위하여 포신酺神에게 지내던 제사다. 마지막으로 여제는 제사를 지내 줄 후손이 없거나 억울하게 죽어

<h3>〈표 1〉 조선 전기 국전 수록 길례 제의</h3>

구분	『세종실록』「오례」	『국조오례의서례』
대사大祀	사직社稷, 종묘宗廟	사직, 종묘, 영희전永禧殿
중사中祀	풍운뇌우風雲雷雨, 악嶽·해海·독瀆, 선농先農, 선잠先蠶, 우사雩祀, 문선왕文宣王, 조선단군朝鮮檀君·후조선시조기자後朝鮮始祖箕子, 고려시조高麗始祖	풍운뇌우, 악·해·독, 선농, 선잠, 우사, 문선왕, 역대시조歷代始祖
소사小祀	영성靈星, 명산名山·대천大川·사한司寒, 마조馬祖, 선목先牧, 마사馬社, 마보馬步, 칠사七祀, 영제禜祭	영성, 노인성老人星, 마조, 명산·대천, 사한, 선목先牧, 마사, 마보, 마제禡祭, 영제, 포제酺祭, 칠사, 독제纛祭, 여제厲祭
기고祈告	-	사직, 종묘, 풍운뇌우, 악·해·독, 명산·대천, 우사
속제俗祭	-	문소전文昭殿, 진전眞殿, 의묘懿廟, 산릉山陵
주현州縣	-	사직, 문선왕, 포제, 여제, 영제

인간에게 해악을 끼치는 여귀厲鬼를 위해 지내던 제사다.

상기 기양제의의 당대적인 의미를 여실히 파악하려면 당시 조선인들이 지녔던 재이에 대한 사유 체계[災異論]를 살펴보아야 한다. 관련된 사료를 개관하였을 때 이 시기에 재난이 발생하는 이유에 대한 다양한 언급이 눈에 띄지만, 재난의 발생은 곧 위정자의 실정이 초래한 하늘의 견책[天譴]이 시작되는 단초라고 인식하였던 관념의 존재가 가장 두드러진다. 조선 시기에 통용되었던 유교적 재이론 내에서 자연재해의 발생은 곧 위정자의 잘못된 정치에 대한 경고이며, 이를 시정하지 않을 경우 패망이 초래될 것이라는 의미를 담고 있는 것으로 여겨지는데, 이것이 곧 재이를 일컬어 군주에게 내리는 천의 견책으로 간주하는 '천견론'의 골자다.

이와 더불어 당시에는 잘못된 옥사와 전쟁 등으로 인해 형성된 원기冤氣가 치성하면 하늘의 화기和氣를 깨뜨려 하늘이 비를 주지 않고 가뭄이나 전염병 등의 재변이 비롯된다는 인식 또한 존재하고 있었다. 이 원기를 풀어 재변을 해소하기 위해 옥에 갇힌 이들의 죄를 다시 검토하여 경중에 따라 사면하고, 전란 등으로 억울하게 죽은 이들에게 제향을 베풀어 한을 달래주어야 한다는 것이 곧 '원기론冤氣論'의 주된 내용이다.

1637년(인조 15)부터 1727년(영조 3)까지 재변 해소를 위해 설행하였던 여제의 내용을 기록한『여제등록厲祭謄錄』에는 재변을 일으킬 수 있는 여귀厲鬼의 종류를 구체적으로 제시하고 있다. 우선 칼에 맞아 죽은 자[遭兵刃死者], 수화나 도적을 만나 죽은 자[遇水火盜賊者], 남에게 재물을 빼앗기고 핍박당해 죽은 자[被人取財物逼死者] 등이 보이며, 이와 더불어 전투에서 죽은 자[戰鬪死者]와 위급하여 스스로 목매어 죽은 자[因危急自縊者]를 꼽고 있다. 이 가운데에서도 특히 전쟁 중에 죽은 사람에 대한 치제의 기록이『여제등록』의 첫머리에 기재되어 있어 주목된다. 이는 곧 1637년 8월 28일 병자호란의 주요 격전지였던 쌍령과 마희천麻戲川, 김화金化, 험천 등 전몰처에서의 치제에 관한 기사와 1638년 5월 13일과 6월 20일 강화도에서 절의를 지키다 죽은 이들을 위한 제사의 기록이다.[17] 이러한 위안제慰安祭 형식의 제사가 여제의 범주 내에 기록된 것은 전란 중에 죽은 이들이 원기를 이루었다는 인식에서 비롯된 것으로 보인다. 이후 효종, 현종 대에 걸쳐 이 장소들에서의 여제 설행 사례가 몇 차례 확인되며, 숙종 연간에 접어들어 치제 사례가 늘어나는 것으로 보아 이즈음 정식화되기에 이른 것으로 짐작할 수 있다.[18]

사실 시간의 흐름에 따라 자연현상에 대한 이해의 폭이 깊어지면서 천견론·원기론적 재이 인식은 점차 희석되었을 것이고, 이같이 재이를 군주의 실덕失德에 의한 결과가 아닌 자연의 일상적 현상으로 인식하게 된 변화는 곧 재이와 국왕, 재이와 정치 사이에 일정한 간격을 두도록 만들었다. 그럼에도 조선의 치자들은 재이를 완전히 정치와 무관한 별개의 것으로 보는 수준까지 나아갔던 것은 아니고, 재이를 실덕의 결과가 아닌 수성修省의 계기로 인식하는 정도의 관념 변화가 있었던 것으로 분석되고 있다.[19]

당시 사람들의 관념 체계 속에서 재이의 원인은 특정한 형태로 고정된 것이 아니라 인식 주체의 주관적 사유에 의해 유동적으로 변하는 성질의 것이었다. 따라서 재이에 대응하여 설행한 기양제의에는 의례 주체의 관념과 정치적 성향이 그대로 투사된다고 볼 수 있다. 이는 곧 자연재해로 인한 백성의 괴로움을 의례를 통해 국가가 모두 받아들이고, 재난이 잦아들기를 염원하는 사민士民의 바람 역시 국가가 모두 거둬들여 하늘에 기고祈告하는 가시적인 통치 행위로서 의미를 지닌다고 할 수 있다.

기우제나 여제와 같은 기양의례에 담긴 정치성의 핵심은 국왕이 의례라는 일종의 언어를 통해 당시 사회와 소통하고 지배한다는 것이다. 극심한 가뭄이나 전염병이 치성하였을 때 그러한 재변이 빨리 소멸되기를 바라는 백성의 마음을 수렴하여 기우제나 여제를 지내는 궁극적인 주재자는 국왕이며, 이는 곧 이반한 민심을 수습하는 주체가 바로 국왕 자신임을 알리는 매우 효과적인 장치였을 것이다. 정책과 제도의 합리적인 운영과 개선을 통해 자신의 백성을 보살피는 것이 치자의 당연한 의무였다면, 의례의 설행을 통해 자신의 권위에 도덕성과 정당성을 부여하는 것 또한 매우 중요한 통치의 방편이었다. 목마른 백성을 위해 단비를 줄 것을 하늘에 호소하고, 한 많은 망자를 위해 제사를 지내 혼백을 위로하는 통치자의 모습은 백성의 고단한 마음을 위무해 주는 가장 효과적인 정치술이라고 할 수 있다.[20]

앞선 연구에 따르면, 여말선초 사전祀典 제도가 정비되는 과정에서 향촌의 민인들이 독자적으로 산천에서 거행하던 제사들이 음사淫祀로 규정되었다.[21] 명나라 제도의 영향하에 음사의 개념이 '신분에 맞지 않게 제사를 지내거나 사전에 등재되지 않은 대상에 제사를 지내는 행위'로 변화되고, 국가만이 산천에서 제사를 거행할 수 있게 되었기 때문에 조정에서는 제사의 대상과 주체를 엄격하게 규정하고 관리했다. 지역사회에서 행해지던 성황제城隍祭 역시 중요한 변화에 직면하게 되었는데, 우선 향촌의 민인들은 독자적으로 성황제를 지낼 수 없게 되었고, 이들을 대신하여 지방관이 제사의 주체가 되었다. 제사의 장소 또한 기존의 성황사城隍祠가 아니라 신설된 노천 성황단城隍壇으로 바뀌었다.[22]

이러한 '의례적 혁신'을 통해 이 시기 향촌 사회에서 유교적 질서를 추구하는 추세가 본격화되었으며, 석전제·산천제·기우제 등 국가에서 정한 유교식 의례들이 지방관을 통해 정기적으로 시행되면서 그 흐름이 한층 강화되었다는 견해[23]는 『초간일기』에 기록된 기양제의 치제 기록의 역사성을 진단하는 데 있어 시사하는 바가 적지 않다고 하겠다.

한편, 고려 시기 이래 불교의 수륙재水陸齋는 천도제遷度祭와 기양의 례의 성격을 띠고 중요하게 설행되어 왔다. 조선 시기 들어 유교 의례 정비가 본격화되고 유교식 기양의례가 도입되었음에도 불구하고, 수 륙재는 왕실의 후원에 힘입어 국행의례의 하나로 존속하였다. 그러나 16세기를 전후한『국조오례의』체제 완비와 유교 정치이념의 성숙에 따라 수륙재는 점차 민간 위주로 설행되기 시작한 것으로 파악되고 있 다.[24] 그럼에도 17세기에 간행된 불교의식집佛敎儀式集과 승려문집의 기록을 통해, 전란과 자연재해가 빈번하였던 17세기까지도 민간에서 는 불교의 수륙재가 재난 타개를 위한 의례로 비중 있게 실행되었던 사실을 확인할 수 있다.[25] 이러한 상황을 고려하였을 때『초간일기』에 서 확인되는 외방 수령의 유교식 기양제의 설행 사례는 향촌 사회의 '의례적 지체 현상'과 이를 타개하기 위한 관의 '의례적 혁신'이라는 관점에서도, 아울러 조선 시기 국행의례의 보급과 정착 정도를 이해하 는 척도로서도 중요한 의미를 가지는 기록이라고 할 수 있다.

『초간일기』 수록 기양제의 치제 기록 분석

이 절에서는『초간일기』에 수록된 다양한 기양제의 치제 기록 가운 데, 기우제·여제·해괴제·기청제에 주목하여 분석을 진행하고자 한다. 우선 제사의 종류에 따라 기록을 분류한 후 해당 각 제사의 치제 장소 와 시간, 제식祭式, 제문祭文 등 기사에 포함된 정보를 정리하여 제시할 것이다. 이와 함께 그 내용을『국조오례의』등 국전의 규정 및 연대기 자료의 기록과 대조하여 분석하고, 조선 후기에 정비된 국가 전례서의 내용과도 대조함으로써 16세기 후반 국행의례의 실상에 대한 이해의 범주를 확장하고자 한다.

기우제 치제 기록 분석

권문해는 대구 부사로 있던 시절 사직단, 조족산, 금호강의 옥연, 인산 등지에서 기우제를 지낸 사실을 『초간일기』에 기록해 두었다. 다음 〈표 2〉는 『초간일기』에 기록된 기우제 치제 사례를 일부 발췌하여 정리한 것이다.

충분한 강우는 농사의 풍흉과 직결되어 있었으므로 농본 사회였던 조선 시기에는 비를 기원하는 제의를 국전으로 편제하여 실행하였다. 그리하여 길례의 중사에 '우사의'가 등재되어 매년 맹하孟夏(음력 4월)에 정기적으로 제의를 올렸다. 아울러 가뭄으로 인해 농업 용수가 부족한 시기에는 기고에 해당하는 '우사단기우의雩祀壇祈雨儀'를 수시로 설행하여 강우를 기원하였다.

조선시대 경중에서 설행하는 기우제는 성종 연간(1474, 성종 5)에 9차 제次第로 제정되었는데, 그 상세한 내용은 다음 〈표 3〉과 같다.

상기 경중 기우제 절차는 훗날 숙종 연간에 개정되기까지 지속적으로 준수되었으나 지방에서 거행된 기우제의 절차에 관해서는 국전에 구체적으로 기록된 바가 없다. 주현州縣의 각종 의례는 중앙의 권위를 빌려 지낸 것이므로 그 의례의 내용과 절차는 경중 의례에 준하되 지방관의 각 처의 사정에 따라 제처나 조정할 수 있는 것으로 이해되고 있다.[27] 그러므로 권문해가 대구 부사로서 설행한 기우제의 내용을 살

〈표 2〉『초간일기』에 기록된 기우제 치제 사례

일자	날씨	내용
1588년(선조21) 윤6월 7일	맑음	가뭄 기운이 연이어 심하였다.
1588년(선조21) 윤6월 8일	맑음	10일에 사직단에서 비를 빌려고 저녁에 동상방東上房으로 나가 재계齋戒하였다.
1588년(선조21) 윤6월 9일	맑음	제를 올릴 곳으로 향하였다. 근일 동풍이 연이어 불고 공기 또한 서늘하여 곡식은 마르고 시들어 가는데, 하늘에는 구름 한 점 없어 도무지 비가 올 징후가 없었다.
1588년(선조21) 윤6월 10일	맑음	밤중에 제를 지내고 동이 튼[平明] 뒤에 부(대구부)로 돌아왔다.
1588년(선조21) 윤6월 15일	맑음	꼭두새벽에 차례를 지냈다. 저녁에 동상방東上房에 나가 기우제를 지내기 위한 재계를 하였다.
1588년(선조21) 윤6월 16일	맑음	조족산 기우제는 별도로 정한 품관[別定品官] 서언겸徐彦謙이 시행하였다. 나는 전물奠物을 받들고 금호강의 옥연으로 향하였다.
1588년(선조21) 윤6월 17일	맑음	하늘에는 한 점 구름도 없고 달빛은 낮과 같았으며 저녁에는 바람도 일었다. 한밤중에 제를 지냈지만 전혀 비가 올 조짐이 없었다. 꼭두새벽에 달빛을 타고 들어왔다.
1588년(선조21) 윤6월 18일	맑음	관문官門 및 세 현이 맹무아동盲巫兒童을 모아 석척기우제蜥蜴祈雨祭를 지냈다. 가뭄 기운[旱氣]이 매우 심하고 서풍이 또 일어나니 밭의 곡식은 모두 타고 높은 곳의 논은 태반이 타 들어가 상하였다. 바닷가의 각 관아는 13일에 비가 내려 물이 넘치는 지경에 이르렀다. 중도中道 이상의 각 관아에는 가뭄[旱] 기운이 여전하여 이때까지 비가 올 조짐이 없었다.
1588년(선조21) 윤6월 22일	맑음	품관品官 류요신柳堯臣을 보내 인산에서 비를 빌었다. 내가 수족手足의 병이 모두 낫지 않아 산 정상을 오르고 내리기 어려워 사람을 시켜 대행하게 한 것이었다.
1588년(선조21) 윤6월 23일		인산에서 기우제를 지냈다. 한밤중에 서쪽에서 우렛소리가 있었다. 아침에 소나기가 내려 흙 속으로 몇 촌 들어갔다.

일자	날씨	내용
1588년(선조21) 윤6월 24일	아침에 소나기 가내림 오후에 또 큰비가내림	밭곡식은 두루 충분하였으나 무논의 경우 높고 마른 곳에는 이때까지 물이 고이지 않았다.
1588년(선조21) 7월 11일	구름이 끼어 흐림	부경府境(대구부지경) 팔조령八助嶺 이하로는 짙은 구름 이 끼었으나 비가 내리지 않았다. 가뭄의 기운이 너무 심하여 모든 곡식이 다수 타들어 가서 연이어 기도를 하였지만 오래도록 비를 얻지 못하니 감사監司가 직 접 양산梁山의 용당龍堂에서 기우제를 지냈다.
1589년(선조22) 6월 10일	맑음	장님 무당[盲巫]들을 모아 기우제를 6~7일 동안 지냈 으나 비가 오지 않아 승려[僧徒]들을 모아 빌도록 하 였다.

〈표 3〉 성종 연간에 제정된 기우제 차제[26]

순서	내용
1	종묘·사직·북교北郊·한강漢江·삼각三角·목멱木覓은 풍운뇌우··우사로 기우제를 시 행할 것
2	태일太一과 뇌성보화천존雷聲普化天尊은 기초祈醮를 베풀 것
3	한강漢江의 양진楊津에는 침호두沈虎頭하게 하고, 또 도교의 무리로 하여금 용왕경 龍王經을 읽게 하며, 박연朴淵에도 침호두沈虎頭할 것
4	경성京城의 각 호구는 문에 분향하고 제사할 것
5	모화관慕華館의 못가에는 석척蜥蜴을 써서 기도할 것
6	동방東方은 청룡靑龍, 남방南方은 적룡赤龍, 중앙中央은 황룡黃龍, 서방西方은 백룡白龍, 북방北方은 흑룡黑龍을 만들어, 기우제를 시행할 것
7	저자도楮子島는 화룡제畫龍祭를 시행할 것
8	북문北門은 열고 남문南門은 닫을 것
9	북을 치지 말 것

펴보는 데 있어 〈표 3〉의 내용이 비교 준거가 될 것이다.

『초간일기』에 수록된 1588년 윤6~7월의 기우제는 사직단에서 시작하여 조족산, 금호강의 옥연, 인산 등 지역의 명산, 대천에서 설행하였으며, 석척기우제蜥蜴祈雨祭도 지낸 것으로 보아 〈표 3〉의 기우제 설행 차제와 내용이 상당히 유사함을 알 수 있다. 특히 첫 번째로 설행하는 기우제의 제처가 사직단인 사실에 유념해야 한다. 조선 시기 주현에 설치된 사직단은 태종이 즉위한 시기부터 조성되기 시작했으며, 이 설치의 목적은 고려 말기까지 이어져 온 전통적인 신에 대한 제례, 특히 산천에 대한 음사를 처리하기 위한 것이었다. 그 결과, 지방에서는 사직단이 국가에서 정한 가장 권위 있는 장소로 인식되었을 것으로 생각된다. 특히 사직단은 직접 신에게 제사를 올릴 수 있는 곳으로 여겨져 각종 주현 의례가 거행되었던 것으로 보인다. 이처럼 16세기 후반 무렵에는 이미 국가에서 제정한 기우제의 절차와 내용이 지방 각처에서도 준수되고, 사직단과 같은 국가 의례 공간의 상징성이 상당한 수준으로 이해되고 있음을 『초간일기』 기록을 통해 확인할 수 있다.

단, 1589년(선조 22) 6월 10일에 "장님 무당들을 모아 기우제를 6~7일 동안 지냈으나 비가 오지 않아 승려들을 모아 빌도록 하였다"는 기록은 비유교적 의례 속성이 당시까지 잔존하고 있었던 사실을 증언하는 사례로 인식된다. 실제 조선 전기에 설행한 기우제에는 유교적인 제례 이외에도 도교 혹은 무속과 관련된 제례가 많이 포함되어 있었다. 〈표 3〉에 기록되어 있는 기우제의 조목條目을 살펴보면, 태일과 뇌성보화천존에 초제를 설행한다거나, 도교의 무리로 하여금 용왕경龍王經을 읽게 하고, 동방에는 청룡, 남방에는 적룡, 중앙에는 황룡, 서

대구광역시 수성구 노변동에 있는 조선시대 사직단 유적
출처: 국가문화유산포털

방에는 백룡, 북방에는 흑룡을 만들어 기우제를 지내는 등 도교적인
요소가 많이 포함되어 있었음을 알 수 있다. 대구 부사가 직접 주관하
였던 기우제에 무당과 승려가 동원되었다는 기록은 전래의 비유교적
의례 속성이 이 시기에 이르기까지 유교적 의례로 완전히 대체되지 못
하였다는 사실을 방증한다.

이와 관련하여 숙종 30년(1704)에 개정한 기우제 12차제의 내용을 살펴보면, 성종 연간에 제정된 기우제 의주에 비해 비유교적인 제례 요소가 상당수 배제된 사실을 확인할 수 있다.

숙종 30년(1704) 6월에 새로 정비된 기우제의 차제 정식은 『국조오례의』에 포함된 기고의례를 중심으로 마련된 것이다. 이때의 의례 정

〈표 4〉 숙종 연간에 개정된 기우제 차제[28]

순서	내용
1	삼각산·목멱산·한강에 3품관을 보낸다.
2	용산강과 저자도에 재신宰臣을 보낸다.
3	풍운뇌우·산천山川·우사雩祀에 재신을 보낸다.
4	북교에는 재신을 보내고 사직에는 중신重臣을 보낸다.
5	종묘에 중신을 보낸다.
6	삼각산·목멱산·한강·침호두沈虎頭에 근시近侍를 보낸다.
7	용산강과 저자도에 중신을 보낸다.
8	풍운뇌우·산천·우사에 중신을 보낸다.
9	북교에는 중신을 보내고 모화관慕華館 못가의 석척동자蜥蜴童子는 무신武臣 가선대부嘉善大夫를 보내며, 여염閭閻에는 병류屛柳한다.
10	사직에는 대신大臣을 보내고, 경회루慶會樓 못가의 석척동자는 무신 가선 대부를 보낸다.
11	종묘에는 대신을 보내고 춘당대春塘臺 못가의 석척동자는 무신 가선대부를 보내며, 남문南門을 닫고, 북문北門을 열며 저자[市]를 옮긴다.
12	오방 토룡제五方土龍祭를 지내고, 양진·덕진德津·오관산五冠山·감악紺岳·송악松岳·관악冠岳·박연朴淵·화적연禾積淵·도미진渡迷津·진암辰巖에는 분시焚柴하되, 모두 본도本道로 하여금 설행設行하게 한다.

비는 기존의 의주가 지나치게 번잡하였던 까닭에 제사가 대강 이루어지고 업신여겨지던 폐단을 시정함으로써 국행의례의 권위를 바로 세우기 위한 것으로 파악되고 있다. 이즈음 관련 의주의 개정 과정에서 종래의 기우제에 내포되어 있었던 불교, 도교, 무속적 요소들이 정리되었던 사실은 영적인 권능에 기대지 않고, 자연의 감응과 국가의 통치질서에 의거해 재난을 극복하려 했던 당시 군신의 유교적 세계관을 잘 보여 주는 사례라고 할 수 있다.[29]

이와 관련하여 유교적 사유 체계 내에서 군주에게 의례적 권위가 부여되는 전거를 한 번 되짚어 보겠다. 주자는 인간의 마음에 내포된 천리와 인욕의 비율로 개개인의 차이를 설명하였다. 만약 어떤 인간의 마음에 순수한 천리만이 존재하고 인욕은 전무하다면 이것은 바로 성인의 경지와 다름없을 것이다. 반대로 마음에 인욕만 가득하고 천리는 전혀 없다면, 이는 극악한 악인의 경지라고 할 수 있다. 이와 같은 양극단 사이에 천리와 인욕을 다양한 비율로 담지하고 있는 천태만상의 인간들이 존재하는 것이다. 다만 사람의 본연지성에는 공통적으로 천리가 부여되어 있기에 그렇지 않은 금수와는 근본적인 차이가 있다. 그러므로 금수와 달리 사람은 누구나 본연지성을 회복하려는 노력을 통해 천리의 비율을 증가시킬 수 있으며, 이러한 가능성은 극악무도한 악인에게조차 열려 있는 것이다. 이러한 관념을 통해 유교적 수양론의 당위성이 마련된다는 점은 주지의 사실이다.

이와 같은 사유 방식을 체화한 유교 사회에서는, 소당연所當然의 윤리 규범을 어기지 않는 범위 내에서 개인의 행동 양태는 곧 당사자의 자유의지에 따라 좌우되는 것이었다. 그러나 어떤 개인이 일상의 행동

규범으로부터 지나치게 벗어나는 행위를 하는 것은 곧 자신의 인격이 성인의 경지로부터 멀리 떨어져 있음을 자인하는 행위와 다름없었으므로 어떻게 행동하더라도 어떠한 사회적 불이익을 받지 않는다는 의미의 자유는 아니었다. 이는 유교적 사유체계 안에서는 어떤 이의 행동이 예적 규범을 얼마나 잘 준수하고 있는가, 다시 말해 한 개인의 마음에 존재하는 천리와 인욕의 비중이 얼마나 성인의 경지에 가까운가 하는 기준으로 모든 사람이 서열화되기 때문이다.

이러한 인격적 서열화의 꼭대기에 존재하는 것이 곧 성인으로서의 황제였다. 그리고 교사郊祀는 성인으로서의 황제가 천지만물의 질서와 생멸을 관장하는 존재임을 확인하고 상징하는 의례로서의 의미를 가지는 행위였다. 아울러 왕권에 대한 유교적 관념체계 내에서 황제는 만백성의 모범이 되어 솔선수범하는 존재였으므로, 황제가 행하는 각종 의례는 곧 만백성을 향한 것이었다고 볼 수 있다.[30]

위와 같은 의미를 가지는 황제 의례는 우리 역사에서도 고려시대 이래 유교적인 의례의 의미를 지닌 원구제로 설행된 바 있다.[31] 조선 초기에는 고려로부터 이어진 관행에 따라 원구에서 사천祀天을 행하여 기곡·기우제를 설행하였으나, 태종 연간에 제후국에서 천자의 의례를 행하는 것에 대한 가부 논의가 본격적으로 비롯됨에 따라[32] 제천례의 형식을 띤 국행의례는 이후 치폐를 거듭하다 점차 기우의 목적으로만 시행하게 되었다.[33] 이와 같은 연원을 가진 기우제는 천재지변이 발생하였을 때 국왕이 행하는 의례로서 자리를 잡았으며,[34] 이는 국왕만이 가지는 초월적 권위를 상징하는 국행의례의 중요한 한 갈래였다.

기우제문 분석

한편『초간일기』에는 앞에서 분석한 기우제 설행 기사와 더불어 기우제에 사용한 제문 2수가 수록되어 있다.[35] 권문해가 손수 지은 제문을 통해 목민관으로서 비를 염원하는 간절함을 읽을 수 있다. 다음의 제문은 1588년(선조 21) 윤6월 10일 사직단에서 기우제를 설행할 당시 지은 것이다.

사직단 기우제문

기우제의 제문을 부쳐 둔다[附祈雨祭文] 스스로 지었다

만민의 삶은 먹을 것을 하늘로 여기네	萬民之生 以食爲天
백곡이 익어감은 비로써 먼저 하네	百穀之成 以雨爲先
음과 양이 조화로워 아름다운 징후 빨랐네	陰陽斯和 休徵式遄
비는 꺼려할 수 없고 해는 허물할 수 없네	雨不可怕 暘不可愆
지극히 갖춤과 지극히 없음은 그 흉함이 같네	極備極無 厥凶同焉
봄부터 여름까지 비가 연이어 내려	自春及夏 雨下連連
뭇 풀들 무성히 자라고 싹은 우쩍 일어났네	庶草蕃茂 苗興勃然
기쁨은 백성들 집에서 올랐고 경사는 논에 넘쳤으니	歡騰民宇 慶溢農田
사람마다 다시 볼 듯하였네	人人復見
무자년의 풍년을 내리던 비 한 번 걷히고	戊子之年 積雨一收
가뭄 불 갑자기 일어나니 싹 이삭은 이내 말라가고	旱火遽燃 苗秀旋槁
흙의 윤기 다시 굳어졌네	土潤復堅

산은 바짝 마르려 하고 샘은 졸졸 흐르던 것도 끊어졌네	山欲滌滌 泉斷涓涓
하늘을 우러러 하소연하여도 막막하고 또 막막하네	仰天祈訴 玄之又玄
만약 며칠이라도 늦어지면 민생이 불쌍하게 될 것이네	若緩數日 民生可憐
저 제단을 높이 하니 부府의 서쪽에 위치하네	崇彼壇壝 在府西邊
땅의 주인이고, 곡식을 맡았으니 기름진 은택 베풀어야 하는데	
	主土司穀 膏澤是宣
차마 우리 백성들 도랑에서 구르는 것을 보겠는가	忍視吾民 溝壑將顚
고른 바람 순조로운 비는 오직 신의 권능이네	調風順雨 惟神之權
당신의 부끄러움 만들지 말고 우리 백성들 고달픔 보살펴다오	
	毋作爾羞 惠我民癉
공전과 사전에 비를 내려 산천을 두루 적시면	雨公及私 遍洽山川
마른 것은 소생하고 곡식들은 창고에 넘치리	槁者復蘇 禾稼盈廛
바라건대 가을이 와서 창고에 가득하게 되리	庶期秋來 箱萬倉千
모두가 그 지극한 덕으로 백성들의 목숨 이을 수 있으리	莫非爾極 民命可延
봄·가을로 제 올려 갚으리니 감히 더욱 공경하지 않겠는가[36]	
	報賽春秋 敢不益虔

이어 1588년(선조 21) 윤6월 17일 금호강의 옥연에서 기우제를 설행할 당시 지은 제문을 살펴보자.

옥연 기우제문

옥연 기우제의 제문[玉淵祈雨祭文] 스스로 지었다

하늘의 마음은 만물을 낳음으로써 어질다 하고　　　　　　上天之心 以生物爲仁

용의 영험함 만물을 적셔 줌으로써 신묘하다 하네　　　　龍之爲靈 以澤物爲神

비를 내려야 하는데 내리지 않아 오래도록 그 신묘함을 감추었네

　　　　　　　　　　　　　　　　　　　　　　當雨不雨 久秘其神

하늘의 작용이 거의 그치게 되었네　　　　　　　　　　則天之用 幾乎息矣

돌아보건대 못에 용이 있어 바위 구멍에 자리하였네　　顧有潭龍 岩竇爲穴

혹 잠기고 혹 뛰어오르며 뜻 가는 대로 하였네　　　　或潛或躍 惟意所適

처음엔 무슨 마음으로 계속 비와 눈을 내려　　　　　　初何心而 連下雨雪

겨울부터 여름에 이르렀는가　　　　　　　　　　　　自冬月迄于夏月

백성들은 물바다가 될까 하는 탄식을 일으키고　　　　民興怕若之嘆

전답은 황폐해질까 하는 근심이 많았네　　　　　　　田多汚萊之患

장마가 일단 걷어지니 이어서 큰 가뭄이 들었네　　　一收淫潦 繼以亢旱

씨 뿌린 것은 그 싹을 보지 못하였고　　　　　　　　耕根者未見其芽

이삭 팬 것은 그 열매를 맺지 못하였네　　　　　　　發穗者未結其實

깊고 큰 못조차도 말라가려고 하니　　　　　至於深池大澤亦將枯涸

하물며 시내나 도랑물이겠는가　　　　　　　　　　　又況溪澗與溝瀆

오호라!　　　　　　　　　　　　　　　　　　　　　嗚呼

봄 가뭄은 오히려 그럴 수 있다 하겠거니와　　　　　春之旱猶可爲也

여름 가뭄은 말하지 못할 지경이네　　　　　　　　　夏之旱不可說也

백곡은 익어가다 다 타들어가니　　　　　　　　　　百穀將成而焦盡

민생이 어찌 구덩이에서 기뻐하겠는가　　　　　　　民生詎兌於墳壑

구름 일으켜 비 내림은 오직 너의 직분이라　　　　　興雲行雨 惟爾之職

와서 넘치게 따라 올리니 너의 그윽한 은택을 비노라　來奠洞酌 祈爾玄澤

잠겨서 비록 엎드렸더라도 바라건대 나의 말을 들어라　潛雖伏矣 庶聽我言

오늘 비오지 않고 다음 날 비 오지 않으며　今日不雨 明日不雨

또 다음 날 비 오지 아니하면 내 장차 하늘에 울부짖고

又明日不雨 則吾將叫天閽

진재께 호소하여 너의 죄를 헤아려 매질하면　訴眞宰 數爾之罪而鞭之

너의 마음에 편하겠느냐　於爾心安乎

　이 두 제문은 공히 백성을 구제하기 위해 단비를 바라는 목민관의 염원이 담겨 있지만, 각 향사 대상에 따라 제문의 내용이 차별적으로 기술되었다는 사실이 눈에 띈다. 우선 '사직단 기우제문'을 살펴보면, "땅의 주인이고, 곡식을 맡았으니 기름진 은택 베풀어야 하는데 차마 우리 백성들 도랑에서 구르는 것을 보겠는가", "당신의 부끄러움 만들지 말고 우리 백성들 고달픔 보살펴다오", "봄·가을로 제 올려 갚으리니 감히 더욱 공경하지 않겠는가"라고 하여, '땅의 주인이자 곡식의 신으로서 맡은 직분을 잊지 말고 백성을 보살펴 주면, 봄·가을로 더욱 열심히 제를 올려 보답할 것'이라며 사직신에게 간청하는 내용이 보인다. 반면 '옥연 기우제문'을 살펴보면, "구름 일으켜 비 내림은 오직 너의 직분이라 와서 넘치게 따라 올리니 너의 그윽한 은택을 비노라", "또 다음 날 비 오지 아니하면 내 장차 하늘에 울부짖고 진재께 호소하여 너의 죄를 헤아려 매질하면 너의 마음에 편하겠느냐"라고 하여, 연못에 사는 용신에게 은택을 내려줄 것을 호소하되 '비를 내리지 않을 시 하늘[眞宰]에 호소하여 그 죄를 벌할 것'이라며 협박하는 듯한 어조임을 알 수 있다. 이처럼 기우제 제처에 따라 향사의 대상이 되는 신격

을 정확히 설정하고, 이에 따라 제문의 내용을 차별화하고 있는 사실
은 권문해의 의례 수행 시 그 의례의 내용과 속성에 대한 체계적인 이
해가 전제되고 있음을 방증한다.

여제 치제 기록 내용 분석

권문해는 대구 부사로 있던 시절 여단厲壇에서 여제를 지낸 사실을
『초간일기』에 기록해 두었다. 다음의 〈표 5〉는 『초간일기』에 기록된
여제 치제 사례를 발췌하여 정리한 것이다.

여제는 제사를 지내 줄 후손이 없거나 억울하게 죽어 인간에게 해악
을 끼치는 여귀의 원혼을 위로하기 위해 지내던 제사다. 죽은 자의 영
혼이 흩어지지 않고 맺혀 있으면 그 원기冤氣로 인해 역병이나 가뭄 등
의 변괴變怪가 초래된다는 유교 관념에 근거하여 거행된 기양제의의
하나다. 『초간일기』에 기록된 1590년(선조 23) 2월 15일의 여제 역시 도
내道內에 역병이 치성하자 중앙에서 향과 축을 내려 치제하도록 함에
따라 거행된 제사다.

조선에서는 1404년(태종 4) 6월 예조禮曹에서 여제 의식 절차를 상정
하여 올리면서 여제를 설행하는 정식定式이 마련되었다.[37] 서울[京中]
과 지방外方의 각 고을에서는 매년 봄 청명淸明과 가을 7월 15일, 겨울
10월 초1일에 성 북쪽[北郊]에 있는 여단厲壇에서 제사를 지냈다.[38] 제
물은 서울에서는 희생犧牲으로서 양 세 마리와 돼지 세 마리를 쓰고,
반미飯米는 45두斗로 하였다. 지방에서는 군郡 이상은 서울에 비해 제
물의 3분의 1을 감하고, 현 이하에서는 그 반으로 다시 줄이되 양은 노
루나 사슴으로 대신할 수도 있다. 제사를 주제하는 관원[主祭官]은 서

〈표 5〉 『초간일기』에 기록된 여제 치제 사례

일자	날씨	내용
1590년(선조23) 2월 15일	맑음	도내道內에 역병이 심하게 발발하니 기고제祈告祭를 지낼 향축香祝이 내려왔다. 본래 중앙에 단을 설치하고 치제하려고 했으므로 제관인 경산 현령慶山縣令·현풍 현감玄風縣監은 먼저 도착하여 재계를 하였다.
1590년(선조23) 2월 16일	맑음	꼭두새벽에 성황발고제城隍發告祭를 지냈다. 차비관差備官 하양 현감河陽縣監 최여경崔餘慶이 또한 왔다.
1590년(선조23) 2월 17일	맑음	성현 찰방省峴察訪 이옹李蓊이 차비관差備官으로서 또한 왔다. 여러 집사관執事官들이 그대로 머무르며 재계를 하였다.
1590년(선조23) 2월 18일	맑음	그대로 머무르며 재계를 하였다.
1590년(선조23) 2월 19일	맑음	어두워지자 단소壇所로 나아갔다. 꼭두새벽에 제를 지냈는데, 각자 자신의 제소祭所에서 지내고 모두 흩어져 갔다.

울이나 개성은 한성부漢城府와 개성 유후사開城留後司의 당상관堂上官으로 하고, 지방은 각 고을의 수령이 담당하였다. 1590년 당시 대구 부사로 재임 중이던 권문해는 의례 규정에 따라 제주로서 여제를 주관하였으며, 대구부大邱府 내 각 현의 수령들이 제관祭官과 집사執事 등의 임무를 수행하러 와서 재계를 하는 모습을 확인할 수 있다.

권문해가 여제를 지내기 3일 전인 2월 16일 기사에는 성황단城隍壇에서 발고제發告祭를 거행한 사실이 기재되어 있는데, 이는 『국조오례의』의 여제 의주를 정확히 준수하는 내용이다.[39] 『태종실록』 1416년(태종 16) 8월 5일 기사에는 예조의 건의로 여제의 발고제를 (여제 거행)

3일 전 풍운뇌우단風雲雷雨壇에서 거행하게 되었다는 사실이 기록되어 있다.

> 예조에서 여제발고제법厲祭發告祭法을 아뢰기를, "여제 거행 전 3일의 성
> 황발고제城隍發告祭를 이제부터 풍운뇌우단風雲雷雨壇에 나가서 치제하소
> 서" 하니, 그대로 따랐다.[40]

발고제는 여제를 거행하기 전에 성황신城隍神에게 여제를 거행한다는 사실을 고유告由하는 제사다. 지역신인 성황은 신들의 계급 체계에서 일종의 지방 행정관 역할을 한다고 인식되어 그의 관할권 내에 떠도는 혼령을 소집하는 의무를 부여받았다. 이에 성황신이 여제의 주신主神으로서 맡은 바 임무를 수행할 수 있도록 여제 거행 사실을 고지하였던 것이다. 이와 같은 성황발고제는 무주고혼無主孤魂을 성황신의 휘하에 두어 국전에 편입하였던 명나라의 예제를 준거로 거행하였던 것이며,[41] 『국조오례의』「길례吉禮」에 소사小祀의 하나로 편제되어 있는 '여제 의주[厲祭儀]'에도 정식으로 기재되어 있다. 다만 이 의주에는 고유제를 지내는 정확한 시일은 기재되어 있지 않으므로 권문해 등은 국초 이래의 관행에 따라 여제 3일 전에 발고제를 거행한 것으로 볼 수 있다. 이후 『속대전續大典』과 『대전통편』「예전禮典」에, 중앙에서는 "성황발고제를 남단南壇에서 거행하고, 3일 후에 북교北郊에서 여제를 거행한다"는 내용이 정확히 기재되었다.[42] 『춘관통고春官通考』「길례」에 수록된 "주현에서 거행하는 여제 의주[州縣厲祭儀]"에는 "성황발고제를 지내기 하루 전에 유사有司에서 성황당城隍堂 안팎을 소재한다"는

대구광역시 달성군 매곡리 성황당
출처 : 대구역사문화대전

내용[43]이 기재되어 있으므로 외방의 성황발고제는 별도의 제단을 마련하지 않고 성황당에서 거행되었음을 알 수 있다. 『초간일기』 2월 16일자 기사에는 여제와 달리 발고제를 별도의 '단소壇所'에서 거행하였다는 기록이 없으므로 지역 성황당에서 치제하였을 것이라 봄이 타당하다.

　『국조오례의』 '여제 의주'에 따르면 여제는 1년에 3차례 정기적으로 지내는 제사였으나, 조선 시기 전반에 걸쳐 전염병이나 전쟁으로 인해 인명의 손상이 심각한 경우 등에 백성을 위로하고 재앙을 방지하기 위한 목적으로 비정기적인 별여제別厲祭가 설행된 사실이 확인된다. 문종 연간인 1451년(문종1) 9월 황해도 황주黃州·봉산鳳山 등 각 고을과 개성부 그리고 경기의 풍덕豊德·원평原平·교하交河·통진通津 등지에 각종 악병이 유행하여 많은 사람이 목숨을 잃었다. 이에 조정에서는 황해도에 1인, 개성부와 풍덕에 1인, 원평·교하·통진에 1인을 나누어 보내고, 큰 고을에는 2·3개소, 작은 고을에는 1개소로 하되 각 마을 환자의 다소에 따라 적당한 날을 가려서 여제를 설행하도록 하였다.[44] 중종 연간인 1510년(중종5) 5월에는 삼포왜란三浦倭亂 당시 피살된 군민 2백 72명을 위해 여제厲祭의 예에 의거하여 제사를 지내 위로하도록 하였으며,[45] 선조 연간에는 임진왜란壬辰倭亂으로 죽은 도성 백성들을 위해 여제를 지내도록 하였다.[46] 현종 연간인 1668년(현종9) 3월에는 전염병이 치성하여 희생자가 많이 발생하자 병자호란 시 큰 전투가 있었던 험천險川·쌍령雙嶺·금화金化·토산兎山·강화江華에서 전사자들을 위한 여제를 지내도록 하였다.[47] 순조 연간인 1822년(순조22) 7월에도 호남에서 전염병이 창궐하자 여제를 설행한 사례가 보인다.[48] 권문해의 주관으로 봄 청명일 이전인 2월 19일에 거행한 대구부의 여제 역시 도내에 전염병이 치성함에 따라 별도로 지낸 별여제였음을 알 수 있다.

해괴제 치제 기록 내용 분석

권문해는 대구 부사로 있던 시절 사직단에서 해괴제를 지낸 사실을 『초간일기』에 기록해 두었다. 다음의 〈표 6〉은 『초간일기』에 기록된 해괴제 치제 사례를 발췌하여 정리한 것이다.

해괴제는 성변星變이나 지진과 같이 재이로 여겨지는 괴이한 현상이 발생하였을 때 이를 물리치기 위하여 지내던 기양제의다. '해괴解怪'란 말 그대로 '괴이한 상황을 풀어 준다'는 의미로서, 해괴제는 천재지변 혹은 불길한 징조로 여겨지는 상황이 발생하였을 때 백성의 불안을 해소하기 위한 목적으로 행하였던 제의다.

해괴제는 조선 전기의 국전 또는 법전 등에 독립된 의례 항목으로 편제되지 않고 『대전통편』에서 간단하게 언급되고 있을 뿐이며, 국왕이 직접 행하는 제의도 아니었기에 그 규모와 절차가 간소하였다. 하지만 『조선왕조실록』에 수록된 해괴제 설행 관련 기사는 태조 대 이래 순조 연간까지 129건에 달하므로,[49] 해괴제는 조선 시기 전반에 걸쳐 중요하게 거행되었던 제의였음을 알 수 있다.

태조 연간에 거행된 해괴제 관련 기사는 1398년(태조 7) 8월에 "별의 괴변을 막기 위해 해괴제를 봉산峰山에서 베풀고, 또 금경 소재 도량金經消災道場을 행하였다"는 내용인데,[50] 태백성太白星이 낮에 나타나는 등의 성변이 발생하자 유교식 해괴제와 불교식 소재 도량을 병행

〈표 6〉 『초간일기』에 기록된 해괴제 치제 사례

일자	날씨	내용
1590년(선조23) 2월 3일	구름이 끼어 흐리다가 비를 뿌림	지진이 나서 해괴제를 지내려고 향축香祝을 받들고 사직단에 도착하였다.
1590년(선조23) 2월 4일	구름이 끼어 흐림	꼭두새벽에 제사를 지냈다. 밤이 깜깜하고 바람이 어지러이 불었다. 새벽에 관아로 돌아왔다.

하여 이를 해소하려 하였던 사실을 담고 있다. 이후 태종 연간이나 세종 연간에도 돌이 울거나 우물에서 맷돌 가는 소리가 나고, 산이 무너지거나 궁궐에서 부엉이가 우는 등 괴이한 일이 발생할 때마다 해괴제를 행하였다는 사실이 실록에 기재되어 있다. 문종 1년(1450) 6월의 기사를 보면, "전에는 해괴제에 서운관書雲觀의 관원을 차견差遣하여 행하게 하였으나, 이제부터는 마땅히 내직원 별감內直院別監을 보내어 그 도의 관찰사에게 향축을 전해 주어 소재관所在官의 수령으로 하여금 제사를 행하게 하라"는 예조의 전지傳旨가 수록되어 있어,[51] 해괴제가 조선 초기부터 중앙 관서의 관리하에 설행되어 오다가 지방의 해괴제는 중앙에서 향축을 내려 보내 해당 지방관이 거행하도록 변화하였음을 알 수 있다. 권문해 역시 1590년(선조 23) 2월 3일 중앙에서 내려 보낸 향축을 받아 해괴제를 거행하게 되었으므로 문종 연간 이래 해괴제를 거행하는 관례에 의거 치제했던 것으로 보인다.

한편 당시 권문해가 거행한 해괴제는 지진으로 인한 것이었는데, 관련 연구를 통해 조선 시기의 해괴제는 단종 대를 기점으로 그 설행 사유가 지진으로 단일화되는 경향이 있음이 확인된 바 있다.[52] 실제 1638년(인조 16)부터 1693년(숙종 19) 사이에 거행된 해괴제, 포제酺祭 등에 관한 기록을 등록謄錄한『해괴제등록解怪祭謄錄』상의 해괴제 설행 기사는 모두 지진 발생과 관련한 논의로 이루어졌음을 알 수 있다. 아울러『대전통편』에도 "서너 고을 이상에서 지진이 발생하면 중앙이 되는 고을에서 해괴제를 지낸다"라고 기재되어 있어 원래 재이로 여겨지는 괴이한 현상을 물리치기 위해 지내던 해괴제가 지진이 발생하였을 때로만 한정하여 거행하는 제의로 바뀌었음을 알 수 있다.

한편 상술한 바와 같이 해괴제의 절차와 제처에 대해서는 의주가 자세하지 않으나, 여러 문헌의 기록을 통해 보았을 때 중앙에서 괴변이 발생한 지역에 향과 축문을 내려보내 설행하도록 하였던 것으로 보인다. 문종 2년(1451)에 해괴제의 신위神位를 정하는 문제와 관련하여 개진된 논의를 살펴보면, "『주례周禮』에 근거하여 경중에서는 봉상시奉常寺가 종묘宗廟와 사직社稷에서 기고祈告하고, 외방에서는 각 주현州縣의 사직에서 기고하는 법식에 의거하여 제사를 지내는 것"으로 결정되었음을 알 수 있다.[53] 이후 중종 대의 기사에서도 해괴제가 사직을 위해 설행된다는 사실이 확인된다.[54] 권문해 또한 중앙에서 내려보낸 향축을 받아 사직단에서 해괴제를 거행하였으므로, 문종 연간 이래로 중앙과 외방의 해괴제가 일정한 정식에 의해 거행되었다고 상정할 수 있다. 해괴제는 괴이함을 해소해 달라는 기원을 담아 거행하는 기고 의례의 성격을 지니므로 다양한 기고제가 수시로 설행되었던 사직단에서 지냈던 것으로 보인다. 아울러 사직단은 토지의 신[社]이 머무는 장소이니만큼 땅에서 일어나는 재이인 지진을 해소하기 위한 기고 의례를 사직에게 드리는 것은 자연스러운 행위라고 볼 수 있다.

기청제 치제 기록 내용 분석

권문해는 1583년 3월 사헌부 장령에 제수되었다가 동년 6월에 사직하고 귀향하였는데, 이즈음 경중에서 기청제를 지낸 사실을 『초간일기』에 기록해 두었다. 다음의 〈표 7〉은 『초간일기』에 기록된 기청제 치제 사례를 발췌하여 정리한 것이다.

『초간일기』1583년(선조 16) 6월 4일 기사에 기록된 "이날 기청제를 지냈다"는 내용은 앞서 정리한 기양의례 관련 기사와는 달리 권문해가 수령으로서 거행한 제의의 기록이 아니다. 이는 당시 사헌부 장령으로 재임하던 권문해가 경중에서 기청제가 거행된 사실을 기록으로 남긴 것이다. 권문해는 사흘 후인 6월 7일 사직하고 귀향길에 오르는데 예천으로 내려가는 노상에서 목격한 물난리의 참상을 계속 기록하고 있어 당시의 기청제가 홍수로 인해 설행된 것임을 알 수 있다.

기청제는 절기상으로 입추가 지났음에도 장마가 지속되거나 국가의 중요한 행사가 있는 경우 날이 쾌청해지기를 기원하며 지내던 제사다. 우리나라에서 기청제는 고대 이래 조선 시기에 이르기까지 지속적으로 설행되어 그 연원이 깊다. 신라시대에 대정문大井門·토산양문吐山良門·습비문習比門·왕후제문王后梯門에서 사성문제四城門祭를 거행하고, 견수犬首·문열림文熱林·청연靑淵·박수樸樹 네 곳의 개천에서 사천상제四川上祭가 행해졌다는 기록이 『삼국사기三國史記』 잡지雜志[55]에 수록되어 있어 일찍이 삼국시대에서부터 기청제가 행해진 것으로 추정된다. 고려시대에는 숙종 4년 8월 병자일에 송악松岳, 동신東神 천상川上, 여러 신묘[諸神廟], 박연朴淵 등 다섯 군데에서 기청제를 거행했다는 기록[56]을 비롯하여, 사직이나 종묘·영전影殿과 불교 사원 등지에서 기청제를 거행한 기록이 보인다. 『고려사』 길례 소사조에 기재된 기청제의 의주[久雨則禜祭國門][57]를 통해 유교식 기청제가 국전에 편제되어 거행된 사실을 알 수 있다. 다만『고려사』에는 오랜 장마로 인해 기청법석祈晴法席을 베풀었다는 기사도 수록되어 있어 당시에는 유교와 불교의 기청제가 병행되었던 상황을 엿볼 수 있다.

조선 시기 들어 기청제는 『세종실록』「오례의」와 『국조오례의』「길

<표 7> 『초간일기』에 기록된 기청제 치제 사례

일자	날씨	내용
1583년(선조 16) 6월 4일	비가 내리다 그쳤다 함	이날 기청제를 지냈다.
1583년(선조 16) 6월 8일	흐리다 빛이 나다 함	한강이 크게 불어났다. 아침 일찍 길을 떠나 남쪽 기슭 아래에서 배를 타고 가다가 양재역良才驛 뒷고개[後古介]에 배를 대었다. 수재水災의 괴변은 근고에 없던 바다.
1583년(선조 16) 6월 10일	구름이 끼어 흐림	행차가 대추원평大秋院坪에 도착하자 폭우가 쏟아붓듯이 내려 황톳물이 길을 덮으니, 어디가 시내이고 어디가 골짜기인지 분간할 수 없었다. 달천鐽川의 배 위에 큰비가 또 쏟아지니, 꼭 동이를 뒤엎는 듯하였다.
1583년(선조 16) 6월 14일	천둥과 번개가 크게 치면서 비가 쏟아짐	하천의 물이 갑자기 불어나서 논과 밭이 대부분 토사로 뒤덮였다.

례」에 소사의 하나로 편제되었다. '구우영제국문의久雨禜祭國門儀'와 '구우주현영제성문의久雨州縣禜祭城門儀'라는 의주 명칭에서 보이듯 기청제는 '영제禜祭'라고도 하였는데, 원래 영제는 일식이나 홍수·가뭄과 같은 자연재해를 물리치기 위해 도성 또는 주현의 성문에서 거행한 제사를 통칭하는 용어였으나, 조선 시기에는 대개 기청제를 의미하는 용어로 사용되었다.

조선 시기에는 장마로 인한 홍수 상황에서뿐만 아니라 국왕의 신주神主를 부묘祔廟하는 의례 혹은 왕의 행행行幸이나 친제親祭 등 주요 국가 행사의 원활한 진행을 위해 기청제가 시행되기도 하였다. 1411년(태종 11) 태종이 강무講武를 앞두고 기청제를 시행한 사례[58]와 1457년(세조 3) 의경세자懿敬世子의 발인發引에 앞서 사직에 기청제를 지낸 사례[59] 등이 확인된다.

한편 조선 전기까지는 고려시대와 마찬가지로 불교 사찰에서 기청법회祈晴法會와 기청불사祈晴佛事 등의 불교식 기청제를 거행하거나 소격서昭格署에서 도교식 의례인 기청태일초례祈晴太一醮禮를 지내는 등 비유교적인 기청제의 전통이 존속하고 있었다. 아울러 종묘와 사직, 북교나 산천 등 여러 장소에서 기청제가 거행되기도 하였다. 이와 같이 다양한 기청제 양식은 조선 후기에 이르러 점차 유교식 의례로 대체되어 갔으며, 의례의 정식 또한 도성의 국문 또는 주현의 성문에서 행해지는 사문영제四門禜祭로 단일화되었다. 권문해의 일기에는 기청제의 절차나 제처에 대한 기록이 전무하여 상세한 내용을 알 수 없지만, 선조 연간의 실록에 기록된 기청제 관련 기사를 개관하면 대체로 사직단 혹은 도성의 사대문에서 제의를 거행하였던 사실을 알 수 있다.

도성에서 거행된 사문영제는 숭례문崇禮門, 흥인문興仁門, 돈의문敦義門, 숙정문肅靖門 사대문 안쪽에서 거행되었으며, 신좌神坐는 문 안쪽을 향하도록 진설되었다. 이를 통해 국문에서 거행되는 사문영제는 각 문의 방향에 해당하는 산천신에 대한 제사임을 알 수 있으며, 이 사실은 "영제는 모방산천지신이라 한다[禜祭稱某方山川之神]"는 영제 축판祝板의 내용[60]을 통해서도 확인 가능하다.

도성의 사대문에서 지내는 사문영제는 대개 3품 당하관을 파견하여 3일간 거행하였으며, 그래도 효험이 없을 경우에는 3차례에 걸쳐 의례를 지속하는 것이 정식이었다. 홍수와 같은 급박한 상황에서 거행한 의례였던 만큼 비와 관련된 또 다른 의례인 기우제에 비하여 그 형식과 절차가 단순한 것이 특징이다.

맺음말

조선 시기 수령은 근민지관으로서 국왕의 위민 통치를 대행하는 존재였다. 수령에게 주어진 책무 가운데에는 지역 행정과 민사 이외에 국전에 편제된 각종 의례도 포함되어 있었다. 수령이 제주로서 국행의례를 설행하는 것은 민생의 긴요한 사안과 직결된 공무의 일부분이었으며, 특히 긴급한 재난 상황의 해소를 위해 수행되는 기양제의는 중요한 의미를 가지는 의례였다. 이는 재난의 발생을 곧 위정자의 실정이 초래한 하늘의 견책이 시작되는 단초라고 인식하였던 당대인들의 심성과 긴밀히 연관된 것으로서 각종 재이에 대응하는 유교적 통치 정책의 하나로서 중요하게 거행되었다.

이에 필자는 외방의 각종 국가 의례 가운데 재이의 해소와 민심 위무를 위해 설행된 기양제의 사례를 고찰하고 이를 통해 조선 시기 국전 정비 과정에 대한 이해의 범주를 넓히기 위한 목적으로 이 글을 서술하였다. 이와 같은 연구 목표의 성취를 위해 안동 부사·청주 목사·대구 부사 등 다양한 외방 수령직을 역임하였던 조선 중기 문신 권문해의 『초간일기』에 주목하였다. 이는 권문해가 수령으로서 거행한 제의 기록을 담고 있는 일기의 특성에 착안하여 해당 기록을 근접 시기의 연대기 자료 등과 함께 고찰함으로써 16세기 후반 외방 기양제의 설행 양상을 되짚어 보기 위한 것이었다. 『초간일기』에 수록된 기우제·여제·해괴제·기청제 치제 기록에 대한 분석 결과는 다음과 같다.

첫째, 권문해는 대구 부사로 있던 시절 사직단 등지에서 기우제를 지낸 사실을 기록해 두었다. 그가 1588년(선조 21) 윤6~7월에 설행한 기우제는 조선 성종 연간에 제정된 기우제 설행 차제와 내용이 상당히 유사함을 알 수 있으며, 이를 통해 16세기 후반 무렵에는 국가에서 제정한 기우제 규정이 지방 각처에서도 상당한 수준으로 준수되고 있음을 알 수 있다. 단, 1589년(선조 22) 6월 10일에 권문해가 장님 무당과 승려들을 모아 기우제를 설행했던 사실은 비유교적 의례 속성이 당시까지 잔존하고 있었음을 증언하는 사례로 인식된다. 한편, 『초간일기』에는 당시 권문해가 직접 지어 사용한 기우제 제문 2수가 수록되어 있는데, 이를 통해 비를 염원하는 목민관 권문해의 간절한 마음과 더불어 권문해가 의례 수행 시 그 의례의 내용과 속성에 대한 체계적인 이해를 갖추고 있었던 사실을 알 수 있다.

둘째, 권문해는 대구 부사로 있던 시절 제사를 지내줄 후손이 없거나 억울하게 죽어 인간에게 해악을 끼치는 여귀의 원혼을 위로하기 위해 여제를 거행한 사실을 기록해 두었다. 1590년(선조 23) 2월 15일에 권문해가 거행한 여제는 도내에 창궐한 역병에 대응하기 위한 조치였는데, 이는 죽은 자의 영혼이 흩어지지 않고 맺혀 있으면 그 원기로 인해 역병이나 가뭄 등의 변괴가 초래된다는 유교 관념에 기반을 둔 의례 행위다. 한편 권문해는 여제를 지내기 3일 전 성황단에서 발고제를 거행하였는데, 이는 『국조오례의』에 수록된 여제 의주에 정확히 부합하는 여제가 주현 단위에서 거행되고 있었던 사실을 증언하는 사례다.

셋째, 권문해는 대구 부사로 있던 시절 사직단에서 해괴제를 거행한 사실을 기록해 두었다. 해괴제는 성변이나 지진과 같이 괴이한 재이 현상이 발생하였을 때 이를 물리치기 위한 조치로 거행되던 기양제의였다. 권문해는 1590년(선조 23) 2월 3일 지진으로 인해 해괴제를 거행하였다. 앞선 연구를 통해 조선 시기의 해괴제는 단종 대를 기점으로 그 설행 사유가 지진으로 단일화되는 경향이 있음이 확인되었는데, 권문해의 해괴제 설행 사실은 이와 같은 기왕의 입론과도 정확히 부합하는 내용이다. 해괴제는 조선 전기의 국전 또는 법전 등에 독립된 의례 항목으로 편제되지 않고 『대전통편』에서 간단하게 언급되고 있을 뿐이지만, 권문해가 중앙에서 내려보낸 향축을 받아 사직단에서 해괴제를 거행한 사실을 통해 문종 연간 이래 중앙과 외방의 해괴제가 일정한 정식에 의해 거행되었을 것으로 짐작할 수 있다.

넷째, 권문해는 경중에서 기청제를 지낸 사실을 기록해 두었다. 그는 1583년 3월 사헌부 장령에 제수되었다가 동년 6월에 사직하고 귀향하였는데, 이즈음인 1583년(선조 16) 6월 4일 일기에 기청제 거행 사실을 기록한 것이다. 권문해는 이로부터 사흘 후인 6월 7일 서울을 떠나 귀향길에 오르는데 고향인 예천으로 내려가는 길에 목격한 물난리의 참상을 계속 기록하고 있어 당시의 기청제가 홍수로 인해 설행된 것임을 알 수 있다. 조선 시기 도성에서 거행된 기청제는 도성의 사대문 안쪽에서 거행되었으며, 산천신을 대상으로 설행되던 제사다. 비록 기청제와 관련한 정확한 정보가 수록되어 있지는 않지만 홍수에 대응하는 조치로서 기청제 설행 사실을 확인하였다는 의의가 있다.

여말선초 의례제도가 정비되는 과정에서 향촌의 민인들은 독자적으로 제의를 지낼 수 없게 되었고, 이들을 대신하여 지방관이 제사의 주체가 되었다. 이러한 '의례적 혁신'을 통해 유교적 질서는 향촌 사회에까지 효과적으로 전파될 수 있었다. 『초간일기』를 통해 확인되는 외방 수령의 유교식 기양제의 설행 사례는 16세기 후반경 국가에서 제정한 국행의례가 향촌 사회에서 상당한 수준으로 보급·정착되어 있었음을 보여 주는 사례로서 중요한 의미를 가진다고 판단한다. 향후 조선의 전 국토에서 국가 안위와 민생 개선을 위해 설행된 기양제의 기록을 담고 있는 다양한 일기 자료의 발굴과 연구를 기대한다.

참고문헌

『조선왕조실록』

『고려사』

『국조오례의』

『국조오례의서례』

『대전통편』

『춘관통고』

『여제등록』

『춘관지』

『제례등록』

『명사』

강문식·이현진, 『종묘와 사직』, 책과함께, 2011.

국사편찬위원회, 『일기로 역사를 읽다(학술회의총서 4)』, 국사편찬위원회, 2018.

김덕진, 『대기근, 조선을 뒤덮다』, 푸른역사, 2008.

김문식 외, 『왕실의 천지제사』, 돌베개, 2011.

김해영, 『朝鮮初期 祭祀典禮 硏究』, 집문당, 2003.

이현진, 『조선 후기 종묘 전례 연구』, 일지사, 2008.

이 욱, 『조선시대 재난과 국가의례』, 창비, 2009.

한국국학진흥원, 『일기국역총서 5 초간일기』, 청솔, 2012.

韓亨周, 『朝鮮初期 國家祭禮 硏究』, 일조각, 2002.

한형주 외, 『조선의 국가제사』, 한국학중앙연구원출판부, 2009.

小島 毅, 『東アジアの儒教と禮』, 山川出版社, 2004.

강문식, 「肅宗~正祖代 社稷 제도 정비와 『社稷署儀軌』 편찬-규장각 소장 『社稷署儀軌』를

　　중심으로」, 『조선시대 문화사(상)』, 일지사, 2007.

강호선, 「조선 태조4년 國行水陸齋 설행과 그 의미」, 『한국문화』 62, 2013.

　　　　, 「조선 전기 국가의례 정비와 '국행'수륙재의 변화」, 『한국학연구』 44, 2017.

경석현, 「17세기(인조~현종) 연대기 자료의 재이災異 기록 재검토-『동궁일기(東宮日

　　記)』를 중심으로」, 『조선시대사학보』 68, 2014.

　　　　, 『조선 후기 재이론災異論의 변화 : 이론체계와 정치적 기능을 중심으로』, 경희대

　　학교 박사학위논문, 2018.

고성훈, 「肅宗朝 變亂의 一端-首陽山 生佛出現說을 중심으로」, 『素軒南都泳博士古稀紀念歷

　　史學論叢』, 민족문화사, 1993.

　　　　, 「조선 후기 유언비어 사건의 추이와 성격」, 『정신문화연구』 35, 2012.

　　　　, 「조선 후기 민중사상과 鄭鑑錄의 기능」, 『역사민속학』 47, 2015.

권용란, 「조선시대 해괴제解怪祭 연구」, 『역사민속학』 22, 2006.

김경숙, 「을병대기근기 향촌사회의 경험적 실상과 대응」, 『역사와 실학』 61, 2016.

김문기, 「17세기 中國과 朝鮮의 小氷期 氣候變動」, 『역사와 경계』 77, 2010.

　　　　, 「淸米, 癘疫, 大報壇 : 강희제의 海運賑濟와 조선의 반응」, 『역사학연구』 53, 2014.

김미성, 「조선 현종~숙종 연간 기후 재난의 여파와 유민流民 대책의 변화」, 『역사와 현

　　실』 118, 2020.

金相泰, 「朝鮮 世祖代의 圜丘壇 復設과 그 性格」, 『韓國學研究』 6·7, 1996.

김성우, 「17세기의 위기와 숙종대 사회상」, 『역사와 현실』 25, 1997.

김성희,『조선 숙종의 군신의리 정립과 존주대의』, 동국대학교 사학과 박사학위논문,
2020.

_____,「조선 숙종 연간의 재난 극복 노력과 보민保民 의식의 정치적 함의」,『백산학보』
122, 2022.

김윤정,「16~17세기 예천 권씨가醴泉權氏家의 친족관계와 의례생활-초간일기와 죽소
부군일기를 중심으로-」,『민속학연구』36, 2015.

김윤희,「빈민 내부의 위계적 분할, 유교적 통치와 근대적 통치의 연속과 단절」,『현대유
럽철학연구』54, 2019.

김창수,「조선 후기 조선·청 관계와 국왕의 건강 문제-숙종 초반 교영례郊迎禮를 둘러싼
갈등을 중심으로」,『의사학』29, 2020.

金泰永,「朝鮮 初期 祀典의 成立에 對하여 : 國家意識의 變遷을 中心으로」,「歷史學報」58,
1978.

남희숙,『朝鮮後期 佛書刊行 硏究 : 眞言集과 佛敎儀式集을 中心으로』, 서울대학교 대학원
박사학위논문, 2004.

박권수,「『승정원일기』 속의 천변재이 기록」,『사학연구』100, 2010.

박승희,「사서四書에 나타난 유교의 사회복지사상」,『한국사회복지학』38, 1999.

변주승,「朝鮮後期遺棄兒·行乞兒대책과 그 효과-給糧策을 중심으로-」,『한국사학보』
3·4, 1998.

B. 왈라번,「조선시대 여제의 기능과 의의-'뜬귀신'을 모셨던 유생들」,『동양학』31,
2001.

송웅섭,「지배 세력의 변동과 유교화」,『고려에서 조선으로-여말선초, 단절인가 계승인
가』, 역사비평사, 2019.

신진혜,『朝鮮後期 宗廟儀禮 硏究』, 고려대학교 박사학위논문, 2019.

신해진, 「임진왜란 속에서 작동한 전통적 공동체의 특징-〈선양정 진사일기〉를 대상으로」, 『용봉인문논총』 60, 2022.

오용원, 「기우제의를 통해 본 영남 지방관의 일상과 대민의식」, 『영남학』 16, 2009.

오인택, 「숙종 대 국행 기우제에 나타난 한재 대응방식의 정치성」, 『역사학연구』 29, 2007.

오수창, 「國王과 臣僚의 역학관계」, 『조선 중기 정치와 정책-인조~현종 시기-』 아카넷, 2003.

윤호진, 「초간 권문해의 사향시思鄕詩 연구」, 『漢文學報』 27, 2012.

이현진, 『조선 후기 宗廟 정비와 世室論 연구』, 서울대학교 박사학위논문, 2006.

이호철, 박근필, 「19세기 초 조선의 기후변동과 농업위기」, 『조선시대사학보』 2, 1997.

이태진, 「小氷期(1500~1750) 천변재이연구와 朝鮮王朝實錄」, 『역사학보』 149, 1996.

임부연, 「유교 의례화의 정치학-만동묘와 대보단을 중심으로」, 『종교문화비평』 15, 2009.

이 욱, 「유교 기양의례에 관한 연구-조선시대 국가사전을 중심으로-」, 서울대학교 박사학위논문, 2000.

_____, 「朝鮮後期 祈穀祭 設行의 의미 : 藏書閣 소장 社稷署 儀軌와 謄錄을 중심으로」, 『장서각』 4, 2000.

_____, 「조선시대 국가사전과 영험성의 수용-기우제차의 정비를 중심으로」, 『종교와 문화』 6, 2000.

_____, 「조선시대 국가사전과 여제」, 『종교연구』 19, 2000.

_____, 「조선 전기 유교국가의 성립과 국가제사의 변화」, 『한국사연구』 118, 2002.

정경희, 「肅宗代 蕩平論과 '蕩平'의 시도」, 『한국사론』 30, 1993.

_____, 「숙종 후반기 탕평정국의 변화」, 『한국학보』 79, 1995.

정만조, 「肅宗朝 良役變通論의 展開와 良役對策」, 『국사관논총』 17, 1990.

_____, 「朝鮮中期 政治史 연구에 대한 재검토」, 『한국학논총』 25, 2002.

_____,「朝鮮時代의 士林政治-文人政權의 한 類型-」,『(第7回 韓·日歷史家會議 자료집) 反
亂인가? 革命인가?』, 2007.

정옥자,「17世紀 思想界의 再編과 禮論」,『한국문화』10, 1989.

정형지,「숙종 대 진휼정책의 성격」,『역사와 현실』25, 1997.

_____,「조선시대 기근과 정부의 대책」,『이화사학연구』30, 2003.

조 광,「19世紀 民亂의 社會的 背景」,『19世紀 傳統社會의 變貌와 民衆意識』, 高麗大學校 民
族文化硏究所, 1982.

조형기,「초간草澗 권문해權文海의 학문성향學問性向과 시세계時世界」,『東洋禮學』22,
2009.

최종석,「조선 전기 淫祀的 城隍祭의 양상과 그 성격」,『역사학보』204, 2009.

최종성,「國行祈雨祭와 民間祈雨祭의 비교연구-시체 처리와 제물 처리를 중심으로-」,
『종교학연구』16, 1997.

_____,「조선조 유교사회와 무속 국행의례 연구」, 서울대학교 박사학위논문, 2001.

_____,「한국 기청제 연구」,『역사민속학』20, 2005.

_____,『기우제등록과 기후의례』, 서울대출판부, 2007.

하서정,「조선 후기 지방 기우제의 시행과 의미-안동부사 金嘉鎭의『祈雨日記』를 중심으
로-」,『영남학』70, 2019.

韓亨周,「朝鮮 世祖代의 祭天禮에 대한 硏究」,『震檀學報』81, 1996.

홍순민,「肅宗初期의 政治構造와 '換局'」,『한국사론』15, 1986.

_____,「17세기 말 18세기 초 농민저항의 양상」,『1894년 농민전쟁연구 2』, 역사비평
사, 1992.

小島 毅,「郊祀祭度의 變遷」,『東洋文化硏究所紀要』第108期, 東京大學東洋文化硏究所,
1989.

주

1 조선 시기 국행의례 정비와 관련한 상세한 설명은 다음의 연구 참고. 한형주, 『朝鮮初期 國家祭禮 研究』, 일조각, 2002; 이욱, 「조선 전기 유교국가의 성립과 국가제사의 변화」, 『한국사연구』 118, 2002; 김해영, 『朝鮮初期 祭祀典禮 研究』, 집문당, 2003; 이욱, 『조선시대 재난과 국가의례』, 창비, 2009.

2 유교적 재이론에 관한 상세한 설명은 다음의 연구 참고. 경석현, 『조선 후기 재이론災異論의 변화 : 이론체계와 정치적 기능을 중심으로』, 경희대학교 박사학위논문, 2018.

3 관련하여 숙종 연간의 재난 극복을 위한 노력의 일환으로 전개된 기양제의 정비와 그 정치적 함의를 분석한 김성희, 「조선 숙종 연간의 재난 극복 노력과 보민保民 의식의 정치적 함의」(『백산학보』 122, 2022)를 참고할 수 있다.

4 관련 연구의 부진은 중앙에서 설행한 각종 기양제의에 대한 종교학·사회학·역사학계 등의 심도 깊은 연구 성과에 비하면 더욱 두드러진다. 관련한 주요 성과는 다음의 연구 참고. 최종성, 「國行祈雨祭와 民間祈雨祭의 비교연구-시체 처리와 제물 처리를 중심으로-」, 『종교학연구』 16, 1997; 이욱, 「유교 기양의례에 관한 연구-조선시대 국가사전을 중심으로-」, 서울대학교 박사학위논문, 2000; 최종성, 「조선조 유교사회와 무속 국행의례 연구」, 서울대학교 박사학위논문, 2001; 오인택, 「숙종 대 국행 기우제에 나타난 한재 대응방식의 정치성」, 『역사학연구』 29, 2007; 최종성, 『기우제등록과 기후의례』, 서울대출판부, 2007.

5 성변星變이나 지진과 같이 재이로 여겨지는 괴이한 현상이 발생하였을 때 이를 물리치기 위하여 지내던 해괴제로 독립된 의례 항목으로 편제되지 않은 채로 설행되다가 1785년에 편찬된 『대전통편』 「예전禮典」 제례祭禮 조에 정식으로 기재되었다.

6 오용원, 「기우제의를 통해 본 영남 지방관의 일상과 대민의식」, 『영남학』 16, 2009.

7 『숙종실록』 39권, 숙종 30년 6월 26일 갑오. 이때 진행된 기우제 정식 개정을 당시 재난 상황 타개를 위해 개진된 노력의 일환으로 분석한 설명은 김성희, 위의 글, 2022 참고.

8 하서정, 「조선 후기 지방 기우제의 시행과 의미-안동 부사 金嘉鎭의 『祈雨日記』를 중심으로-」, 『영남학』 70, 2019.

9 이욱, 「조선시대 국가사전과 여제」, 『종교연구』 19, 2000; B. 왈라번, 「조선시대 여제의 기능과 의의-'뜬귀신'을 모셨던 유생들」, 『동양학』 31, 2001; 최종성, 「한국 기청제 연구」, 『역사민속학』 20, 2005; 권용란, 「조선시대 해괴제解怪祭 연구」, 『역사민속학』 22, 2006.

10 권별權鼈(1589~1671) : 조선 중기의 학자. 호 죽소竹所. 기자조선 이래 고려 말에 이르는 왕실의 사적事蹟과 조선 초에 이르기까지의 인물 전기를 집대성한 문헌 설화집 『해동잡록海東雜錄』을 저술하였다.

11 김윤정, 「16~17세기 예천 권씨가醴泉權氏家의 친족관계와 의례생활-초간일기와 죽소부군일기를 중심으로-」, 『민속학연구』 36, 2015.

12 신해진, 「임진왜란 속에서 작동한 전통적 공동체의 특징-〈선양정 진사일기〉를 대상으로」, 『용봉인문논총』 60, 2022.

13 조형기, 「초간草澗 권문해權文海의 학문성향學問性向과 시세계時世界」, 『東洋禮學』 22, 2009; 윤호진, 「초간 권문해의 사향시思鄕詩 연구」, 『漢文學報』 27, 2012.

14 일기류 자료가 가진 사료적 가치에 대한 종합적인 설명은 국사편찬위원회에서 2018년에 편찬한 『학술회의총서 4 일기로 역사를 읽다』를 참고할 수 있다.

15 상장례 시 설행하는 우제虞祭, 졸곡제卒哭祭, 연제練祭, 상제祥祭, 담제禫祭, 부묘제祔廟祭 등 흉례에 편제된 제사를 제외하고 그밖의 모든 제사 관련 의례가 길례에 속한다.

16 길례의 중사에 등재된 '우사의雩祀儀'는 매년 맹하孟夏(음력 4월)에 동대문 밖 우사단雩祀壇에서 구망句芒, 축융祝融, 후토后土, 욕수蓐收, 현명玄冥, 후직后稷의 신들에게 올리는 정기 제사로서 가뭄이 심할 때 우사단에서 올리는 우사단기우의雩祀壇祈雨儀는 다소 성격이 다르다.

17 『厲祭謄錄』, 정축년 8월 28일; 같은 책, 무인년 5월 13일; 같은 책, 무인년 6월 20일 기사.

18 『효종실록』16권, 효종 7년 5월 24일 1번째 기사;『현종실록』14권, 현종 9년 3월 19일 1번째 기사.

19 이욱, 앞의 책, 2009, 119~121쪽 참고.

20 조광,「19世紀 民亂의 社會的 背景」,『19世紀 傳統社會의 變貌와 民衆意識』, 高麗大學校 民族文化研究所, 1982, 108쪽 참고.

21 최종석,「조선 전기 淫祀的 城隍祭의 양상과 그 성격」,『역사학보』204, 2009.

22 송웅섭,「지배 세력의 변동과 유교화」,『고려에서 조선으로-여말선초, 단절인가 계승인가』, 역사비평사, 2019, 35쪽 참고.

23 송웅섭, 위의 논문, 2019, 36쪽 참고.

24 강호선,「조선 태조 4년 國行水陸齋 설행과 그 의미」,『한국문화』62, 2013; 강호선,「조선 전기 국가의례 정비와 '국행'수륙재의 변화」,『한국학연구』44, 2017.

25 이와 관련한 자세한 설명은 남희숙,『朝鮮後期 佛書刊行 研究 : 眞言集과 佛教儀式集을 中心으로』(서울대학교 박사학위논문, 2004) 제3장의 내용을 참고한다.

26 『성종실록』44권, 성종 5년 윤6월 10일 계사, "禮曹啓, 各處祈雨應行事件, 具錄于後, 依此行之何如. 一, 宗廟, 社稷, 北郊, 漢江, 三角, 木覓, 風雲雷雨, 雩祀, 行祈祭. 一, 太一及雷聲普化天尊, 設祈醮. 一, 漢江 楊津沈虎頭, 又令道流讀龍王經, 朴淵沈虎頭. 一, 京城各戶, 祀門焚香. 一, 慕華館池邊用蜥蜴, 祈禱. 一, 造東方靑龍, 南方赤龍, 中央黃龍, 西方白龍, 北方黑龍, 行祈祭. 一, 楮子島行畫龍祭. 一, 開北門, 閉南門. 一, 勿擊皷."

27 하서정, 앞의 글, 2019, 132쪽 참고.

28 『숙종실록』39권 30년 6월 26일 갑오.

29 이욱,「조선시대 국가사전과 영험성의 수용-기우제차의 정비를 중심으로」,『종교와 문화』6, 2000, 87쪽 참고.

30 小島 毅,『東アジアの儒教と禮』, 山川出版社, 2004, 58~62쪽 참고.

31 『고려사』권59,「지」권13, 禮1, 吉禮大祀圜丘.

32 『태종실록』22권, 태종 11년 10월 27일 을묘.

33 韓亨周,『朝鮮初期 國家祭禮 研究』, 일조각, 2002, 22~29쪽 참고한다. 조선 초기 교사郊社의 설행과 관련한 자세한 논의는 金泰永,「朝鮮 初期 祀典의 成立에 對하여 : 國家意識의 變遷을 中心으로」『歷史學報』58, 1978; 韓亨周,「朝鮮 世祖代의 祭天禮에 대한 研究」『震檀學報』81, 1996; 金相泰,「朝鮮 世祖代의 圜丘壇 復設과 그 性格」『韓國學研究』6·7, 1996 등 논저 참고.

34 조광, 위의 논문, 1982, 88쪽 참고.

35 1588년 윤6월 10일자 일기에는 '기우제의 제문을 부쳐 둔다[附祈雨祭文]'가, 1588년 윤6월

17일자 일기에는 '옥연 기우제의 제문[玉淵祈雨祭文]'이 각각 수록되어 있다.

36　『국조오례의』권1, 「길례」, 州縣春秋祭社稷儀 ; 『국조오례서례』권1, 「길례」, 時日, "凡祀有常日者. 仲春仲秋上戊及臘, 祭社稷州縣不用臘."

37　『태종실록』7권, 4년 6월 9일 무인.

38　『춘관통고』권43, 「길례」, 厲.

39　『국조오례의』권2, 「길례」, 厲祭儀, "厲祭儀發告城隍壇, 行祭北郊壇."

40　『태종실록』32권, 16년 8월 5일 갑자.

41　『명사』권50, 「지」26, 예 4, 厲壇.

42　『대전통편』, 「예전」제례, 城隍發告祭, "城隍發告祭, 先行於南壇, 後三日, 行厲祭於北郊, 陪往城隍神, 竝祭." ; 『속대전』, 「예전」祭禮, 城隍發告祭, "城隍發告祭, 先行於南壇, 後三日, 行厲祭於北郊, 陪往城隍神, 竝祭."

43　『춘관통고』권43, 「길례」, 厲, "州縣厲祭儀, '城隍發告, 陳設前祭一日, 有司, 掃除堂之內外.'"

44　『문종실록』9권, 1년 9월 20일 을묘.

45　『중종실록』11권, 5년 5월 16일 경오.

46　『선조실록』59권, 28년 1월 26일 기해.

47　『현종실록』14권, 9년 3월 19일 정사.

48　『순조실록』25권, 22년 7월 3일 을해.

49　권용란, 앞의 글, 2006, 220쪽 참고.

50　『태조실록』14권, 7년 8월 13일 병진.

51　『문종실록』8권, 1년 6월 22일 기축.

52　권용란, 위의 글, 2006, 222쪽 참고.

53　『문종실록』13권, 2년 4월 25일 기축.

54　『중종실록』69권, 25년 9월 2일 무자.

55　『삼국사기』32권, 잡지 1, 제사, "立春後丑日, 犬首谷門祭風伯, 立夏後申日, 卓渚祭雨師, 立秋後辰日, 本彼遊村祭靈星撿諸禮典, 只祭先農, 無中農後農."

56　『고려사』54권, 「지」8, 오행 2, 木, "八月丁未 祈晴于北岳."

57　『고려사』63권, 「지」17, 례 5, "吉禮小祀, 風師雨師雷神靈星久雨則禜祭國門 風師壇, 高三尺, 廣二十三步, 四出陛. 燎壇在內壇之外二十步丙地, 廣五尺, 戶方二尺, 開上南出. 在國城東北令昌門外, 立春後丑日祀之. 祝版稱高麗國王臣王某敢明告, 牲牢豕一."

58　『태종실록』22권, 11년 10월 5일 계사.

59　『세조실록』10권, 3년 11월 18일 무인.

60　『국조오례의서례』, 권1, 「길례」, 祝版.

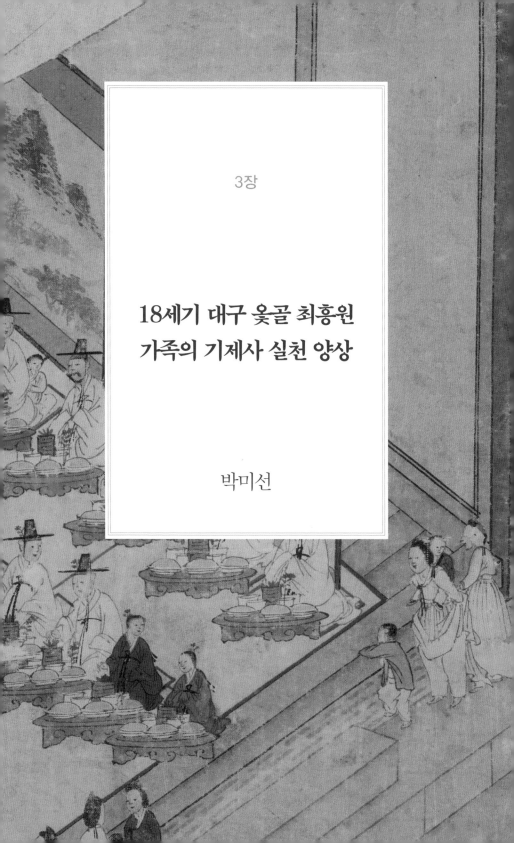

3장

18세기 대구 옻골 최흥원
가족의 기제사 실천 양상

박미선

※ 이 글은 『용봉인문논총』 65(2024.10)에 실린 논문을 수정·보완한 것이다.

머리말

기제사는 어버이가 돌아가신 기일료日에 지내는 제사다. 이제까지 제사에 대한 연구는 의례 자체에 대한 연구뿐만 아니라 가족 친족제도의 변동을 파악하기 위한 주요 주제로 검토되었다. 이를 통해 조선 사회에서 유교화가 진전되었으며 부계 중심의 가족 질서가 구축되었음이 밝혀졌다. 아울러 최근에는 고문서, 문집, 일기 등의 자료를 활용하여 그 구체적인 실상이 더욱 풍부하게 검토되었다. 이를 통해 조선 후기 가족에서 강력한 '부계 질서'에 따른 전형적 가족상이 아닌 외가, 처가 등 부계 이외의 다양한 관계로 가족생활을 포착할 수 있게 되었다.[1]

이 글 역시 가족의 생활상을 실제적으로 파악하고자 하는 연구 흐름과 궤를 같이한다. 즉 엄격하게 의례를 실천한 인물로 부조화된 '종자 宗子'의 이미지를 제고하고 '한 개인을 둘러싼 일상의 삶' 속에서 '의례의 실천'을 살펴보고자 한다. 특히 여러 종류의 제사 중에서도 기제사는 추모하는 조상의 범위가 제한되어 있다는 점, 기제사의 시행일이 조상의 사망일이라는 점, 실제 참여자가 제한되었다는 점, 제사의 횟수가 빈번하다는 점에서 의례의 실천 및 가족의 관계를 이해하는 데 용이하다. 이에 최흥원의 『역중일기』에 나타난 기제사 실천의 양상을 살펴볼 것이다. 물론 최흥원 가문의 제례에 대한 선행 연구가 없는 것은 아니다. 이미 선행 연구에서 최흥원 가문의 제례의 양상과 특징을 밝혀냈고 필자 역시 많은 부분을 참고하였다.[2] 그렇지만 기제사만을 별도로 다룬 논문은 없다.[3] 또 유교 국가 조선 사회에서 18세기 후반 한 가문의 종자라면 엄격한 의례 생활을 했을 것이라는 막연한 생각이 여전히 우리의 인식에 강하게 작동하는 만큼 이를 실제적으로 파악해 봐야 한다. 이에 최흥원의 기제사 실천을 일기를 통해 미시적으로 접근해 보고자 한다.

먼저 최흥원가의 가풍과 최흥원의 종자로서 지위와 가문 구성원을 살펴보겠다. 그리고 1738년부터 1770년까지 최흥원 가문에서 시행한 기제사를 수치화할 것이다. 『역중일기』는 1727년부터 1786년까지 약 60년 동안 기록한 생활 일기이지만, 본문은 1735년부터 시작하였다.[4] 특히 일기를 매일 기록한 것은 1737년부터이지만,[5] 부친의 상례를 끝마친 것은 1738년이기 때문에 이 시기부터 기제사의 실천 양상을 살펴볼 것이다. 또 1786년까지의 일기 기록이 있지만 최흥원이 나이가 들면서 매일 기록한 것은 아니었던 만큼 비교적 누락 없이 일기를 작성한 1770년까지로 한정하였다.[6] 즉 최흥원이 34세였던 1738년(영조 14)부터 66세였던 1770년(영조 46)까지 총 33년의 일기 내용을 중심으로 제례의 실천을 수치화함으로써 종자를 중심으로 한 가족의 기제사

실천 빈도를 구체화할 것이다. 그리고 이를 인간, 시간, 공간이라는 세 축으로 나누어 그 특징을 살펴보겠다. 기제사를 주관하는 종자의 제사 실천 빈도를 파악하고 종자를 대신하여 제사를 지내는 인물과 기제사에 참여하는 인물 등을 중심으로 검토하겠다. 시간은 기제사를 지내는 당일의 시간을 중심으로 살펴볼 것이며, 공간은 기제사가 시행되는 장소를 중심으로 살펴보겠다. 이로써 '종자'라는 사회적 지위에 의해 역할 고정의 선입견을 깨고 '18세기 당시 대구 옻골에서 살았던' 최흥원의 삶 속에서 '일상의 생활'과 종자의 지위를 책임진 최흥원의 '의례 실천'을 좀 더 생생하게 파악할 수 있기를 기대한다.

백불암 최흥원과 그의 가문

최흥원가의 가풍과 봉사 범위

최흥원(1705~1786)은 경주 최씨로 자는 태초太初, 여호汝浩이며, 호는 백불암百弗菴이다. 그는 대구 옻골에 입향한 대암공 최동집을 불천위로 모시는 종손이었다. 그의 가풍은 본래 무武를 기반으로 하였는데 조선 후기 문文으로 가풍을 바꾸어 나갔다. 문풍으로서 가풍을 다져 가면서 예학에 대한 심화도 이루어졌고, 종법을 통해 가문을 굳건히 하는 데 힘을 쏟았다. 이런 점에서 경주 최씨의 가풍 변화와 관련된 가계의 흐름을 먼저 살펴보겠다.

최흥원은 고려 말 조선 초 활동했던 최단崔鄲을 파조로 하는 경주 최씨 광정공파의 후손으로 그의 선조가 대구에 정착한 것은 최단의 손자

최맹연崔孟然 대에 이르러서였다. 하지만 다시 그 아들 최한崔澣 대에 처가가 있는 합천으로 거처를 옮겼고, 그 후 그의 아들 최자하崔自河 대에 대구로 들어와 그뒤로 쭉 대구에 거처하였다. 최자하의 아들 최해, 최해의 아들 최종옥 등은 만호를 역임하였고, 최종옥의 아들 최계崔誡 (1567~1622)는 임진왜란 때 대구의 의병가장義兵假將이 되어 대구 지역 향병을 모아 금호강 일대의 적을 제압하여 2등 선무원종공신에 녹훈되는 등 무를 기반으로 활동하였다. 이외에도 최계의 형, 조카 등도 임진왜란 때 적을 제압하였고, 무과에 급제하는 등 무 중심의 가문이었다.

그렇지만 최흥원의 6대조인 최계에 의해서 가풍을 "무에서 문으로 바꾸려[變武爲文]"는 모습이 나타났다.[7] 최계가 그의 두 아들 최동률과 최동집을 정구에게 배우게 하면서 가풍의 변화가 확실히 나타나기 시작하였다. 최동률은 생원시에, 최동집은 진사시에 입격하였고, 그 후 최동집은 봉림대군의 대군사부에 제수되기도 하였다.[8] 그중 최흥원의 5대조인 최동집은 대군사부에서 체직된 뒤에 초가를 짓고 은거하였는데,[9] 대구에 거처하는 경주 최씨 광정공파 중에서도 대구부 해안현解顔縣 칠계漆溪, 즉 옻골에 처음으로 입향한 인물이다.[10]

최동집 이후 최위남崔衛南(1611~1662), 최경함崔慶涵(1633~1699), 최수학崔壽學(1652~1714), 최정석崔鼎錫(1678~1735), 최흥원으로 가계가 이어졌다. 최동집부터 최경함까지는 옥천 전씨, 인천 채씨, 달성 서씨, 영천 이씨 등 주로 대구의 사족과 혼인 관계망을 형성하여 지역에서의 기반을 구축했다. 그 후 최수학 대 이후에는 예안 이씨를 비롯하여 의성 김씨, 풍산 김씨, 고성 이씨 등 안동 지역의 사족과 혼인하였고, 영천의 오천 정씨, 성주의 벽진 이씨, 경주의 경주 이씨 등과도 혼인하면서 경

상도 전역으로 혼인 가문이 확대되면서 여러 학자들과 학문적 교유를 할 수 있었다.[11]

　그중에서도 최흥원의 증조부였던 최경함이 안동 지역의 유력한 사족 가문과 맺은 혼맥이 큰 힘을 발휘하였다. 1남 9녀 중 아들 최수학의 배필은 안동 풍산 우릉의 예안 이씨(1649. 12. 6~1709. 3. 23)였다. 그녀의 아버지는 호군 이지표李地標였고, 외조부는 부사를 역임했던 풍산 김씨의 김시리金時离였다. 또 9명의 사위 중 7번째 사위인 김서린金瑞麟은 안동 풍산 오미동 풍산 김씨로 서애 류성룡의 문인인 학호鶴湖 김봉조金奉祖(1572~1630)의 현손이었다. 첫째 사위인 김세흠金世欽 역시 안동에 거주하는 의성 김씨 김태기金泰基의 아들이었다. 의성 김씨는 퇴계 학파 내의 학봉계(김성일계)를 주도했던 성씨 가운데 하나다. 김태기는 갈암 이현일(1627~1704)과 고산 이유장(1625~1701) 등 영남학파의 주요 인물들과 교유였고, 그의 아들 김세흠은 이현일의 문인으로, 1687년 (숙종 13) 문과 급제하여 사헌부 지평-홍문관 수찬 등의 청요직을 역임하였다. 의성 김씨와의 혼맥은 이후로도 이어져서 최흥원의 백부인 최인석도 학봉 김성일의 현손녀를 아내로 맞이하였다. 최경함 대에 만들어진 의성 김씨와의 혼맥은 이후 최흥원이 의성 김씨와 관련된 여러 인사와 교유하는 계기가 되었다. 그중에서도 김강한金江漢(1719~1779)은 이현일의 문인인 제산 김성탁에게 배우고 이후 김성탁의 아들인 김낙행을 스승으로 모신 인물이자 대산 이상정과도 교유했던 인물이다.[12]

　이와 같이 선조로부터 이어져 온 혼맥과 학맥을 통해 최흥원은 여러 학자와 교유하면서 학문을 심화시킬 수 있었다. 특히 이상정과의 교유

는 퇴계학파의 주류로 편입되는 결정적인 계기였다. 이상정은 자신의
아들 이완李埦을 최흥원에게 보내 수학하도록 하였는데, 이러한 사실
로 볼 때 최흥원은 당시 영남 지역에서 퇴계학파의 주류로 학문적 인
정을 받았음을 알 수 있다.[13]

최흥원의 6대조 최계에서부터 시작된 가풍 변화의 노력은 최흥원
대에 이르러서는 퇴계학파의 주류로 자리매김하게 할 정도로 문풍으
로 변화가 나타났다. 그런데 가풍은 학맥이나 혼맥뿐만 아니라 그 가
문에서 이어지는 일상적인 의례의 실천 속에서 가시화되는 것이며 더
욱 공고화된다. 의례적 지식과 가치를 내면화하고 이를 실천하는 것은
사회적 지위를 미묘하게 드러내는 상징적인 행위로 타자의 인정으로
연결되기 때문이다. 게다가 문을 중시하는 가풍이라고 할지라도 각 가
문이 속한 학파에 따라 가풍은 달라질 수밖에 없었다. 최흥원 대에는
퇴계학파로 자리매김했던 만큼 퇴계학파의 예학 실천 담론 속에서 그
제례 가풍이 형성되었다. 제례는 가족의 의례 행위 중 가장 많이 행해
지는 부분이었는데, 봉사대수를 어떻게 정하느냐에 따라 의례의 실천
횟수가 달라졌다.

『경국대전』에서는 기제사의 범위를 "문·무관 6품 이상은 부모·조
부모·증조부모의 3대를 제사하고 7품 이하는 2대를 제사하며 서인은
단지 죽은 부모만을 제사한다"[14]라고 하여 품계에 따라 차등 봉사하
도록 하였다. 그리고 『주자가례』에서는 고조까지 4대를 봉사하도록
하였다.

이에 대해서 이황은 봉사대수에 대하여 6품 이상은 3대를 봉사하고
7품 이하는 2대를 봉사하는 국제를 강하게 비판했다. 즉 7품의 관리가

6품으로 승진하면 없던 신주를 다시 만들어야 하고, 6품의 관리가 7품 이하로 강등되면 증조의 신주를 헐어야 하는지 반문하면서, 신주를 새로 만들고 허는 것이 자손의 벼슬 고하에 달려 있는 상황이 이치에 맞지 않고 이해할 수 없다고 하였다. 그리고 4대 봉사에 대해서는 "복服이 있는 조상인 고조를 어떻게 제사지내지 않을 수 있겠는가?"라는 정주程朱의 논리를 따랐다. 이황은 봉사대수에 대한 『경국대전』의 불합리한 규정을 비판하고, 고조의 제사를 지내지 않았던 당시의 시속을 인정하지 않은 것이었다. 그리고 "마땅히 스스로 도리를 다하면 될 뿐이다"면서 4대 봉사를 우회적으로 주장했다.[15] 그리고 이러한 이황의 견해에 따라 16세기 후반 안동 지역의 퇴계 이황의 문인들은 이미 4대 봉사를 먼저 수용하여 실천했다.[16]

최흥원가에서도 이러한 이황의 주장과 같이 4대 봉사를 하였다. 부친 최정석이 살아계실 때 사당에는 최동집, 최위남, 최경함, 최수학의 4대 신주가 모셔져 있었다. 그리고 최정석의 형 최인석의 신주도 있었다.[17] 이러한 상황에서 최흥원이 1735년 부친 최정석의 상례를 치르고 1738년 최정석의 신주를 사당에 모시게 되면 4대 봉사이므로 최동집의 신주를 사당에서 내어야만 했다. 따라서 1735년 부친의 사망은 4대 봉사를 하면서도 5대조 최동집을 모실 수 있는 논리가 필요했던 시점이다.

최흥원은 부친의 유지에 따라 입향조가 되는 최동집을 불천위로 모셨다. 부친 최정석은 사당 건립을 위해 그가 생존해 있을 때부터 친족들과 함께 계를 만들어 준비하였고, 임종 때에 자식들에게 이를 명하였다. 최흥원은 선친의 뜻을 받들어 1737년 3월 14일 별묘의 터를 닦기 시작하여 1738년 10월 26일 공사를 마치고, 다음 날 신주를 별묘에 봉안하였다.[18] 이로써 가묘에는 최위남, 최경함, 최수학, 최정석 4대의 신주를 모시고, 별묘에 최동집의 신주를 모셔, 5대 봉사의 혐의를 벗어날 수 있었다.[19]

최흥원과 대암공파 9~15세 인물[20]

기제사의 실천을 파악하려면 가문 내에서 최흥원의 종자로서의 지위와 그 구성원들을 파악해야 한다. 기제사의 봉사 대상과 기제사 참석 대상을 살펴보기 위해 불천위와 4대 봉사 대상 및 최흥원이 일기를 쓴 당시 생존한 세대의 인물들을 대암공파 족보를 통해 검토해 보겠다.

최흥원은 최동집을 불천위로 하는 대암공파의 종자다. 최흥원의 부친 최정석이 최수학의 차자였지만 최정석-최흥원으로 가계 계승이 이어졌던 것은 장자 최인석이 일찍 죽고 후손이 없었기 때문이다. 장자가 후사가 없으면 차자의 집에서 양자를 들여 가계를 계승하는 것이 당시의 관례였으므로 양자를 들일 수도 있었다. 하지만 최인석(1677. 5. 6~1705. 1. 13)의 사망이 너무 빨랐다. 『대암공파보』에 따르면 최인석은 1705년 1월 13일에 사망하였는데, 당시 다른 형제들에게는 아들이 없었다. 최정석의 장자인 최흥원도 1705년 2월에 출생했기 때문이다. 이 때문에 형이 사망하였을 때 그 아우가 가계를 계승하는 형망급제兄亡及弟의 예가 채택되어 최흥원의 부친 최정석이 최인석을 대신하여 종손이 되었고 그 후 최흥원이 계승하였다.[21]

최흥원가의 기제사의 봉사 대상은 대암공파 9세부터 13세까지이며, 참석 대상은 13세부터 16세까지의 인물이다.

먼저 기제사의 봉사 대상인 9세부터 13세까지를 살펴보겠다. 9세 최동집(1586. 9. 19~1661. 6. 7)은 칠계漆溪에 처음 입향한 입향조로 자가 진중鎭仲, 호는 대암臺巖이며 미수 허목과 함께 한강 정구의 문인이다. 1586년 9월 19일에 태어나 76세인 1661년 6월 7일에 세상을 떠났다. 부인은 여강 이씨驪江李氏로 무첨당無忝堂 이의윤李宜潤,(1564~1597)의 딸이었다. 이의윤은 이응인李應仁의 아들로 회재 이언적李彦迪의 장손이다. 여강 이씨는 1662년 12월 24일에 사망하였다. 위남·재남·제남·국남·세남·직남·여남 아들 7명과 딸 하나를 두었다.

최흥원의 고조(4대조)와 증조(3대조)는 각각 아들을 한 명씩 밖에 낳지 못하였다. 그래서 10세, 11세에서 12세로 이어지는 대암공파의 가계도는 〈표 1〉과 같이 단출하다. 고조 최위남(1611. 1. 4~1662. 5. 25)은 최동집의 맏아들로 자는 자성子城이며 1630년 20세에 생원에 합격하여 성균 생원을 지냈다. 1611년 1월 4일에 태어나 52세인 1662년 5월 25일에 세상을 떠났다. 부인은 전의 이씨全義李氏로 1691년 9월 16일에 사망하였다. 경함慶涵이라고 하는 아들 하나와 딸 넷을 두었다.

증조 최경함(1633. 6. 5~1699. 7. 22)은 자는 군양君養, 관직은 선교랑이다. 1633년 6월 5일에 태어나 67세인 1699년 7월 22일에 세상을 떠났다. 부인은 영양 이씨英陽李氏로 부친은 목사 이정기李廷機이고, 조부는 문승지 경정敬亭 이민성李民宬이며, 증조부는 관찰사 이광준李光俊이다. 1636년 3월 23일에 태어나 69세인 1704년 11월 18일에 세상을 떠났다. 수학이라는 아들 하나와 딸 아홉을 두었다.

12세 조부 최수학(1652. 1. 1~1714. 1. 5) 대에 4명의 아들을 낳아서 13세 항렬의 구성원이 늘었다. 12세 최수학은 자는 덕수德叟로 1652년

<표 1> 대암공파의 가계 계승

9세	10세	11세	12세	13세	14세	15세	16세
최동집	최위남	최경함	최수학	최인석	최홍점 (계자)	최사진	최락
						최상진	최발(계자)
						최우진 (출위홍후)	
				최정석 (승종자))	최홍원	최주진	최식
					최재열 (미취이요)		
					최홍점 (출위인석후)	최사진	최락
						최상진	최발(계자)
						최우진 (출위홍후)	
					최홍건	최항진	최호
							최순
							최발 (출위상진)
						최화진	최효
					최홍후	최우진 (계자)	최직
							최탁
				최진석	최홍부	최경진	최활
				최윤석	최홍록	최형진	최숙
							최운
							최흡
							최헌
						최대진	최윤
						최유진	
					최홍호	최택진	최길
							최정

1월 1일에 태어나 63세인 1714년 1월 5일에 세상을 떠났다. 그는 맏아들이 후사가 없이 일찍 죽자, 승종承宗에 대한 승중기承重記를 남겼다. 부인은 숙인淑人 예안 이씨禮安李氏로 부친은 안동 우릉골의 호군 이지표李地標, 조부는 생원 이정준李廷俊이며 증조는 지평 율원栗園 이공李珙이다. 1649년 12월 6일에 태어나 1709년 3월 23일에 61세로 세상을 떠났다. 또 다른 부인 숙인淑人 금성 정씨錦城丁氏는 1654년 1월 30일에 태어났으나 몰년은 미상이다. 인석·정석·진석·윤석 네 명의 아들과 딸 하나를 두었다. 일기에 따르면 최윤석을 서숙이라고 기록하고 있어 금성 정씨의 아들로 생각된다.

13세 최정석(1678. 12. 10~1735. 7. 16)은 최수학의 차남이며 최흥원의 부친이다. 1678년 12월 10일에 태어나 58세인 1735년 7월 16일에 세상을 떠났다. 모친은 함안 조씨咸安趙氏로 그녀의 부친은 진사 조종趙宗이고, 조부는 지평 조시원趙時援이며, 증조는 생원 조함장趙咸章으로 생육신의 한 사람인 어계漁溪 조려趙旅의 후손이다. 1682년 12월 14일에 태어나 1765년 8월 7일에 84세로 세상을 떠났다. 흥원·재열·흥점·흥건·흥후 다섯 아들과 딸 하나를 두었다.

다음으로 기제사에 참석할 수 있는 대상을 범주화해 보겠다. ① 최흥원의 부친 항렬인 13세에 해당하는 인물 및 그와 혼인한 인물들이다. 백부, 백모, 숙부, 숙모, 서숙부, 서숙모, 고모, 고모부 등이 이에 해당한다. 백부는 최인석으로 30세가 되기도 전에 일찍 사망하여 아우 최정석의 아들 최흥점을 계자로 삼았다. 최인석과 혼인한 백모는 의성 김씨로 학봉 김성일의 현손녀다. 숙부는 최진석(1688. 4. 17~1727. 1. 4)으로 자는 퇴보退甫이며 최수학의 셋째 아들이다. 최진석의 아내로 최흥원에게 숙모인 경주 이씨(1688. 5. 5~1737. 6. 21)는 부친이 익제益齊이고 제현齊賢의 후손이다. 서숙부는 최윤석崔崙錫(?. 2. 9~1756. 3. 13)으로 자는 규서圭瑞다. 서숙모는 옥산 전씨玉山全氏(?. 1. 10~1756. 4. 2)이며 부친은 재대載大로 세심정洗心亭 한현侃玄의 손자다. 최흥원의 고모 경주 최씨(?~1757. 3. 15)는 석전石田에서 거처하였고 1757년에 죽었다. 그녀와 혼인한 이주숭李柱嵩은 벽진 이씨碧珍李氏로 부친은 해발海潑이고 완석정浣石亭 이언영李彦英의 후손이다.

② 14세에 해당하는 최흥원과 최흥원 형제들이 있다. 최흥원(1705. 2. 15~1786. 8. 22)은 자는 여호汝浩이고, 호는 초기에는 수구암數咎庵으로 불렀다가, 61세에 백불암百弗庵으로 바꾸었다. 1705년 2월 15일에 태어나 1786년 8월 22일에 82세로 세상을 떠났다. 은일로서 경모궁 수봉관, 장능참봉, 동몽교관, 장악원 주부, 공조좌랑, 익위사 좌익찬, 통정대부, 승정원 좌승지 겸 경연참찬관으로 제수되었지만 관직에 진출하지는 않았다. 부인은 일직 손씨一直孫氏로 1700년 12월 20일에 태어나서 1740년 4월 4일에 41세로 세상을 떠났다. 일직 손씨의 부친은 명대命大, 조부는 필억必億이며, 외조는 안응규安應奎다. 부인 손씨는 그 전에도 여러 차례 병을 앓았다가 결국 1740년 4월 4일에 운명하였다. 손씨는 임종에 앞서 늙은 어머님을 잘 봉양할 것, 장례는 검소하게 치를 것, 새 장가를 들어 남은 아이들을 잘 기를 것 등을 당부하였다. 하지만 최흥원은 아내의 죽음 이후 40여 년을 홀로 지냈다. 아들 주진周鎭과 딸 하나를 두었다.

최흥원의 형제는 재열·흥점·흥건·흥후와 여동생이 있다. 최흥원의 바로 아래 동생은 최재열로 그는 혼인을 하기도 전에 일찍 죽었다.

『역중일기』에서 최흥원은 최재열을 '둘째 아우'가 아닌 '죽은 아우'
라고 하였다. 최흥원이 일상에서 '둘째 아우'로 호명한 인물은 최흥점
(1709. 4. 4~1771. 6. 20)이다. 최흥점은 최흥원과 4살 터울의 친동생이었
는데, 조부의 유명으로 큰아버지 최인석의 양자가 되었으므로 족보상
으로는 사촌 형제가 된다. 최흥점의 호는 초려草廬다. 최흥원의 둘째
제수는 고성 이씨固城李氏로 부친은 시성時成이고, 조부는 병조정랑 후
영後榮이다. 1707년 11월 1일에 태어나 1783년 7월 22일에 죽었다. 사
진, 상진, 우진 등 아들과 4명의 딸을 두었다. 최흥원보다 7살 어린 '셋
째 아우'는 최흥건(1712. 11. 23~1769. 7. 23)이다. 최흥건의 자는 입부立夫
이고 호는 육와陸窩였다. 1712년 11월 23일에 태어났다. 최흥원의 셋
째 제수는 안동 권씨安東權氏로 부친은 빈斌이고 중달仲達의 후손이다.
1715년 7월 23일~1786년 8월 17일 졸하여 72세였다. 최흥원보다 열
두 살 어린 '막내아우'는 최흥후(1717. 2. 9~1799. 1. 6)다. 1717년 2월 9일
에 태어나 1799년 1월 6일에 83세로 세상을 떠났다. 자는 재숙載叔이
고 호는 긍와兢窩였다. 막내 제수는 오천 정씨烏川鄭氏로, 부친은 엽爗이
고 극후克後의 후손이다. 1758년 2월 17일에 졸하였고 효부였다. 여동
생은 1756년 10월 1일에 죽었는데 그녀의 죽음에 대해서 애잔해하는
최흥원의 모습이 확인된다. 매부는 하회의 풍산 류씨 류성복柳聖復이
다. 그는 류항柳沆의 아들로, 서애 류성룡의 후손이다.

③ 14세에 해당하는 최흥원의 사촌 형제가 있다. 흥부, 흥록, 홍호다.
최흥부(1720. 2. 24~1796. 2. 27)는 숙부 최진석의 아들로 자는 통숙通叔이
다. 1720년 2월 24일에 태어나 1796년 2월 27일 77세의 나이에 세상
을 떠났다. 그의 부인은 옥산 장씨玉山張氏(?~1753. 2. 13)로 부친은 동식

東栻이며 여헌 장현광의 후손이다. 최흥록과 최흥호는 서숙부 최윤석의 아들이다. 최흥록(1730. 9. 17~1785. 9. 12)의 자는 자항子恒으로 56세에 세상을 떠났다. 첫째 부인은 노씨였으나 자세하지는 않고 그 후 일직 손씨(1740~1814. 12. 6)를 두 번째 아내로 맞았다. 최흥호崔興祜(1748. 9. 20~1830. 11. 4)는 자는 자승子升으로 1748년 9월 20일에 태어나 1830년 11월 4일에 83세로 세상을 떠났다. 부인은 성산 이씨로 아버지는 홍록弘祿으로 성산군 식軾의 후손이다. 1755년 3월 2일에 태어나 1836년 11월 12일에 82세로 세상을 떠났다.

④ 15세에 해당하는 최흥원의 자녀와 조카들을 살펴보자. 최흥원은 아들 주진周鎭과 딸 하나를 두었다. 최주진(1724. 5. 14~1763. 6. 16)은 자는 공보公普, 호는 동계東溪다. 1724년 5월 14일에 태어나 1763년 6월 16일에 40세의 나이로 세상을 떠났다. 대산 이상정의 문하에서 수학하였다. 부친의 지시로 경기도 안산에 실학자인 성호 이익을 찾아가 가르침을 청하였다. 부인은 풍산 류씨로 아버지는 양진당 영泳이고 조부는 성신聖臣, 증조는 후창後昌이고 문경공 겸암謙庵 운룡雲龍의 후손이다. 1724년 12월 29일에 태어나 1795년 6월 8일에 72세로 세상을 떠났다. 최흥원의 딸은 벽진 이씨 이경록과 혼인하였는데, 최흥원의 고모부 이주숭의 종손자다.

최흥원의 조카는 사진,[22] 상진, 우진, 항진, 화진이 있다. 그 가운데 둘째 아우 최흥점의 자녀는 사진, 상진, 우진 3명이다. 우진은 최흥원의 막내아우인 최흥후의 양자가 되었다. 상진은 자는 이안以安이고 호는 정와靜窩다. 1719년 11월 27일에 태어나 1755년 8월 19일에 세상을 떠났다. 일찍부터 대산 이상정 문하에서 학문을 수학하였다. 부인은 일직 손씨로 진민鎭民의 딸이다. 1726년 1월 26일에 태어나고 1803년 3월 10일에 세상을 떠났다. 질녀는 4명인데 의성 김씨 김준행金駿行, 의성 이씨 이정국李禎國, 승평 박씨 박문덕朴文德, 광산 김씨 김이구金履九와 혼인하였다.

셋째 아우 최홍건의 자녀는 항진恒鎭, 화진華鎭이며, 딸 한 명이 있다. 항진의 자는 중구仲九, 호는 단고丹皐다. 1738년 11월 20일에 태어나 1771년 11월 5일에 생을 마감했다. 병술년에 진사에 등제하였다. 항진의 처는 학주 신씨로 도해道海이고 지제之悌의 후손이다. 화진은 자는 사구士矩, 호는 칠실漆室이다. 1752년 8월 2일에 태어나 1813년 1월 27일에 62세로 세상을 떠났다. 일직 손씨로 진민鎭民의 딸과 혼인하였다. 딸은 안동 권씨와 혼인하였는데 대사간 도濤의 후예다. 넷째 아우 최홍후의 자녀는 없어서 최홍점의 아들 우진이 양자로 들어갔다.

최홍원의 5촌 조카는 경진, 형진, 대진, 유진, 택진이 있다. 최홍원의 사촌 형제 최홍부의 아들은 경진이고 최홍록의 아들은 형진, 대진, 유진이다. 경진은 자가 사앙士仰이다. 1749년 11월 9일에 태어나 1777년 4월 17일에 생을 마감하였다. 첫 번째 부인은 진주 하씨였는데 빨리 죽고 두 번째 아내로 영양 이씨를 맞이하였다. 형진衡鎭은 자는 경첨景瞻이고 1764년에 태어나 해를 알 수 없는 정월 23일에 세상을 떠났다. 배우자는 함안 조씨로 아버지는 득경得慶이고 1767년[23]에 태어나 몇 년인지는 알 수 없으나 2월 29일에 세상을 떠났다. 대진은 해를 알 수 없는 6월 27일에 세상을 떠났다. 배우자는 달성 서씨다. 유진의 기록은 없다. 딸은 함안 조씨 조동진趙東鎭과 혼인하였다.

최홍원의 사촌 형제 최홍호는 택진이라는 아들 하나와 4명의 딸을 두었다. 택진의 자는 우첨禹瞻, 호는 반운재伴雲齋다. 1788년 8월 21일에 태어나 1860년 경신 8월 10일에 73세로 세상을 떠났다. 배우자는 동래 정씨로 1785년 정월 6일에 태어나 1855년 4월 7일에 71세로 세상을 떠났다. 4명의 딸은 완산 이씨 이창원李昌遠, 전의 이씨 이항李沆, 창녕 조씨로 부친이 학신學臣이고 지산 호익好益의 후손 조병규曹炳奎, 인천 이씨 이기상과 혼인하였다.

　⑤ 16세에 해당하는 최홍원의 손자 최식이 있다. 최식의 자는 청언淸彦이고 호는 근재近齋다. 1762년 2월 17일에 태어나 1807년 9월 21일에 죽으니 46세다. 제사를 지낼 때 왕고王考가 정한 물품을 따르고 정결하게 하였다. 최홍원의 손부는 진양 정씨晉陽鄭氏이고 우복 정경세의 후손이다. 1760년 11월 13일에 태어나 1853년 5월 21일에 94세로 세상을 떠났다.

　⑥ 이외에 최홍원의 8촌 할아버지에 해당하는 대상은 족보에 12명이고, 9촌 아재에 해당하는 인물로는 23명이 확인되었다. 일기에서는 묵동족숙墨洞族叔, 성기숙聖起叔, 종지조宗旨祖, 지묘숙智妙叔, 인동조仁同祖, 용암족조龍巖族祖 등으로 표현되는데 성명이 정확하게 기록되어 있지 않아 족보에서 정확하게 파악하기가 어렵다. 대구시 지묘동, 칠곡군, 경주시, 영천시 등에 친지들이 흩어져 거주했던 것으로 보이며 집안의 대소사에 대해 논의하였다.

기제사 실천의 양상

최흥원가의 기제사 봉사 대상은 〈표 2〉와 같이 5대 최동집, 여강 이씨부터 1대 최정석, 함안 조씨까지 총 10인이다. 1738~1770년까지 일기에 실린 기제사 설행 시기를 보면 1월에 1건, 3월에 1건, 5월에 1건, 6월 1건, 7월 2건, 8월 1건, 9월 1건, 11월 1건, 12월 1건 등이다. 2월, 4월, 10월을 제외하면 매달 기제사가 치러졌다.

각 봉사 대상에 따라 33년 동안 최흥원이 기제사를 어떤 방식으로 실천했는지 살펴보기 위해서 다음과 같이 최흥원의 기록을 9가지로 나누어 검토하였다. 기제사를 직접 거행한 경우(○), 직접 거행하였지만 부족함을 느꼈던 경우(◑),[24] 가족에게 대신하도록 하면서 참석한 경우(◑□), 가족에게 대신하도록 하면서 참석하지 않은 경우(◑), 일기 기록은 있지만 기제사 거행 기록은 없는 경우(×), 기록에 기제사를 거행하지 않았다고 명시한 경우(××), 기록이 없는 경우(△), 사망 시점(★), 사망 이전(-)으로 구분하였다.

불천위 최동집의 기일은 6월 7일이다. 총 33회 중 최흥원이 직접 제사를 지낸 경우는 18회다. 제사 거행에 대해서 특별히 부족함을 기입하지 않은 경우는 8회이고 직접 거행하였으나 부족함을 느꼈던 경우는 10회다. 아우나 조카에게 제사를 대신 지내도록 하며 참석하지 않은 경우가 6회이며, 대신 지내도록 하면서 일부 참석하는 경우가 2회다. 일기 기록은 있지만 기제사에 대한 내용이 없는 경우가 7회다.

여강 이씨의 기일은 12월 24일이다. 최흥원이 직접 제사를 지낸 경우는 23회다. 그중 제사 거행에 대해서 특별히 부족함을 기입하지 않

〈표 2〉 최흥원의 5대조 기제사 실천 양상

구분	5대(불천위) 고 최동집 1661년 6월 7일	5대(불천위) 비 여강이씨 1662년 12월 24일	4대 고 최위남 1662년 5월 25일	4대 비 전의이씨 1691년 9월 16일	3대 고 최경함 1699년 7월 22일	3대 비 영양이씨 1705년 11월 18일	2대 고 최수학 1714년 1월 5일	2대 비 예안이씨 1709년 3월 23일	1대 고 최정석 1735년 7월 16일	1대 비 함안조씨 1765년 8월 7일
1738	×	○	××	◕	○	×	○	◕	○	-
1739	◐	◔	○	○	○	◔	◕	◕	○	-
1740	◐	×	××	○	○	○	○	○	○	-
1741	×	○	××	○	×	◕	○	◕	○	-
1742	×	×	×	○	×	×	○	◐	◕	-
1743	◐	○	◕	○	◐□	○	◕	○	○	-
1744	○	○	○	◕	○	◕	○	○	○	-
1745	◐	×	◐	○	○	×	◕	◕	◕	-
1746	◐	×	◕	◐	◕	○	○	◕	◕	-
1747	◐	○	◐□	◐	○	○	×	××	○	-
1748	○	◔	◐□	◔	○	○	○	◕	◕	-
1749	○	○	◕	○	○	○	○	◕	◕	-
1750	○	◔	○	○	○	○	◐□	○	◕	-
1751	◐□	○	◕	◔	○	◔	◕	◕	◕	-

	5대(불천위)		4대		3대		2대		1대	
1752	◕	◕	◕	◕	◕	×	◕	◕	◕	-
1753	×	×	×	◑	×	×	◕	◕	×	-
1754	○	×	◕	◑	◕	○	◑	×	○	-
1755	○	◕	◕	◑	◕	◕	○	○	◕	-
1756	×	◕	××	×	××	◕	◕	××	○	-
1757	◕	◕	◕	◕	◕	◕	◕	○	○	-
1758	◕	◕	◕	◑	◕	○	○	○	◕	-
1759	○	◕	◕	××	◕	○	◕	×	◕	-
1760	◕	◕	◕	◕	○	◕	◕	◕	◕	-
1761	×	◕	◕	◕	◕	◕	○	××	◕	-
1762	◕	○	××	◕	◕	◕	◕	◐□	○	-
1763	×	○	×	○	××	○	○	◐□	◕	-
1764	◕	◐□	◕	◕	×	×	○	◕	◕	-
1765	◕	×	◕	×	××	×	◕	×	◕	★
1766	◐□	×	◐	◐	◐	×	×	×	◐□	소상
1767	◕	◕	◐	×	△	○	◐	××	△	대상
1768	◕	◕	○	◕	◕	◕	◕	◕	◕	○

	5대(불천위)		4대		3대		2대		1대	
1769	◔	××	◔	◔	○	◔	◔	◔	◔	○
1770	◔	◔	××	◔	○	△	○	×	○	○

기제사를 직접 거행한 경우(○), 직접 거행하였으나 부족함을 느꼈던 경우(◔), 가족에게 대신하도록 하면서도 참석한 경우(◔□), 가족에게 대신하도록 하면서 참석하지 않은 경우(◑), 일기 기록은 있지만 기제사 거행 기록은 없는 경우(×), 기록에 기제사를 거행하지 않았다고 명시한 경우(××), 기록이 없는 경우(△), 사망 시점(★), 사망 이전(-)

은 경우는 9회이고, 직접 거행하였으나 부족함을 느꼈던 경우는 14회다. 아우나 조카에게 제사를 대신 지내도록 하며 일부 행례에 참석한 경우가 1회다. 일기 기록은 있지만 기제사에 대한 내용이 없는 경우가 8회이며, 기제사를 지내지 않았다고 기록한 것이 1회다.

4대 고조부 최위남의 기일은 5월 25일이다. 최흥원이 직접 제사를 지낸 경우는 19회로 그중 제사 거행에 대해서 특별히 부족함을 기입하지 않은 경우는 4회이고, 직접 거행하였으나 부족함을 느꼈던 경우는 15회다. 아우나 조카에게 제사를 대신 지내도록 하며 일부 행례에 참석한 경우 2회, 대신하도록 하면서 참석하지 않은 경우가 3회다. 일기 기록은 있지만 기제사에 대한 내용이 없는 경우가 3회이고, 기제사를 지내지 않았다고 기록한 것이 6회다.

4대 고조모 전의 이씨의 기일은 9월 16일이다. 최흥원이 직접 제사를 지낸 경우는 22회로 그중 제사 거행에 대해서 특별히 부족함을 기입하지 않은 경우는 9회이고, 직접 거행하였으나 부족함을 느꼈던 경우는 13회다. 대신하도록 하면서 참석하지 않은 경우가 7회다. 일기 기록은 있지만 기제사에 대한 내용이 없는 경우가 3회이고, 기제사를 지내지 않았다고 기록한 것이 1회다.

3대 증조부 최경함의 기일은 7월 22일이다. 최흥원이 직접 제사를 지낸 경우는 23회로 그중 제사 거행에 대해서 특별히 부족함을 기입하지 않은 경우는 13회이고, 직접 거행하였으나 부족함을 느꼈던 경우는 10회다. 아우나 조카에게 제사를 대신 지내도록 하며 일부 행례에 참석한 경우 1회, 대신하도록 하면서 참석하지 않은 경우가 1회다. 일기 기록은 있지만 기제사에 대한 내용이 없는 경우가 4회다. 기제사를 지내지 않았다고 기록한 것이 3회이며, 기록이 없는 경우가 1회다.

3대 증조모 영양 이씨의 기일은 11월 18일이다. 최흥원이 직접 제사를 지낸 경우는 24회로 그중 제사 거행에 대해서 특별히 부족함을 기입하지 않은 경우는 11회이고, 직접 거행하였으나 부족함을 느꼈던 경우는 13회다. 아우나 조카에게 제사를 대신 지내도록 한 경우는 없었다. 일기 기록은 있지만 기제사에 대한 내용이 없는 경우가 8회이며, 기제사를 지내지 않았다고 기록한 것은 없다. 기록이 없는 경우가 1회다.

조부 최수학의 기일은 1월 5일이다. 최흥원이 직접 제사를 지낸 경우는 28회로 그중 제사 거행에 대해서 특별히 부족함을 기입하지 않은 경우는 14회이고, 직접 거행하였으나 부족함을 느꼈던 경우는 14회다. 아우나 조카에게 제사를 대신 지내도록 하며 일부 행례에 참석한 경우 1회, 대신하도록 하면서 참석하지 않은 경우가 2회다. 일기 기록은 있지만 기제사에 대한 내용이 없는 경우가 2회이고, 기제사를 지내지 않았다고 기록한 것은 없다.

조모 예안 이씨의 기일은 3월 23일이다. 최흥원이 직접 제사를 지낸 경우는 21회로 그중 제사 거행에 대해서 특별히 부족함을 기입하지 않은 경우는 9회이고, 직접 거행하였으나 부족함을 느꼈던 경우는 12회다. 아우나 조카에게 제사를 대신 지내도록 하며 일부 행례에 참석한 경우 2회, 대신하도록 하면서 참석하지 않은 경우가 1회다. 일기 기록은 있지만 기제사에 대한 내용이 없는 경우가 5회이며, 기제사를 지내지 않았다고 기록한 것이 4회다.

부 최정석의 기일은 7월 16일이다. 최흥원이 직접 제사를 지낸 경우는 30회로 그중 제사 거행에 대해서 특별히 부족함을 기입하지 않은 경우는 13회이고, 직접 거행하였으나 부족함을 느꼈던 경우는 17회다. 가족에게 대신 지내도록 하면서 참석한 경우 1회, 일기 기록은 있지만 기제사에 대한 내용이 없는 경우 1회, 일기 기록이 없는 경우가 1회다.

모 함안 조씨의 기일은 8월 7일이다. 모친은 1765년 최흥원이 61세 되던 해에 사망하여 삼년상 후 기제사는 3회다.

이렇게 1738년부터 1770년까지 33년 동안 불천위와 4대에 대한 기제사를 수행하게 되면 계산상으로는 총 300회의 기제사를 거행하게 된다. 일기를 살펴보면 최흥원이 부족하다고 여기더라도 직접 거행한 기제사는 211회다.

자신이 주관하기 어렵다면 가족을 통해 대신하도록 하고 여기에 본인이 참여하거나 또는 위임하는 방식으로 30회를 거행했다. 기록은 있지만 기제사 거행 내용이 없는 경우가 41회, 제사를 지내지 않았다고 명시한 경우는 15회, 해당 날짜에 어떤 기록도 없는 것이 3회였다. 이렇게 볼 때 1738~1770년까지 기록 중 약 14.7퍼센트는 기제사 유무를 확인할 수 없고, 남은 85.3퍼센트 중 본인이 주관하여 제사를 지낸 경우가 약 70.3퍼센트로 가장 높은 비중을 차지했음을 확인할 수 있다. 또 사정이 여의치 않을 때 10퍼센트 정도는 가족에게 대신하도록 하면서 참석하거나 또는 전적으로 위임하였음을 파악할 수 있다. 기제사를 지내지 못한 경우는 5퍼센트 정도였다.

이러한 기제사가 고비를 함께 지낸 합사였는지 각 위별로 제사를 지냈던 단사였는지는 분명하게 확인되지는 않는다. 그렇지만 최흥원의 학맥과 연결해 본다면 각 기제사에 각 위를 모시는 단사를 우선으로 하였을 것으로 보인다.

이황 당시의 제례 시속은 돌아가신 아버지와 어머니의 기제사에 고위와 비위를 함께 모셨지만 이황은 이에 대해서 "매우 예가 아니다"라고 하면서 시속을 비판했기 때문이다. 이황은 아버지의 제사에 어머니의 신위를 함께 모시는 것은 그런대로 인정했지만 어머니 제사에 아버지의 신위를 모시는 것은 "어찌 감히 높은 이를 끌어 내리는 법이 있는가"라며 인정하지 않았다. 당시 이황의 집안도 이러한 시속을 따르고 있었는데, 이황은 자신이 종자가 아니므로 마음대로 고칠 수 없고 다만 자신이 죽은 뒤에는 이러한 풍습을 따르지 말도록 하였다.[25] 세속에서 고비의 신위를 합사하여 제사하는 것을 인정하였지만 단사가 정례임은 당시 예학자들이 공유하던 바였다. 최흥원은 세속에서 하는 것처럼 고비 신위를 함께 내어와 제사지내기보다는 고비의 기일에 각각 제사를 지낸 것으로 보인다.

아울러 최흥원은 기제사에서 의관을 갖추고 곡을 하는[26] 『주자가례』의 기제사 절차를 따르면서도, 불천위의 기제사가 끝난 이후에는 참석한 여러 일족들과 음복하고 남은 음식을 나누는 모습을 보여,[27]

시속을 따라 기제사를 실천하고 있었음을 확인할 수 있다.

즉 종가의 종자라고 해서 기제사를 절대적 가치로 여겨 반드시 직접 실천하는 것은 아니었고, 오늘날과 같이 일상의 조건들이 고려되면서 기제사를 실천하였음을 수치로 확인할 수 있다. 그렇지만 최대한 직접 주관하려 하였고, 그것이 여의치 않을 때 대행하여 기제사를 빠뜨리지 않으려고 하였다.

기제사 실천의 특징

그렇다면 기제사를 지내지 못한 5퍼센트는 어떠한 경우였을까? 또 가족에게 대신 제사를 지내도록 한 경우는 어떠한 이유였을까? 대신 제사를 지낸 가족은 누구였을까? 기제사를 직접 지내지 못한 상황과 그를 대신한 가족이 누구였는지 먼저 살펴보겠다. 최흥원이 직접 지내지 못한 이유는, 완벽한 기제사는 어떻게 지내야 하는지 그 지향하는 바를 역으로 드러낸다. 또 대신 제사를 지낸 가족, 제사에 참여한 인물을 통해 가족 간 협조와 친밀 정도도 파악할 수 있다. 이외에 기제사가 거행되는 시간과 공간에 대해서도 구체적으로 살펴보겠다.

기제사를 직접 거행하지 못한 경우

종자 최흥원이 기제사를 직접 지내지 못하는 이유는 '불결함'이 가장 핵심적인 이유였다. '재계'가 제례에서 중요한 과정이었음은 선행 연구에서도 밝혔다.[28] '정결하지 못한 상황'은 바로 병에 걸리거나 몸에 문제가 생겼을 때였다.

우선 최흥원 자신이 병에 걸리거나 종기와 같은 것이 얼굴에 날 경우 아우에게 대신 지내도록 하고, 제사 반열에 참여하지 않았다.[29] 그렇지만 대신할 사람도 없고 몸이 아파 누워 있을 수밖에 없을 때에는 제사를 빠뜨렸다. 비록 대충 나았다 하더라도 완치가 되지 않으면 스스로 불결하다고 생각하여 제사에 참석하지 않았다.[30] 또 최흥원이 상례로 인해 시신 곁을 출입하는 일이 있을 경우에도 아우의 집에서 제사를 지내도록 하였다.[31]

최흥원 자신의 불결함뿐만 아니라 아우,[32] 손녀,[33] 집안 아이들,[34] 어머니[35]가 병에 걸려 있을 때에도 기제사를 지내지 않았던 사례가 있었다. 정결하게 재계할 방법이 없어서였다. 또 어머니의 병환이 심하여 기제사를 지내지 못할 때도 있었다.

마을에 전염병이 돌 때도 기제사를 지내지 않았다.[36] 전염병이 돌때 반드시 기제사를 지내지 않은 것은 아니었고, 일기에도 가족 의례인 기제사와 마을의 전염병 사이에 어떤 연관성이 있는지 자세히 기록하지 않아 그 이유를 정확하게 파악할 수는 없다. 그렇지만 불천위 할머니의 기제사 때에는 전염병으로 인해 마을의 우물과 샘이 정갈하지 않다는 이유를 제시하였다.[37] 이것으로 볼 때, 제수 준비와 관련된 깨끗한 물 공급의 유무가 실질적으로 기제사 시행에 영향을 미쳤던 것은 아닌가 생각된다.

기제사 대행 인물과 친밀감

최흥원이 기제사를 지내기 어려웠던 상황들을 살펴보았다. 그렇다면 직접 주관하기 어려울 때 가족 구성원 중에서 누가 기제사를 대신 지냈을까? 형제, 손자, 사촌 형제, 조카가 최홍원을 대신하여 기제사를 지냈다.

먼저 형제들이 있다. 앞에서 살펴본 여러 형제 가운데에서도 백부 최인석의 양자로 간 둘째 아우 최홍점이 불천위 기제사를 대행했던 경우가 확인된다. 그리고 막내아우 최홍후가 4대 고조의 기제사를 대행하기도 했다.[38] 그렇지만 대체로 셋째 아우 입부立夫 최홍건이 대신 기제사를 거행하는 빈도가 높았다.[39]

사촌 형제들도 기제사를 대행하였다.[40] 대체로 사촌 형제 중에서는 통숙 최홍부에게 제사를 대행하도록 하였다.[41] 최홍원의 사촌 형제는 앞에서 살펴본 바와 같이 홍부, 홍록, 홍호가 있었는데, 그 가운데 홍록과 홍호는 서숙부 최윤석의 아들이었으므로 숙부 최진석의 아들 통숙通叔 최홍부에게 대행을 맡겼던 것으로 이해된다.

조카들도 기제사를 대행하였다. 앞에서 살펴본 바와 같이 최홍원의 조카는 사진, 상진, 우진, 항진, 화진이 있었고, 5촌 조카는 경진, 형진, 대진, 유진, 택진 등이 있었다. 인명이 확인되지 않은 경우도 있지만 인명이 확인된 경우에는 항진, 우진이 기제사를 대신하도록 한 내용이 파악된다.[42] 우진은 백부의 양자로 간 최홍점의 막내아들이다. 그렇지만 막냇동생 최홍후가 자녀 없이 죽자 우진이 최홍후의 양자가 되었다. 또 항진은 셋째 아우 최홍건의 장자였다. 즉 최홍원의 셋째 아우와 막내아우의 아들들이 기제사를 대신 지낸 것이었다.

이와 같이 최홍원을 대신하여 기제사를 지낸 인물들은 4대 고조의 제사는 숙부의 아들까지 제사를 지내는 경우도 있었지만, 대체로 대암공파의 기제사는 최흥원과 '둘째 아우', '셋째 아우', '막내아우'로 호명되는 최흥점, 최흥건, 최흥후와 그의 아들들이 대신하였다. 종자가 거행하기 어려울 경우 그 형제와 친조카들이 협력하여 제례를 실천한 것이다.

기제사 참석 인물과 친밀감

제례 참여 인물은 봉사 대상에 따라 다소 차이가 있다. 그중에서도 불천위와 3대 조부모, 부모의 기제사에 참석한 인물들이 두드러지므로 이를 중심으로 참석 인물의 범위를 살펴보겠다.

먼저 불천위 기제사에서는 여러 일족이 참석하였다. 서족[43] 할아버지로 표현되는 경우가 많은데 종지 할아버지, 중동 할아버지, 입석 할아버지, 인동 할아버지 및 지묘의 여러 작은 아재, 종지 아재 등이다.[44] 불천위 기제사에는 외지의 일족[45]이나 적손, 서손이 모두 모여 추모의 정을 나누었다.

그렇지만 불천위 기제사에 모든 일족이 반드시 무조건 참석한 것만은 아니었다. 최흥원은 "적손嫡孫과 서손庶孫이 모일 수 있는데도 모이지 않고 조촐하게 제사 의례만 이루었으니, 어찌 그 예를 다하였다고 하겠는가"[46]라고 하며 조촐하게 제사지낸 것을 아쉽게 여겼기 때문이다. 또 때로는 외지 일족이 한 명도 참석하지 않은 경우도 있었다.[47] 제관들도 멀리 있어 참석하지 못할 때에는 셋째 아우와 겨우 제사를 지내는 경우도 있었으며,[48] 조카 사진과 우진만을 데리고 축문을 읽는 경우도 있었다.[49] 불천위 기제사가 끝난 이후 일족들은 바로 돌아가기도 하였지만[50] 음복을 위해 함께 자고 다음 날 헤어지기도 하였다.[51]

다음으로 3대 증조부와 증조모의 기제사에 참석하는 가족들을 살펴보겠다. 3대 증조부 최경함은 앞에서 살펴본 바와 같이 최흥원가가 안동 지역의 유력한 사족 가문과 혼맥을 맺는 데 중요한 인물이었다. 이 기제사에서는 오미동에서 외손이 제사에 참석하여 아헌관이 되기도 하였으며,[52] 최흥원과 이성 사촌이 기제사에 참석하여 종헌을 하거나,[53] 이성 육촌 형제가 쌀과 물고기를 가지고 제사에 참석하는 등의 모습이 나타난다.[54]

최흥원의 부모 제사에는 최흥원의 형제와 아들이 참석하였으나 비가 왔거나[55] 몸이 좋지 못했을 때 참석하지 못하는 경우도 있었다. 최흥원의 형제는 양자로 간 둘째 아우와 셋째 아우, 막내아우가 있는데, 백부의 양자로 간 둘째 아우[56]가 선친과 선비의 기제사에 참석하여 생부, 생모의 죽음을 함께 추모하였다.

이상 기일을 맞이한 고비와의 혈연적 친밀성에 따라 참석 범위에 차이가 있음을 확인하였다. 불천위 기제사에는 8, 9촌 범위의 넓은 일족이 기제사에 참석하였고, 고비와의 관계에 따라 선친의 서숙庶叔이나 사촌, 6촌, 외손이 참석하였으며, 선친의 경우에는 직계 후손을 중심으로 기제사에 참석하였음을 확인하였다. 그렇지만 기제사 참석이 절대적 소명은 아니었으며 일상생활에서 다른 일이 있어서 참석하지 못하는 경우에도 특별한 제재가 있었던 것은 아니다.

기제사의 시간, '닭이 울면'부터 '날이 밝아올 때'까지

이제 최흥원가의 기제사 시간을 살펴보도록 하겠다. 근대적 시간 개념이 조선시대에는 없었다. 그렇다면 대체 언제 어떤 방식으로 시간을 체크하면서 기제사를 지냈을까? 일반적으로 예서의 제례 절차에 따르면 '궐명厥明'에는 일찍 일어나 채소와 과일과 주찬을 진설하고 '질명質明'에는 주인 이하가 복을 바꿔 입었다.[57] 이때 궐명은 '먼동이 틀 때'이고 질명은 '날이 밝아올 때'다. 즉 궐명은 질명보다 더 어두운 새벽 시간이다. 망자가 사망했던 기일 새벽에 제상을 먼저 진설하고 제관이 복을 바꿔 입고 제사를 지내는 것이다.

그렇다면 최흥원가에서도 이러한 예서의 제례 시간을 지켰을까? 『역중일기』에서 기제사의 시간과 관련해서 서술된 대부분은 '날이 샐 무렵' 또는 '날이 밝을 무렵'이다. 그리고 '닭이 막 울 때'라고 하는 시간으로도 설명된다. 요즘처럼 해 뜨는 시간을 몇 시 몇 분으로 정확하게 알 수도 없는 상황에서 '날이 샐 무렵', '날이 밝을 무렵', '닭이 울 때'라고 하는 시간 개념은 현재의 관점에서 보면 추상적이다. 그렇다면 예에 잘 맞추어 기제사를 지내는 시간은 어떻게 구체화할 수 있을까? 기제사의 시간을 잘 맞추지 못해서 '너무 일찍 지내거나' 또는 '다소 늦게 지내는' 기제사의 시간들을 따라가 보면 기제사를 예에 잘 맞추어 지내는 시간을 구성해 볼 수 있다.

최흥원이 제사를 조금 늦게 지내거나[58] 또는 이르게 지냈을 때의 이유를 살펴보자. 먼저 정신없이 잠을 자다가 깨었을 때 해가 떠 있는 너무나도 인간적인 사례가 있다. 최흥원은 이러한 기제사에 대해서 부끄러운 마음을 스스로 용납할 수 없다고 강하게 자책하였다.[59]

그렇지만 이러한 인간적인 사례는 평생 일기 중 단 한 번에 불과했고 대체로 기제사가 늦어진 이유는 예외적인 상황이 발생했을 때였다. 새벽에 제사를 지낼 무렵 갑작스럽게 돌풍을 동반한 소나기가 내린다거나 폭우가 이어질 때였다.[60] 사람이 자연재해까지 파악할 수는 없는데, 최흥원은 이에 대해서도 '좀 더 일찍 지내지 않은 것'에 대해서 자책하는 등 기제사의 시간을 지키는 것을 중요하게 생각하였다.

또 다른 예외적인 상황은 최흥원 본인의 질병 때문이었다. 몸이 아프지만 억지로 제사를 지내면서 조금 늦게 지내는 실수를 하였던 것이다.[61] 뿐만 아니라 어머니의 병간호를 위해서 탕을 달이다가 5대조 할아버지의 기제사를 조금 늦게 거행하는 경우도 있었다.[62]

기제사의 시간을 제대로 맞추지 못한 최흥원은 자신의 행위에 대해 '불경스럽고,' '부끄럽고,' '죄송하며,' '한탄스럽고,' '민망하며,' '정성스럽지 못한' 것으로 여겼다. 최흥원은 '다소 늦어지거나' '너무 이르게 기제사가 끝났을 때' 바로 이러한 감정을 가졌다. 조금 늦게 제사를 지내는 경우 이외에도 너무 일찍 지내는 경우에 대해서도 부끄럽고 죄스러운 마음을 가졌다.[63] 그런데 이렇게 이른 시간에 지낸 기제사와 관련해서 주목되는 부분이 있다. 바로 '닭이 울었을 때'라는 다음 표현이다.

A) 닭이 울었을 때 증조할머니의 기제사를 지냈는데, 너무 일렀다.[64]

위 일기 내용으로 볼 때, 기제사를 지내는 시작 시간, 즉 '날이 샐 무렵'의 시간을 '닭이 우는 타이밍'으로 확인하였음을 알 수 있다. 그렇다면 '닭이 우는 타이밍'과 '날이 밝을 무렵' 등을 고려하여 당시 기제사를 지내던 사족들은 대체 어느 정도의 시간에 제사를 지냈던 것일까? 최흥원이 기록한 다음 일기의 내용을 보면 이를 대체적으로나마 구성할 수 있다.

B-1) 닭이 우는 소리를 듣고 일어나 고조할아버지의 기제사를 지냈다. 겨우 종헌終獻을 마치자 날이 밝아져서 새와 짐승 소리가 들려와 마음이 흩어져서 정성을 오로지 기울일 수가 없었다. 이로부터 닭이 울기를 기다렸다가 곧바로 제사를 지내는 것이 제사의 뜻에 부합한다는 것을 알았다.[65]

B-2) 날이 샐 무렵에 증조할아버지의 기제사를 지냈는데, 제사를 마치자 동쪽이 비로소 밝아왔다.[66]

B-1을 보면 최흥원은 닭이 우는 소리를 듣고 일어나 기제사를 지냈다. 그런데 종헌을 마치자 날이 밝아 버렸다. 최흥원은 '닭이 우는 소리를 듣고' '일어날 것'이 아니라 '먼저 일어나서' 준비하고 있다가 '닭이 울면' 곧바로 제사를 지내는 것이 제사의 뜻에 부합한다는 것을 파악하게 되었다. 비록 A의 내용처럼 닭이 울고서 제사를 지내도 조금 일찍 끝날 수 있었다. 그렇지만 이때에는 타이밍을 잘 맞추지 못했을 때 '죄스러운 감정'을 표출한 다른 일기들과 다르게 '죄스럽다'는 감정을 표출하지 않았다. 이는 당시의 '닭이 우는' 시간 관념과 경험에 맞추어 정당한 시간의 범위 속에서 기제사를 진행했기 때문이라고 생각한다.

이렇게 볼 때, 예서에서 제례의 시간으로 설명된 '궐명'에 주찬을 진설하고 '질명'에는 주인 및 제사 참여자들이 일어나서 복을 입고 준비를 끝마친 후, '닭이 울면' 제례를 시작하여, 모든 행례 절차가 끝나면 동쪽에서 해가 뜨기 시작하는 것을 확인할 수 있는 타이밍에 맞추는 것, 이것이 바로 예에 합당한 시간 속에서 기제사를 거행한 것임을 파악할 수 있다.

기제사는 해가 뜰 무렵의 시간에 잘 맞추어 예를 거행하는 것이 중요했고, 이 타이밍에 잘 맞추어 기제사를 거행하는 것은 일기에서도 찾기 어려울 정도로 쉽지 않은 일이었다. 그렇지만 음양의 교차 시점에 잘 맞추어 엄숙히 기제사를 지내고자 하는 모습은 최흥원이 표현한 여러 감정 속에서 누차 확인할 수 있었다. 최흥원은 생태가 주는 신호와 자신의 체화된 경험 속에서 예서의 기제사 시간을 엄숙히 지키려고 하였다.

제례의 공간

최흥원이 기제사를 거행한 제례 공간은 먼저 별사別祠가 있다.『역중일기』에서 별사는 가묘 이외에 불천위 신주만을 모시는 별묘를 지칭하는 것으로 파악된다.[67] 별묘에 모셔져 있는 불천위의 기제사 때에는 별묘의 신주를 정침으로 옮겨 내어 제사를 지내는 것이 정자程子 등이 이야기한 예론이었다. 사당 안은 존자가 계신 곳이고, 또한 동실同室이라면, 한 분에게만 제사지내기 어렵기 때문이다.[68] 그렇지만 다른 구체적인 절차가 일기에 기록되어 있지 않아 이 예론이 지켜졌는지 파악하기는 쉽지 않다.

다음으로 청사가 있다. 청사를 이해하려면 신주를 사당에서 모셔 내는 장소에 대한 이해가 필요하다. 신주는 정침으로 모셔 내는데, 정침은 '제사를 지내거나 일을 보는 몸채의 방'으로 입식 생활을 하는 중국의 가옥 구조에 입각하여 벽돌 바닥 위에 침상을 둔 공간이다.『상례비요』에서는 이에 대해 정침으로 모셔 내어 온다는 주에 '혹은 대청으로

별묘

보본당

모신다'라고 하였고[69] 『상변통고』에서는 『비요備要』의 설명을 부기하
여 '혹은 청사廳事로 모셔 내어'라고 하였다.[70] 청사는 신주를 내어 제
사지내는 장소다.

　최홍원가의 경우 별묘 앞쪽에 '보본당'을 두어 제례를 거행하는 별
도의 공간을 마련하였다. 이로 볼 때, 『역중일기』에서 제시하고 있는
'청사'는 별도의 제당祭堂으로 건립된 '보본당'으로 생각된다. 불천위
5대조 할머니부터[71] 4대 고조 고비,[72] 3대 증조 고비[73]와 부친[74]의 기
제사를 지낸 내용이 확인된다.

사랑채 대청

안채와 안채 대청

한편 신주를 내는 정침을 대신하는 공간으로 '대청'도 있다. 『역중
일기』에서도 대청이 확인되는데 바깥채 대청, 즉 사랑채에 딸린 대청
으로 신주를 내어 기제사를 지냈던 것으로 보인다.[75] 3대 증조부,[76] 조
부모[77] 등의 기제사에 대청에서 제사를 지낸 내용이 확인된다.

안채의 대청도 기제사 공간으로 활용되었다. 안채의 대청에서는 고
조부,[78] 증조부,[79] 조부,[80] 부친[81] 등의 기제사가 고루 설행되었다. 특
히 최흥원의 모친에게 병이 있어서 나오기 어려울 경우가 있었는데,

이 경우 바깥채 대청에 설치하려던 생각을 접고 안채의 대청에 제상을 차리기도 하였다.[82]

안채도 기제사의 장소로 이용되었다. 안채가 기제사로 쓰이는 경우는 선친의 기제사를 거행할 때,[83] 조부,[84] 증조모[85]를 위한 기제사 공간으로 활용되었다. 안채는 아픈 어머니가 이동하기 편리한 점을 고려하여 마련되거나 아픈 손님이 사랑채에 머무르고 있어 바깥채 대청에 제사상을 진설하기 곤란하였기 때문에 안채로 신주를 내어 제사를 지냈다.[86]

이외에 제사를 지내는 장소로 사용된 곳은 재사齋舍다. 이와 관련한 기록은 5대조 할머니의 기제사에서 확인된다.[87] 퇴계 이황은 재사에서 기제를 지내는 것이 예인지를 묻는 질문에 "종가에 혹 연고가 있어서다. 재사는 바로 묘소가 있는 곳이므로 불사佛寺에 비할 바가 아니니, 자손들이 여기에 모여 제사지내더라도 무방하다"라고 하였다. 퇴계학파의 주류에 속했던 최흥원은 종가의 종자로서 집안 내의 청사, 바깥채 대청, 안채 대청, 안채 등을 제사의 장소로 사용하였지만 경우에 따라 재사에서 기제사를 지낸 일도 있었다.

또 초당,[88] 산소 아래 촌집[89]이나 임시 거처[90] 등에서 기제사를 지내거나 둘째 아우의 집이나[91] 셋째 아우의 방이나 대청[92]에서 제사를 지내는 경우도 있었다. 특히 아들 최주진이 세상을 떠났던 때에는 집 안에서 제수를 차릴 수 없어서 셋째 아우의 집 대청에서 기제사를 지냈다. 다만 이때에는 신주를 내어 제사를 지내지 않고 지방을 써서 기제사를 지냈다. 고비의 기일에 지자가 따로 제사를 지내는 경우 주자는 "서로 멀리 떨어져 거처한다면 형의 집에 신주를 설치하고, 아우는 신주를 설치하지 않고 제사지낼 때에 잠시 자리를 설치하되 지방으로 신위마다 표기하였다가 제사를 마치고 나서 태운다. 이와 같이 한다면 또한 예의 변통에 맞을 듯하다고 하였다"고 하였다. 그리고 이에 대해서 남계는 종가에 가서 참여하는 때가 아니라면 지방을 써서 행하더라도 크게 어긋나지 않다고 하였다.[93] 당시 사대부 집에서 이러한 것을 많이 행하였고, 당시의 예론도 이를 인정하였던 만큼 최흥원가에서도 아우의 집에서 기제사를 지낼 때에 지방을 써서 지냈다.

맺음말

지금까지 백불암 최흥원이 쓴 일기 가운데 1738년부터 1770년까지 쓴 매일의 일기 기록을 바탕으로 최흥원가의 기제사 실천 양상을 살펴보았다. 그 내용을 요약하면 다음과 같다.

먼저 최흥원가의 가풍 변화와 그 실천을 위한 방향을 퇴계학파의 예론으로 설정하였음을 살펴보았다. 그리고『경주최씨광정공파대보』와『경주최씨대암공파보』(정묘보丁卯譜)의 내용을 정리하여 최흥원 가문의 구성원들을 검토하였다. 최흥원이 종자가 될 수 있었던 가문 내 가계 계승을 먼저 검토하고, 최흥원의 부계를 중심으로 그 아내와 자녀들을 정리하였다. 기제사는 그 사적 친밀성을 더 드러내는 것이니 만큼 최흥원을 중심으로 항렬에 따라 가문 구성원들을 정리하였다. 불천위, 고조부모, 증조부모, 조부모, 부모 순서로 생몰년과 혼인 관계를 정리하였다. 그리고 부친과 같은 항렬에 해당하는 백부, 숙부, 서숙 가족 구성원의 생몰년과 혼인 관계, 최흥원과 같은 항렬에 해당하는 형제와 사촌, 최흥원의 아들과 조카 항렬에 해당하는 인물들의 생몰년과 혼인 관계를 살펴보았다. 이를 통해 기제사의 봉사 대상을 확인하고 참석 대상의 범위를 가늠하였다.

둘째, 『역중일기』의 기록 중에서도 1738년부터 1770년까지의 33년 동안 최흥원이 기제사를 어떤 방식으로 실천했는지 살펴보기 위해서 다음과 같이 최흥원의 기록을 9가지로 나누어 검토하였다. 기제사를 직접 거행한 경우(○), 직접 거행하였지만 부족함을 느꼈던 경우(◔), 가족에게 대신하도록 하면서 참석한 경우(◑□), 가족에게 대신하도록 하면서 참석하지 않은 경우(◑), 일기 기록은 있지만 기제사 거행 기록은 없는 경우(×), 기록에 기제사를 거행하지 않았다고 명시한 경우(××), 기록이 없는 경우(△), 사망 시점(★), 사망 이전(-)으로 구분하였다.

이를 통해 1738~1770년까지 기록 중 약 14.7퍼센트는 기제사 유무를 확인할 수 없고, 남은 85.3퍼센트 중 본인이 주관하여 제사를 지낸 경우가 약 70.3퍼센트로 가장 높은 비중을 차지했음을 확인하였다. 또 사정이 여의치 않을 때 10퍼센트 정도는 가족에게 대신하도록 하면서 참석하거나 또는 전적으로 위임하였음을 파악하였다. 기제사를 지내지 못한 경우는 5퍼센트 정도였다. 즉 종가의 종자라고 해서 기제사를 절대적 가치로 여겨 반드시 직접 실천해야 하는 것은 아니었고 오늘날과 같이 일상의 조건들이 고려되면서 기일제사가 거행되었던 것을 수치로 확인할 수 있다. 그렇지만 최대한 직접 주관하려 하였고, 그것이 여의치 않을 때 대행하여 기제사를 빠뜨리지 않으려고 하였음을 파악할 수 있다.

셋째, 기제사의 실천의 특징을 미시적으로 살펴보았다. 먼저 기제사 거행자와 참석자를 중심으로 참여 인물을 파악하였다. 최흥원이 직접 제사를 지내지 못하는 경우는 자신, 가족, 마을이 질병으로 인해 정결하지 못할 때였다. 최흥원이 직접 제사를 지내지 못할 경우 숙부의 아들이 대행하여 제사를 지내는 경우도 있었지만, 대체로 5대조의 기제사는 최흥원과 그 형제, 조카들이 대행했다. 기제사 참석자들은 엄격하게 무조건 참석해야만 하는 것은 아니었고 기일을 맞이한 고비와의 혈연적 친밀성에 따라 참석 범위도 차이가 있었다. 불천위의 기제사에는 8, 9촌 범위의 넓은 일족이 참석하였고, 고비와의 관계에 따라 선친의 서숙庶叔이나 사촌, 6촌, 외손이 참석하였으며, 부친의 기제사에는 직계 후손이 중심이 되어 참석하였다.

넷째, 제례의 시간을 살펴보았다. '궐명', '질명', '닭이 우는' 등에 주의를 기울여 검토하였다. 그 결과 '닭이 우는 소리를 듣고' '일어날 것'이 아니라 '먼저 일어나서' 준비하고 있다가 '닭이 울면' 곧바로 제사를 지내는 것이 제사의 뜻에 부합한다는 것을 파악할 수 있었다. 즉 '궐명'에 제상을 준비하고 '질명'에 주인 및 제사 참여자들이 복을 갖추고, '닭이 울면' 제례를 시작하고, 모든 행례 절차가 끝나면 동쪽에서 해가 뜨기 시작하는 것이 바로 기제사를 예법에 잘 맞추어 거행하는 시간이었다.

마지막으로 공간은 집 안 내의 청사, 대청, 안채마루, 안채, 재사 등이 기제사 공간으로 활용되었음을 확인하였다. 이외에도 초당, 산소 아래 촌집이나 임시 거처 등에서 기제사를 지내거나 둘째 아우나 셋째 아우의 집에서 제사를 지내기도 하였다. 이때에는 신주를 내어 제사를 지내지 않고 지방을 써서 기제사를 지냈다.

　이상과 같이 종자 최흥원이 기제사를 실천한 양상은 일상생활과 연동된 것이었지만 예론에 부합한 절차를 수행하기 위해 노력하였고, 그 속에서 선조를 향한 추모의 정을 발현하였음을 확인하였다. 다만 이 글에서는 이상의 기제사 이외에도 형제나 자녀의 기제사 실천 및 외가, 처가의 기제사 참여에 대해서는 다루지 못하였다. 이와 관련된 내용은 추후의 과제로 삼고자 한다.

참고문헌

『경주최씨광정공파대보』권1(1992)

『경주최씨대암공파보』(丁卯譜)

崔興遠 著, 徐首生·黃渭周·朴英鎬 譯, 『국역 백불암선생문집』, 대구: 경주최씨칠계파종중,
    2002.

한국국학진흥원, 『역중일기』1~7, 2021.

최기척, 『백불암 종가 소장 주요 기록물의 서지적 분석 : 백불암 최홍원 활동 시기를 중심
    으로』, 경북대학교 대학원 박사학위논문, 2023.

최언돈, 『백불암 최홍원의 부인동 및 옻골[칠계] 운영 규범 연구』, 영남대학교 대학원 박
    사학위논문, 2010.

김경숙, 「16세기 사대부 집안의 제사설행과 그 성격-이문건의 '묵재일기'를 중심으
    로-」, 『한국학보』98, 2000.

_____, 「17세기 말 사대부가의 喪葬禮와 居喪生活-尹爾厚의 支菴日記를 중심으로」, 『한
    국사연구』172, 2016.

김광언, 『百弗古宅』, 민속원, 2008.

김명자, 「『溪巖日錄』을 통해 본 17세기 전반 祭祀의 실태와 그 특징」, 『안동사학』9·10,
    2005.

_____, 「『역중일기』를 통해 본 18세기 대구 사족 최홍원의 관계망」, 『국학연구』38,
    2019.

김미영,「17세기 유학자의 일상과 의례생활-『모당일기』를 중심으로-」,『남도민속연구』41, 2020.

_____,「19~20세기 오미동 풍산 김씨의 제사 관행」,『남도민속연구』37, 2018.

김정운,「18세기 대구 사대부의 일상을 통해 본 가족과 관계」,『대구사학』147, 2022.

_____,「17~18세기 경상도 북부 지역 사족의 친족 관계 연구-일기에 나타난 혼인과 제사를 중심으로」, 경북대대학원 사학과 박사학위논문, 2016.

마르티나 도이힐러,『한국사회의 유교적 변환』, 아카넷, 2003.

마크 피터슨,『유교사회의 창출』, 일조각, 2000.

문숙자,「최흥원의『백불암일기』, 18세기 양반가의 일상과 지역사회에 대한 진술한 기록」,『수집사료해제집』8, 국사편찬위원회, 2015.

박경환,『한문과 실천의 삶, 백불암 최흥원』, 한국국학진흥원, 2009.

오용원,「崔興遠의 曆中日記를 통해 본 영남선비의 일상」,『대동한문학』45, 2015.

_____,『대구 백불암 최흥원 종가』, 경북대학교출판부, 2021.

우인수,「17세기 초 경당 장흥효 가문의 제사 관행」,『국학연구』21, 2012.

이근호,「역중일기 해제」,『역중일기』권1, 2021.

이병유,「이황과 이익의 상·제례 예설 비교」,『한국사학사학보』41, 2020

이수건,「조선 전기의 사회변동과 상속제도」,『한국친족제도연구』, 일조각, 1992.

이왕기·박명덕,「동족부락 옻골마을과 백불고택에 관한 연구」『대한건축학회 논문집』5권 3호, 1989.

이 욱,「조선시대 유교 제사의 확산과 희생의 변용」,『종교문화비평』31, 2017.

_____,「최흥원의『역중일기』에 나타난 상제례 운영과 그 특징」,『국학연구』38, 2019.

정긍식,「묵재일기에 나타난 기제사의 실태」,『법제연구』16, 1999.

정진영,「18세기 대구 지역 한 양반가의 일상의례, 상례와 제례」,『민족문화논총』73,

2019.

_____, 「18세기 일기 자료를 통해 본 사노비의 존재 형태-百弗菴 崔興遠의 역중일기 (1735~1786)를 중심으로-」, 『古文書硏究』 53, 2018.

_____, 「대구 지역 한 양반가의 일기 자료를 통해 본 18세기 혼인풍속-百弗菴 崔興遠의 역중일기(1735~1786)를 중심으로」, 『古文書硏究』 54, 2019.

_____, 「부자들의 빈곤 2-18세기 중반 영남 한 향촌 양반 지주가의 경제생활-」, 『대구사학』 129, 2017.

조정현·장윤수·정환국·이욱, 『일기를 통해 본 18세기 대구 사림의 일상세계』, 새물결, 2019.

최언돈, 『광정공파의 인물과 유적』, 대구: 일일디지털인쇄, 2020.

최언돈·최기척, 『옻골의 행장과 비문』, 대구: 일일디지털인쇄, 2017.

최재석, 「17세기 친족 구조의 변화」, 『한국고대사연구』, 일지사, 1984

_____, 「조선 중기 가족·친족제의 재구조화」, 『한국의 사회와 문화』 21, 1993.

주

1 최재석, 「17세기 친족 구조의 변화」, 『한국고대사연구』, 일지사, 1984; 최재석, 「조선 중기 가족·친족제의 재구조화」, 『한국의 사회와 문화』 21, 1993; 이수건, 「조선 전기의 사회변동과 상속제도」, 『한국친족제도연구』, 일조각, 1992; 정긍식, 「묵재일기에 나타난 기제사의 실태」, 『법제연구』 16, 1999; 김경숙, 「16세기 사대부 집안의 제사설행과 그 성격-이문건의 '묵재일기'를 중심으로-」, 『한국학보』 98, 2000; 마크 피터슨, 『유교사회의 창출』, 일조각, 2000; 마르티나 도이힐러, 『한국사회의 유교적 변환』, 아카넷, 2003; 김명자, 「『溪巖日錄』을 통해 본 17세기 전반 祭祀의 실태와 그 특징」, 『안동사학』 9·10, 2005; 우인수, 「17세기 초 경당 장흥효 가문의 제사 관행」, 『국학연구』 21, 2012; 김정운, 「17~18세기 경상도 북부 지역 사족의 친족 관계 연구-일기에 나타난 혼인과 제사를 중심으로-」, 경북대대학원 사학과 박사학위논문, 2016; 김미영, 「19~20세기 오미동 풍산 김씨의 제사 관행」, 『남도민속연구』 37, 2018; 김미영, 「17세기 유학자의 일상과 의례생활-『모당일기』를 중심으로-」, 『남도민속연구』 41, 2020.

2 정진영, 「18세기 대구 지역 한 양반가의 일상의례, 상례와 제례」, 『민족문화논총』 73, 2019; 이욱, 「최흥원의 『역중일기』에 나타난 상제례 운영과 그 특징」, 『국학연구』 38, 2019; 조정현·정윤수·정환국·이욱, 『일기를 통해 본 18세기 대구 사림의 일상세계』, 새물결, 2019. 다만 최근 최흥원 가족의 관계를 부부, 부자, 부모, 외가, 조부모와 손자녀, 형제 등으로 구분하여 가족 간의 정서와 관계를 검토에 대한 논문이 발표되어 가족상을 좀 더 생동감 있게 파악할 수 있게 되었다(김정운, 「18세기 대구 사대부의 일상을 통해 본 가족과 관계」, 『대구사학』 147, 2022).

3 『역중일기』에서 최흥원의 제사 실천은 다음과 같이 다섯 가지로 구분할 수 있다. 첫째, 절사節祀다. 절사는 명절날 지내는 제사로 명절제名節祭이며 제사의 형식을 다 갖추지 않았기 때문에 제사 대신 차례茶禮라고도 한다. 『역중일기』에서는 '참례參禮'라는 이름으로 자주 나오는데 정월 대보름, 5월 5일 단오, 8월 15일 추석, 겨울 동지 등에 거행하였다. 둘째, 시제時祭다. 시제는 세속의 풍속과 관계없이 유교 이념에서 비롯한 제향이다. 『주자가례』를 기준으로 한다면 일 년에 네 번 거행하는데 매 계절 가운데 달로 규정되어 있다. 그렇지만 최흥원은 『주자가례』의 규정과 달리 일 년 중 2번의 시제를 2월과 8월에 거행하였다. 셋째, 예제禰祭다. 예禰는 '가깝다'는 뜻으로 예제는 돌아가신 아버지와 어머니, 즉 고비考妣에 대한 제사다. 『주자가례』의 규정에는 9월 중에 지내도록 하였는데, 전 달에 날짜를 정한 후 사당에 반드시 고사告祀를 지내고 당일 부친의 신주를 내어 마루에서 제향을 지내는 것이다. 넷째, 묘제다. 무덤에는 혼령이 떠나므로 이곳에서의 제향은 유교 경전의 이론상 무의미하다. 그렇지만 현실에서는 무덤이 망자를 기억하고 추모하는 공간으로 중요시되었다. 그 결과 묘제는 속제俗祭로 간주되어 지속되었는데, 묘사를 1년에 한 번 10월 상순에 거행하였다. 각 묘의 제원祭員을 두어 제향을 준비하였다. 다섯째, 기제사忌祭祀다. 기제사는 절사나 시제와 달리 계절과 무관한 제사로 조고祖考의 사망과 관련된 것이다. 『주자가례』에서는 기제 역시 묘제, 절사와 같이 속제俗祭로 간주하였다. 이는 경전에 근거한 것이 아니라 시속과 인정에 따라 거행하는 제사였다(이욱, 앞의 논문, 2019, 53~61쪽).

4 이 글에서는 최흥원이 쓴 『책력일기』를 등출해서 편집한 『역중일기』를 주요 자료로 검토할 것이다. 특히 한국국학진흥원에서 간행한 번역본의 내용을 중심으로 최흥원의 의례 실천과 일상을 살펴볼 것이다. 교정이나 추가, 삭제 등에 대한 세부 내용 검토까지 이 글에서 다루기는 어렵다. 『역중일기』에 대해서는 다음을 참고하기 바란다. 오용원, 「崔興遠의 曆中日記를 통해 본 영남선비의 일상」, 『대동한문학』 45, 2015; 한국국학진흥원, 『역중일기』 1~7, 2021; 최기척, 『백불암 종가 소장 주요 기록물의 서지적 분석 : 백불암 최흥원 활동 시기를 중심으로』, 경북대학교 대학원 박사학위논문, 2023.

5 "평생에 모은 역서曆書는 정미년(1727)부터 시작되어 모두 약간 권이 되는데, 정사년(1737)에 이르러 비로소 날마다 기록한 것이 있다. 이전에는 살필 만한 기록이 없으나, 특별히 을묘년(1735)에는 부친상을 당하여 비록 날마다 기록한 것은 아니지만 약시중을 드는 가운데 의원을 부르고 약을 쓴 일들을 기록한 것이 매우 상세하다. 그러므로 지금 베껴 옮기는 일을 이해(1735)부터 시작한다. 그리고 날마다 기록된 것은 정사년부터다(『역중일기』 권 1)."

6 『역중일기』에 1735년 부친상에 대한 기록부터 정리하였고, 특히 1737년부터 날마다 기록하였지만 기해(1779)~병오(1786)까지는 해당 연도의 전체 내용이 등출되지 않고 특정 일자만 기록하였다. 이근호, 「역중일기 해제」, 『역중일기』 1, 2021, 28쪽 〈표 5〉 참조.

7 崔興遠, 『百弗菴集』 卷13, 碑碣, 「六代祖考縣令府君墓碣」.

8 『승정원일기』 74책, 인조 18년 5월 16일 병신.

9 李象靖, 『大山集』 卷48, 墓磁銘, 「大君師傅臺巖崔公墓碣銘(幷序)」.

10 崔興遠, 『百弗菴集』 附錄 卷2, 年譜, "先生五代祖臺巖公 始卜于府之解顔縣東柒溪上."

11 김명자, 앞의 논문, 2005, 15쪽.

12 김명자, 위의 논문, 2005, 15~16쪽.

13 김명자, 위의 논문, 2005, 23~25쪽.

14 『經國大典』, 「禮典」, 奉祀.

15 이병유, 「이황과 이익의 상·제례 예설 비교」, 『한국사학사학보』 41, 2020, 137~138쪽.

16 우인수, 앞의 논문, 2012, 456쪽.

17 최인석의 신주는 1737년 7월 10일 아우 최흥점의 집으로 옮겼다. 『역중일기』(1737) 7월 10일.

18 최흥원은 1745년 9월 제향의 경비를 충당하기 위해서 조제고助祭庫를 세웠으며, 1753년 별묘 앞에 '보본당報本堂'이라고 하는 제당祭堂을 세워 제례 공간을 넓혀 불천위 최동집을 파조로 하는 대암공파 문중의 제례 공간과 물적 기반을 다지고 가문을 이끌어 나가기 위한 기반을 구축하였다.

19 이욱, 위의 논문, 2019, 51~52쪽.

20 족보 제공 및 백불암 고택 사진 촬영을 허락해 주신 경주 최씨 광정공파 최진돈 14대 종손께 지면을 빌려 감사의 인사를 전한다. 이하 대암공파 9~16세 인물은 『경주최씨광정공파대보』 권1(1992). 『경주최씨대암공파보』(정묘보丁卯譜)를 참고해서 작성하였다. 최흥점, 최흥보의 몰년은 『경주최씨대암공파보』(丁卯譜)에 기재된 연도로 작성하였다.

21 최동집을 선조로 하는 가계에서 그 생물년을 확인해 보면 그 가계 내에서 양자를 들이기 어려운 처지였음을 분명하게 확인할 수 있다.

22 족보에는 사진에 대한 기록이 자세하지 않다.

23 『경주최씨대암공파보』에는 정종正宗 정해丁亥라고 하였으나 정조 연간에는 정해년이 없다. 형진의 출생 간지인 정종도 오기인 것으로 집안에서 메모해 둔 것으로 볼 때, 함안 조씨는 영조 정해년 출생한 것으로 생각된다.

24 그중 자신이 직접 거행했지만 부족함을 느낀 경우는 최흥원이 그와 같은 감정을 표시하는
　경우로 제한하여 살펴보았다. 축문 없이 삼헌을 하거나 제관을 갖추지 못하거나 신주를 절
　차대로 내어 오지 못하는 등 의례 절차를 잘 갖추지 못할 때 부족함을 느꼈다. 또 소고기를
　희생으로 쓰지 않고 닭고기를 희생으로 쓰거나 제기를 제대로 갖추지 못할 때도 아쉬움을
　느꼈다. 아울러 제수나 제기를 정결하게 갖추지 못하고 자신이 재계를 제대로 하지 못했을
　때에도 기제사를 제대로 지내지 못했다고 느꼈다.

25 이병유, 앞의 논문, 2020, 140쪽.

26 『역중일기』 (1750) 1월 5일.

27 『역중일기』 (1750) 6월 7일. 『역중일기』 (1751) 6월 7일.

28 이욱, 앞의 논문, 2019.

29 『역중일기』(1743) 6월 7일, 『역중일기』(1747) 6월 7일, 『역중일기』(1759) 9월 16일.

30 『역중일기』(1755) 9월 16일.

31 『역중일기』(1740) 6월 7일.

32 『역중일기』(1761) 3월 23일.

33 『역중일기』(1756) 5월 25일.

34 『역중일기』(1767) 3월 23일.

35 『역중일기』(1741) 5월 25일.

36 『역중일기』(1742) 11월 18일, 『역중일기』(1770) 5월 25일.

37 『역중일기』(1769) 12월 24일.

38 『역중일기』(1748) 5월 25일.

39 『역중일기』(1743) 6월 7일, 『역중일기』(1747) 5월 25일, 『역중일기』(1743) 7월 22일.

40 『역중일기』(1766) 5월 25일.

41 『역중일기』(1758) 9월 16일.

42 『역중일기』(1766) 6월 7일.

43 『역중일기』(1743) 6월 7일.

44 『역중일기』(1769) 6월 7일, 『역중일기』(1738) 12월 24일.

45 『역중일기』(1751) 6월 7일.

46 『역중일기』(1760) 6월 7일.

47 『역중일기』(1760) 12월 24일.

48 『역중일기』(1752) 12월 24일.

49 『역중일기』(1770) 12월 24일.

50 『역중일기』(1743) 12월 24일.

51 『역중일기』(1749) 6월 7일.

52 『역중일기』(1746) 11월 18일.

53 『역중일기』(1770) 7월 22일.

54 『역중일기』(1762) 7월 22일.

55 『역중일기』(1746) 7월 16일.

56 『역중일기』(1768) 7월 13일, 7월 14일, 7월 16일.

57 『상변통고』 권25, 제례祭禮, 기일忌日.

58 『역중일기』(1764) 6월 7일, 『역중일기』(1764) 6월 7일.

59 『역중일기』(1769) 5월 25일.

60 『역중일기』(1752) 6월 7일, 『역중일기』(1745) 1월 5일.

61 『역중일기』(1754) 5월 25일, 『역중일기』(1752) 1월 5일.

62 『역중일기』(1765) 6월 7일.

63 『역중일기』(1770) 9월 16일.

64 『역중일기』(1739) 11월 18일.

65 『역중일기』(1743) 5월 25일.

66 『역중일기』(1740) 7월 22일.

67 『역중일기』(1743) 6월 7일, 『역중일기』(1743) 12월 24일, 『역중일기』(1763) 12월 24일.

68 『상변통고』 권25, 제례, 기일, "詣祠堂奉神主出就正寢."

69 『사계전서』 권34, 상례비요喪禮備要, 기일.

70 『상변통고』 권25, 제례, 기일, "출주고사出主告辭".

71 『역중일기』(1759) 12월 24일.

72 『역중일기』(1764) 5월 25일, 『역중일기』(1770) 9월 16일.

73 『역중일기』(1760) 7월 22일, 『역중일기』(1761) 7월 22일, 『역중일기』(1759) 11월 18일.

74 『역중일기』(1760) 7월 16일.

75 『역중일기』(1762) 7월 16일.

76 『역중일기』(1762) 7월 22일, 『역중일기』(1762) 7월 22일.

77 『역중일기』(1762) 1월 5일, 『역중일기』(1739) 3월 23일.

78 『역중일기』(1744) 5월 25일, 『역중일기』(1745) 7월 22일.

79 『역중일기』(1744) 7월 22일.

80 『역중일기』(1742) 1월 5일.

81 『역중일기』(1744) 7월 16일.

82 『역중일기』(1739) 7월 16일, 『역중일기』(1740) 7월 16일, 『역중일기』(1743) 7월 16일.

83 『역중일기』(1765) 7월 16일.

84 『역중일기』(1755) 1월 5일.

85 『역중일기』(1743) 7월 22일, 『역중일기』(1743) 11월 18일.

86 『역중일기』(1755) 1월 5일.

87 『역중일기』(1762) 12월 24일.

88 『역중일기』(1740) 3월 23일.

89 『역중일기』(1741) 7월 16일.

90 『역중일기』(1741) 3월 23일.

91 『역중일기』(1740) 6월 7일.

92 『역중일기』(1756) 7월 16일, 『역중일기』(1763) 7월 16일.

93 『상변통고』 권25, 제례, 기일, "考妣忌日支子別祭."

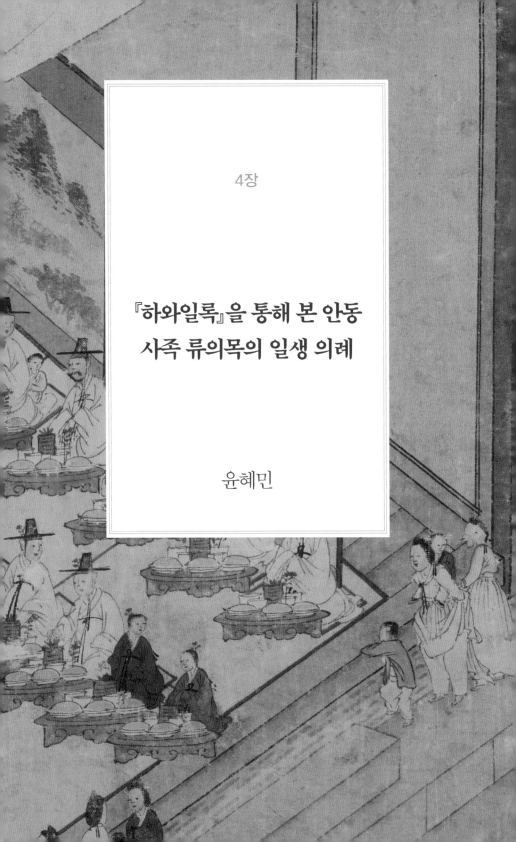

4장

『하와일록』을 통해 본 안동
사족 류의목의 일생 의례

윤혜민

※ 이 글은 『국학연구』 53(2024.3)에 실린 논문을 수정·보완한 것이다.

머리말

『하와일록河窩日錄』은 안동 하회河回에 거주했던 류의목柳懿睦 (1785~1833)이 작성한 일기다. 류의목은 풍산 류씨豊山柳氏 출신으로, 겸 암謙菴 류운룡柳雲龍(1539~1601)의 9대손이다. 그는 12세 때인 1796년 (정조 20) 1월부터 18세 때인 1802년(순조 2) 12월까지 7년간의 일상생활 을 기록하였는데, 이를 바탕으로 완성한 것이 『하와일록』이다.

『하와일록』은 다음의 두 가지 측면에서 그 자료적 가치가 주목된다. 하나는 10대 시절에 작성한 일기라는 점이다. 조선시대 일기 중에 해 당 연령대에 집필되어 현재까지 전해지고 있는 일기는 드물다. 따라 서 당시 사족의 10대가 어떠한 교육을 받으면서 사족 사회의 구성원으 로 성장해 갔는지, 그 사회화 과정을 보여 줄 수 있는 중요한 사료라고 할 수 있다. 다른 하나는 『하와일록』이 단지 개인의 활동만 한정적으 로 기술한 것이 아니라, 풍산 류씨 겸암파謙巖派 문중의 공적 기록으로

써의 성격을 보여 준다는 사실이다.[1] 특히, 류의목이 『하와일록』을 작성할 당시에 그의 조부 류일춘柳一春(1724~1810)은 하회의 문장門長을 역임하고 있었다.[2] 이러한 연유로, 그 일대의 일족 및 사족의 각종 행사와 정치적 동향 등도 두루 망라되어 서술되어 있다. 그리고 조부 류일춘이 류의목에게 직접 특정 내용의 기록을 지시하거나 류의목이 쓴 일기를 집안 어른이 열람했다는 점에서도 그러한 특성을 파악할 수 있다.[3]

『하와일록』에 관한 연구는 해당 일기가 국역 된[4] 이후부터 등장하기 시작하였다. 먼저, 『하와일록』을 통해 19세기 전후 풍산 류씨 겸암파의 관계망을 분석하면서, 혈연적·지역적 범위와 관계망의 대응 방식에 관해 설명한 논문이 있다.[5] 이어서 『하와일록』을 활용하여 19세기 초반 경상도 사대부 가家에서 서족庶族의 거주 방식, 재산과 상속, 친족 조직에서의 역할 등 서족의 실제와 역할을 밝혀낸 연구가 있다.[6] 『하와일록』을 중심으로 조선 후기 전염병의 실상과 대응 양상을 살펴본 논문들도 발표되었다.[7]

이후 10대 류의목의 내면적 성장에 초점을 맞춘 연구 성과들이 다수 제출되었다.[8] 류일춘에 의한 류의목의 사회화 교육이 이루어진 장소로써 사랑채가 갖는 기능을 부각시킨 논문이 있고,[9] 류의목의 독서 활동에 주목하여 그가 독서 활동을 통해 유학적 지知를 내면화하고 유학자라는 사회·문화적 존재로 성장해 나갔음을 고찰한 연구가 있다.[10] 아울러 류의목을 통해 사족의 후예가 성리학의 연마와 지역 인사들과의 교유 등으로 지역 유림의 일원으로 성장해 간 과정을 추적한 논문이 있으며,[11] 류의목이 부친인 류선조柳善祚(1757~1799)를 비롯하여 전염병 등으로 사망한 수많은 자들의 죽음을 목도하면서 죽음의 의례와 의미에 대해서 학습한 정황을 포착한 연구도 있다.[12] 마지막으로 『하와일록』 서술 방식의 변화 양상을 바탕으로 아이에서 어른으로의 성장 과정을 탐색한 사례도 있다.[13]

이 글에서는 기존의 『하와일록』 연구에서 다루어지지 않은 사족의 일생 의례에 주목하고자 한다. 류의목이 겪었던 부친 류선조의 상례喪禮를 비롯하여 10대로서 거쳐야 했던 관례冠禮와 혼례婚禮를 통해 일생을 살아가며 수행하는 각종의 의례 속에서 류의목이 어떻게 유교식 예제를 체득해 나갔는지 그 과정을 면밀하게 검토할 것이다. 이는 18세기 말~19세기 초에 영남 사족의 후예들이 어떻게 일생 의례를 익히고 전수해 갔는지 그 양상을 보여 줄 수 있는 하나의 사례로써도 의미를 지닐 것으로 기대된다.

부친 류선조에 대한 상례

1799년(정조23) 상례의 주요 절차와 내용

류의목이 일생 의례 중에서 가장 먼저 실행했던 의례는 상례였다. 류의목이 성년이 되기 전인 1799년(정조 23)에 부친 류선조가 세상을 떠났기 때문이다. 류의목은 1797년(정조 21)부터 약 3년간 병환이 있던 부친을 간호하였으며, 부친의 사망 후에는 15세의 나이에 장자長子로서 상례를 주관하였다.

1797년(정조 21) 1월 2일 류선조는 병으로 자리에 눕게 되었다.[14] 이

들해 초에 류의목이 "아버지가 지난해부터 허한 병을 앓아 여러 달 몸져누워 있으면서 씻거나 머리를 빗지도 못하였다"[15]라고 기록한 것으로 보아, 류선조가 병으로 누운 이후 제대로 거동하지 못한 상태였음을 짐작할 수 있다. 이어서 류선조는 두통과 눈병을 앓았으며,[16] 각혈咯血을 하고 음식을 대하면 구역질을 하는 증세도 나타났다.[17] 점차 호전되었던 류선조는 5개월 후에 다시 예전과 같이 각혈을 하자,[18] 의원을 불러 자음강화탕滋陰降火湯을 복용하여 효험을 보았다.[19]

그러나 1799년(정조 23)에 돌림감기가 마을에 퍼지면서, 류선조의 건강은 다시 악화되었다. 당시의 상황을 류의목은 "아버지 또한 본래 있던 병에다가 돌림감기를 더해 아파 누워 근심되고 걱정스럽다. 이 병명은 비록 감기이긴 하지만 돌림병과 다름이 없어서 한 마을 위아래 사람 중 한 사람도 누워 있지 않은 사람을 볼 수 없었다"[20]라고 표현하였으며, 집안에서도 조부를 비롯하여 큰집의 모든 가족과 막내아버지[柳英祚]의 모든 가족 및 종숙從叔의 모든 가족이 일시에 옮아 아파하였다고 기술했다.[21] 이윽고 류의목은 주변 인물들의 부고를 숱하게 접하였다.[22] 돌림병은 전국적으로 문제가 되고 있었다.[23] 평안·함경·황해·전라·강원·경상·충청의 감사監司 7명이 모두 사망한 것을 비롯해 극심한 세상의 변고로 여겨졌다.[24] 류의목의 마을에서 죽은 사람은 모두 400여 명이었다.[25]

이러한 상황에서 류선조는 자신의 병을 돌보지 않고 밤낮으로 부친 류일춘의 탕약湯藥을 올리며 간호하다가 통증이 더욱 심해졌다.[26] 류선조는 어떻게든 자신의 병을 극복해 보고자 사품沙品 서숙庶叔을 별곡別谷에 사는 점쟁이에게 보내 병의 원인을 묻게 하였다.[27] 그리고 그는 복사卜辭에 나오는 '해자亥子 방향에서 소생할 수 있다' 등의 말을 들어 막내 류영조의 집으로 옮겨 거처해 보기도 하였다.[28] 그러나 무익하다고 판단되자 류선조는 다시 예전에 있던 곳으로 돌아왔다.[29] 류의목의 집안에서는 류선조를 위해 무당을 불러 세 번 축귀逐鬼 하기도 하였다. 이에 대해 류의목은 "대개 부득이 한데서 나와서 하지 아니한 바가 없었다"[30]라고, 절박한 심정으로 온갖 방법을 동원했음을 서술하였다. 이처럼 류선조를 위한 방책들은 크게 효과를 거두지 못하였으며, 결국 류선조는 10월 5일에 사망하였다.

저녁 무렵 아버지가 가슴이 답답하여 할아버지에게 동창과 남창을 활짝 열라고 부탁하니 할아버지가 창을 열었다. 아버지가 애써 일어나 나에게 "저 노적가리 중에 어느 것이 우리 것인가?"라고 하여, 내가 "문 안팎으로 모두 우리 집의 벼입니다"라고 대답하였다. 어머니가 곁에 있다가 "병세가 조금 차도가 있으니 바라건대 본가로 돌아갑시다"라고 하니, 아버지가 머리를 가로저으며 나에게 창을 닫으라고 하였다. 이어 남쪽으로 머리를 두고 북쪽으로 다리를 두고 누워 "저 초석草席으로 문틈을 막아라"라고 하여 초석으로 문을 가렸다. 또 "작은 목침으로 내 머리를 높여라"라고 하여, 목침을 가져와 머리를 높였다. 이어 등에 불을 켜고 어머니가 상을 들었다. 막내아버지가 몸을 잡고 안아서 세 숟갈째 떠서 먹이는데 머리를 가로저어 물리치며 "그만 두어라"라고 하였다. 이어 가래로 호흡이 몹시 어려웠다. 아버지가 답답해하며 다시 탄식하길 "장차 어찌할꼬, 장차 어찌할꼬"라고 하였다. 연이어 아버지를 부르며 울부짖었으나 돌아가셨다.[31]

류의목은 부친의 죽음을 조부인 류일춘, 모친인 광산 김씨光山金氏 김규金煃의 딸, 막내아버지인 류영조와 함께 목격하였다. 당시 큰아버지인 류신조柳申祚(1745~1784)는 사망했기에, 류의목이 부친상을 치르는 데에 막내아버지의 역할과 도움이 컸다. 류의목은 부친상을 당한 날인 10월 5일부터 장사 지낸 날인 11월 10일까지 상중에 미처 일기를 묶어 내지 못하다가 나중에야 떠올려 편말篇末에 추록追錄으로 기록하였다.[32] 여기에서 상례를 치렀던 절차를 확인할 수 있는데, 이를 정리하면 다음의 〈표 1〉과 같다.

〈표 1〉 『하와일록』에 기록된 1799년 부친상의 주요 절차

일자	상례 절차
10월 5일 경인	초종初終
10월 6일 신묘	습襲을 함
10월 7일 임진	소렴小斂을 함
10월 8일 계사	대렴大斂을 함
10월 9일 갑오	성복成服하고 조객록吊客錄을 마련함
11월 4일 무오	관에 옻칠을 함
11월 9일 계해	전奠을 올림
11월 10일 갑자	덕동德洞의 신방辛方 언덕에 하관下棺을 함
	'의목懿睦'이란 이름을 받고 신주를 적음
	반혼返魂하여 초우제初虞祭를 지냄
11월 11일 을축	재우제再虞祭를 지냄
11월 12일 병인	삼우제三虞祭를 지냄
11월 14일 무진	졸곡제卒哭祭를 지내고 산소로 가서 혼백을 묻음

부친의 사망 이튿날인 10월 6일 밤에는 시신의 머리를 빗기고 목욕을 시킨 뒤에 옷을 갈아입히는 습襲을 하였으며,[33] 7일 밤에는 시신의 몸을 옷과 이불로 싸서 묶는 소렴小歙을 하였다.[34] 8일 밤에는 시신을 다시 옷과 이불로 묶고 관棺에 넣는 대렴大歙을 하였고,[35] 9일에는 관을 따라 집으로 돌아와 저녁에 성복成服하고 조객록弔客錄을 마련하였다.[36]

11월 4일 묘시卯時에는 관에 옻칠을 하였다. 이때 조부 류일춘은 조비祖妣의 장례 때 관을 한 번만 칠하는 데 그쳤음과 류선조의 유언을 들어, 그 어미가 하지 못했던 것을 어찌 그 자식에게 하겠느냐고 옻칠을 말렸다. 이로 인해 류의목은 부친이 생전에 "어머니의 상에 관한 일이 많이 엉성하였으니, 내가 죽은 후에 장사에 관련된 모든 도구는 어머니의 상례보다 지나침이 없도록 하라"[37]라고 유훈遺訓을 남겼던 것을 기억해 냈다. 그러나 그가 부친의 명을 받았을 때 책에 기록을 해두지 않아 그 사실을 잊은 채로 이미 옻칠장을 불러서 온 상태였기에 부득이 칠을 할 수밖에 없었다. 이날 조부는 유밀과油蜜果를 쓰는 것에 대해서도 퇴계退溪 이황李滉의 사례를 근거로 제시하며 사용을 금하였다.

9일 저녁에는 많은 사람들이 참여한 가운데 전奠을 올렸다.[38] 10일에는 상여가 전포前浦로 출발하여 덕동德洞의 신방辛方 언덕에 이르렀다. 수많은 객이 모인 가운데 사시巳時에 하관을 했다. 경산慶山 할아버지가 와서 장례를 살폈는데, 신주를 쓸 때 '의목懿睦'이라는 이름을 받았다. 신주는 안원安愿 어른이 썼다. 류의목의 아명兒名이 팽길彭吉이었는데, 이때 부친상을 치르는 과정에서 이름을 받게 된 것이다. 미시未時에 비가 와 모든 객들이 흩어졌으며, 신시申時에 반혼返魂하여 초우제初

163

虞祭를 지냈다.[39] 17세기를 거쳐[40] 18세기로 넘어오면서 옛 풍속인 부모의 무덤 곁에 여막盧幕을 설치하고 지키는 시묘살이[41] 대신 반혼의 시행이 보편적인 현상으로 굳어졌다.[42] 물론, 18세기 대구 사족 최흥원崔興遠(1705~1786)의 『역중일기曆中日記』에서와 같이 여전히 시묘살이를 병행한 사례도 나타난다.[43] 이 시기 류의목은 별다른 논의 없이 반혼을 실천한 것으로 보아, 집안에서 반혼을 상례 절차의 관행으로 인식하고 있었음을 알 수 있다. 그다음 날인 11일에는 재우제再虞祭를, 12일에는 삼우제三虞祭를, 14일에는 졸곡제卒哭祭를 지내고 산소로 가서 혼백을 묻으면서 상례의 주요 절차를 마쳤다.[44]

류선조에 대한 상례는 기본적으로 『가례家禮』에 따라 '초종-습-소렴-대렴-성복-조문-발인-반혼-초우제-재우제-삼우제-졸곡제'의 절차[45]로 진행되었음을 알 수 있다. 특히, 시묘살이를 하지 않고 신주를 집으로 모셔 오는 반혼을 행하는 것은 『가례』의 철저한 시행이었다. 15세의 류의목은 부친상을 치르면서 신주에 쓰기 위해 아명 대신 '의목'이라는 이름을 받았으며, 부친의 유언을 따르지 않고 관에 옻칠을 하는 실수를 범하기는 했지만 『가례』의 틀에서 크게 벗어나지 않게 상례를 실행해 나가며 몸소 유교적 의례를 익힐 수 있었다.

1801년(순조1) 삼년상의 마무리

류의목은 삼년상을 치르는 동안 집안의 어른들에게 많은 위로와 격려를 받았다.[46] 그리고 그들로부터 의례에 대한 정보들을 습득해 나가면서, 제전祭奠과 곡읍哭泣 등을 이어 나갔다. 중간에 류의목은 자신의 건강 상태와 국상國喪으로 인해 의례를 잠시 멈추기도 하였으며, 큰

어머니와 종조모從祖母의 죽음이 이어져 친족의 상례에 동시에 참여하기도 하였다. 이러한 과정을 거쳐 마침내 1801년(순조 1)에는 삼년상을 무사히 마칠 수 있었다.

　류의목은 상중에 있으면서, 행동에 신중을 기하려고 했다. 이에 금곡金谷 할아버지[柳鶴春]가 사람을 보내어 만나자고 하였을 때, 후의는 감사하지만 흉복凶服을 입고서 다니기 마땅치 않다며 편지로 사양하였다.[47] 다만 금곡 할아버지가 속인들은 대부분 이를 이상하게 여기지 않아 도를 지키는 데 방해가 되지 않으며 상의할 일이 있으니 와 달라고 다시 요청하자 그를 방문하였다. 하지만 류의목은 접인接人 오학대吳學大가 장원례壯元禮를 성대하게 마련한 곳은 상인喪人이라는 이유로 참석하지 않았다.[48] 그리고 그는 벗인 박시상朴蓍相의 처갓집에서 고복皐復을 했다는 소식에 애사哀辭 몇 곡을 지어서 반구返柩의 행차에 부치려고 하다가, 평인平人과는 다른 처지라 온당치 않다며 그만두는 모습을 보이기도 했다.[49]

　한편, 도정都正 할아버지는 처음으로 상례를 치르는 류의목을 위하여 조용히 손을 잡고 그가 행해야 할 의례들을 다음과 같이 차근히 설명해 주었다.

　　옛사람이 7~8세에 상을 치름에 이미 성인 같음이 있었으니, 지금 너는 나이가 이미 16세이니 아침저녁의 제전과 신혼晨昏의 곡읍을 마땅히 지키고 빠트리지 말 것이며, 더욱 스스로를 새롭게 하는 길에 힘쓰면 보탬이 되는 바가 반드시 적지 않을 것이다.[50]

이에 따라 류의목은 행해야 할 의례들을 실행해 나갔는데, 상황이 여의치 않을 때에는 중단하는 일이 발생하기도 했다. 모친과 본인 및 아우 류진택柳進澤과 매제妹弟 등 집안의 식구들이 연이어 앓아눕게 되자 빈전殯奠을 한 달 정도 멈추었다가 시행했다.[51] 또, 국왕 정조가 승하하자[52] 인산因山 전까지 의례 시행에 제한이 생기기도 했다. 국상 기별이 마을에 전해짐에 따라 온 마을의 부형들은 화수당花樹堂에 모여 곡哭을 하고 성복하였다.[53] 이때, 대죽大竹 할아버지는 류의목을 불러 "인산 전이니 네 아버지 빈소에 조석전朝夕奠을 드릴 때 고기를 써서는 안 되고 소상小祥과 대상大祥 때도 또한 그러하다"[54]라고 일러 주었다. 이에 류의목은 아버지의 첫 번째 기일忌日에 제사를 예禮대로 행하지 못함을 망극해 하였다.[55] 이후 부府의 아전이 고목告目으로 대행왕大行王의 인산 발인이 11월 2일이고 하현궁下玄宮이 6일이며 졸곡이 18일임을 알리자,[56] 류의목은 미뤄진 소상을 기다리며 선고先考의 유사遺事를 지었다.[57] 대행왕의 졸곡 날 마을의 부형들은 화수당의 곡반哭班에 나가 참여하였다.[58] 이렇게 대행왕의 인산 날이 지난 뒤에야 류의목은 예를 갖추어 부친의 소상을 지낼 수 있었다.[59]

류의목은 부친의 삼년상을 시행하는 동안 큰어머니와 종조모의 상을 당하였다. 먼저, 1801년(순조 1) 1월 25일 외청外廳에서 큰어머니가 별세하였다. 이날 밤에 부형들이 류의목에게 등잔을 비롯하여 붓과 벼루를 가지고 내당內堂에 들어오게 하였으며, 류의목은 밤새 앉아서 날이 밝기를 기다렸다.[60] 다음 날 빈전을 잠시 멈추고 밤에 습을 하였다. 백종형伯從兄과 임천臨川 형은 큰어머니의 뜻에 따라 큰아버지가 임종할 때 큰어머니에게 남긴 유계遺戒를 관 안에 함께 넣었다.[61] 27일 미시에는 소렴을 하고, 밤에 혼백을 만들었다.[62] 28일 밤에는 대렴을 하였다. 그런데 입관을 할 때 관 안에 까는 요인 지욕地褥을 쓰지 않아, 보공補空을 하고 이 때문에 베개 또한 쓰지 못하는 일이 발생했다. 대렴 후에 류의목이 동실東室로 돌아가 잠을 자려고 하자, 막내아버지는 며칠 밤 고생한 류의목에게 병이 생길까 걱정하여 집에 돌아가 편히 잘 것을 제안하였다. 이에 류의목은 종숙從叔과 함께 집으로 돌아왔다.[63] 29일 저녁에는 성복하고 빈전을 다시 행하였다.[64] 큰어머니의 산소에 장사 지내기 전날 밤, 류의목은 일꾼들을 먹이고 운구하는 길을 따라갔다. 이 과정에서 류의목은 일꾼들이 술이 부족하다고 성내며 가지 않으려 하거나 운상運喪이 사람이 사는 집 뒤를 치면서 올라가려고 한 상황들을 목격했고, 그럴 때마다 막내아버지가 누차 사람들을 달래거나 돌아가게 하는 등 적절하게 대처하는 모습을 지켜볼 수 있었다.[65] 이어서 3월 16일 묘시 해가 뜰 때에 하관하고 오시午時에 반혼한 후 초우제·재우제·삼우제·졸곡제를 차례대로 지냈다.[66]

종조모의 경우에는 7월 30일 진시辰時에 운명하였으며, 당일 혼백을 만들고 신시에 습을 하였다. 그날 저녁에 류의목은 빈소에 전奠을 올리는 일에 대해 아저씨들에게 문의하였다. 그들은 모두 난감해하며 결정 짓지 못하다가 끝내 "빈소에 제祭를 올리는 것이 무슨 잘못이 있겠는가"라고 결론을 내렸다.[67] 8월 1일 식후에 소렴, 2일 진시에 대렴, 3일 낮에 성복을 하였다.[68] 9월 20일 계명鷄鳴 후에 발인을 할 때 류의목은 동자童子로서 감히 따라가며 곡할 수 없어 강두江頭에서 전송했으며,[69] 반혼 후의 초우제·재우제·삼우제에는 참석했다.[70]

이상 1801년(순조 1)에 있었던 류의목의 큰어머니와 종조모의 상례

〈표 2〉『하와일록』에 기록된 1801년 큰어머니와 종조모의 상례 일정

상례 절차	큰어머니의 상	종조모의 상
초종	1월 25일 임인	7월 30일 갑진
습	1월 26일 계묘	7월 30일 갑진
소렴	1월 27일 갑진	8월 1일 을사
대렴	1월 28일 을사	8월 2일 병오
성복	1월 29일 병오	8월 3일 정미
발인	3월 15일 신묘	9월 20일 갑오
반혼 및 초우제	3월 16일 임진	9월 21일 을미
재우제	3월 17일 계사	9월 23일 정유
삼우제	3월 18일 갑오	9월 24일 무술
졸곡제	3월 20일 병신	9월 26일 경자

일정을 비교하여 표로 정리하면 〈표 2〉와 같다. 류의목의 부친상 때와 마찬가지로 큰어머니와 종조모의 상례에도 시묘살이를 하지 않고 반혼을 행하는 등 대체적으로 「가례」를 준수하고 있었다.

종조모의 졸곡을 마친 이후, 얼마 지나지 않아 부친의 기일이 든 달인 수월讐月이 다가왔다.[71] 10월 1일에는 부형들이 와서 초하루 제사에 참석했으며, 4일에는 면面의 어른들이 모두 문안을 오고 저녁에 전奠을 드리러 많은 사람들이 왔다.[72] 그리고 5일 새벽에는 대상을 지내고, 상복을 바꿔 입었다.[73] 소상 후에 입었던 연복練服을 소복素服으로 갈아입은 것으로 보인다. 6일에는 고인의 신주를 조상의 신주 곁에 모실 때 지내는 제사인 부제祔祭를 지냈는데, 이때 류의목이 종헌終獻으

168

로 참여하였다. 제사를 마치고 신주를 가묘家廟에 봉입했으며, 이어 빈소를 치웠다.[74]

여기에서 류의목이 대상 후에 부제를 올린 점이 주목된다. 이는 시묘살이하는 속례俗禮의 절차와 동일했기 때문이다. 국제國制인『국조오례의國朝五禮儀』「대부사서인상의大夫士庶人喪儀」에는 대상 후에 부제를 행한다고 했으나,[75]『가례』에는 졸곡제를 행한 다음 날 부제를 행한다고 했다.[76] 즉『국조오례의』에는 '졸곡-소상-대상-부제-담제禫祭'의 순서로 수록되어 있지만,『가례』에는 '졸곡-부제-소상-대상-담제'의 절차로 실려 있었다.[77]

19세기가 막 시작할 무렵 반혼과 함께 부묘祔廟는 시묘살이의 영향을 더 이상 받지 않고『가례』방식의 상례 절차로 굳어져 가고 있었다.[78] 이러한 모습은 류의목과 비슷한 시기에 부모의 상을 치른 윤행임尹行恁(1762~1801)의『읍혈록泣血錄』(古1325-37)에도 나타난다.[79] 따라서 류의목의 대상 후의 부제 시행은 시묘살이가 널리 행해지던 시기 졸곡 후에 부묘를 하지 못해 대상을 행한 뒤에 부묘를 했던 관행이 아직 잔존해 있던 사례로서 의미를 갖는다.[80]

7일 새벽에는 감위龕位에 배알하면서 날마다 하는 일로 삼았고, 식후에 부친을 모신 덕동에 성묘를 했다.[81] 22일에는 전을 올릴 음식을 갖추어 다시 덕동에 갔다. 먼저 제원祭員 20여 명이 5대조 할머니 공인恭人 박씨朴氏의 묘사墓祀를 지냈으며, 류의목은 동쪽 기슭에 올라 부친의 산소에도 전작奠爵하였다.[82]

12월이 되어 상례의 마지막 제사인 담제를 앞두고 도정 할아버지가 류의목을 보러 왔다. 그는 "담제가 머지않다고 하니, 내가 마땅히 애사

를 지어 보낼 것이다. 너는 받아서 제탁祭卓에 올리도록 하여라. 애사
는 죽은 사람만을 위해 짓는 것이 아니고, 후손들이 가슴에 새길 바탕
이 되기도 한다"[83]라고 류의목에게 상세히 설명해 주었다. 담제 하루
전날 도정 할아버지가 보낸 애사가 도착하였으며,[84] 25일 새벽에 담제
를 지냈다. 이로써 초상初喪으로부터 27개월 동안의 삼년상을 마치게
되었다. 류의목은 "어느덧 의복이 일상적인 사람과 같아졌으니, 이 아
픔을 어찌하랴. 망극하고 망극하다!"[85]라고 당일의 감회를 적었다. 조
부 류일춘은 이날 집에 있던 이황의 「성학십도聖學十圖」[86]를 류의목에
게 특별히 내려 주었다.

〈표 3〉『하와일록』에 기록된 부친상의 마무리 절차

일자		상례 절차
1800년(순조 즉위)	11월 19일 정유	소상을 지냄
1801년(순조 1)	10월 5일 무신	대상을 지내고 상복을 바꿔 입음
	10월 6일 기유	부제祔祭를 지내고 가묘家廟에 봉입
	10월 7일 경술	덕동에 성묘를 함
	12월 25일 정묘	담제禫祭를 지냄

담제로부터 일주일이 지나 1802년(순조 2)의 새해가 밝자, 류의목은
집안 어른들을 뵈었다. 특히, 주곡注谷 숙부는『중용中庸』의 '계지술사
繼志述事'[87]를 언급하며, 류의목이 학문에 부지런히 힘쓰는 것이 돌아
가신 부친에게도 효도하는 것임을 명심하게 했다.[88] 이후 류의목은 부
친의 유명遺命을 작은 비단에 써서 주머니에 두고 가슴에 새기며 늘 조

심하고 사모하는 바탕으로 삼았다.[89]

이처럼 류의목은 집안 어른들을 통해 의례 절차를 익혀 나가면서, 작고한 지 1년 만에 지내는 소상, 2년 만에 지내는 대상을 비롯하여 부제와 담제까지 행하여 삼년상을 마무리 지었다. 이 과정에서 국상으로 인한 소상의 연기와 거듭된 친족들의 상례 참여 등의 의례 경험을 통해 좀 더 복잡한 절차들도 배워 나갈 수 있었다. 류의목의 대상 후 부제 시행을 통해서는 당시 『가례』를 위주로 상례를 실천하면서도 일부의 속례는 여전히 현실적 상황에 의해 시행되고 있었음을 확인할 수 있다.

관례와 혼례의 실행

1802년(순조 2)의 관례와 초행

1801년(순조 1) 12월 담제를 끝으로 부친의 삼년상을 마친 류의목은 1802년(순조 2) 18세의 나이에 관례와 혼례를 치렀다. 류선조에 대한 상례가 끝나갈 즈음 이미 집안에서는 이듬해 류의목의 혼례를 올려야겠다는 계획을 하고 있었던 것으로 보인다. 후곡後谷 아저씨가 조부 류일춘을 뵈러 왔다가 "이 아이는 본래 허약합니다. 해가 지난 뒤 초례醮禮를 치를 때 마땅히 육즙으로 보양을 하여 병이 들지 않도록 하는 것이 좋겠습니다. 저는 늘 이 아이를 가문의 희망이라고 생각했기 때문에 염려 또한 가볍지 않습니다"[90]라고 당부를 했기 때문이다.

해가 바뀌자 본격적으로 혼사에 대한 이야기가 오갔다. 1월 14일 하동霞洞 아저씨가 류일춘에게 류의목의 혼담이 일찍이 해저海底의 감사

監司 김씨[金聲久] 종가宗家[91]에서 나왔으니 딴 마음을 먹지 말 것을 권하였다. 이를 류일춘이 받아들이면서 혼사가 진행되었다.[92] 18일에 류일춘은 해저의 신부집에 남선례男先禮[강선례剛先禮]를 준비하여 보냈다.[93] 먼저 남자 집에서 여자 집으로 혼인을 청하는 예를 행한 것이다. 그러자 21일에 신부집에서 심부름꾼을 보내 류의목의 나이를 물었다.[94] 류의목의 집에서는 이튿날 신부집의 하인에게 류의목의 사주단자를 전하였다.[95] 28일에는 신부집의 의팽衣伻이 와서 연길涓吉을 행하였는데, 혼례날은 3월 16일로 정해졌다.[96]

혼례를 나흘 앞두고 3월 12일에는 류의목의 관례冠禮를 행하였다. 손자의 관례 이틀 전부터 조부 류일춘은 원장 이씨와 북재北齋로 나가 묵었다. 류일춘의 벗인 원장 이씨가 류의목의 관례를 보고자 머물렀기 때문이다. 서재에서 옆에 있던 사람들이 류일춘에게 개는 몇 마리나 잡을 것인지 술은 몇 말이나 준비할 것인지를 다투어 묻자, 류일춘은 "가난한 집에서 어찌 성대히 갖출 수 있겠는가? 다만 탁주 몇 잔에 불과할 뿐이다"[97]라고 답하였다.[98] 후에 류일춘이 이 일을 며느리인 류의목의 모친에게 말하자, 그녀는 "저 아이의 아버지가 살아 계셨다면 관례를 소략하게 하지 않았을 텐데, 이마저도 못하니 참으로 아쉽습니다"[99]라고 착잡한 심경을 토로하였다.

관례를 치르기 전날, 진사進士 할아버지가 류의목에게 "내일 네가 변례弁禮를 치르는데 옛 제도를 비록 행할 수는 없으나 『삼가의절三加儀節』이 내게 있으니 네가 가져다 살펴보아라"[100]라고 하였다. 『삼가의절』은 안정복安鼎福(1712~1791)이 『예기禮記』와 『의례儀禮』 등을 참고하여 관례의 의식 절차를 정리해 놓은 책으로, 진사 할아버지가 관례를 하루 앞둔 류의목에게 도움이 될 수 있도록 특별히 챙겨 준 것이다. 그러나 관례 당일 류의목은 이 책을 가져오려다 바빠서 참고하지는 못하였다.

관례 날 아침에 후곡 아저씨가 류의목에게 와서 이제 문호의 희망으로 삼으니 부형들의 뜻에 부응할 것을 요청하였다. 이어 식후에 관례를 행하였는데, 이 자리에 친족 외에도 많은 마을 사람들이 참석하였다. 관례는 사회의 구성원으로서 공인받는 절차였기 때문에 친족 못지 않게 지역 사람들의 참여가 중요했다. 이에 따라 류의목의 관례에도 마을의 노소老少가 방문하여 성인으로서의 첫걸음을 응원했던 것이다.

식후에 관례를 행하였다. 신양新陽의 이씨 친척 할아버지, 지곡枝谷 권표權彪 친척 아저씨 및 한 마을의 노소가 모두 모였다. 이씨 어른이 "이 상투를 한 번 묶으면 다팔머리는 두 번 다시 어려우니, 참으로 눈물을 떨굴 때이다"라고 하였고, 도정 할아버지는 "머리에 이미 관을 썼으니 학문으로 채운다면 어찌 좋지 않겠는가"라고 하였다. 마침내 감위에 배알하니 남몰래 눈물이 초연히 흘렀다. 어머니 또한 새삼 슬픈 표정이었다. 문중에 두루 인사하려는데, 진사 할아버지가 "빈소에는 곡하지 말고 절만 하는 것이 옳다"라고 하였다. 후곡 아저씨는 "반드시 관冠을 바로 쓰는 데 힘써야 한다. 전傳에 '그 관이 바르지 못하면 황황히 가버린다'[101]라고 했으니 가장 엄숙히 명심해야 한다"라고 하였고, 도정 할아버지는 "많은 사람이 앉은 자리에서 안부 인사를 할 때는 반드시 눈을 들어 좌우를 돌아보아야 한다. 혹 인사할 때 빠뜨릴 수 있기 때문이다"라고 하였다. 대죽 할아버지는 "너에게 별달리 더 훈계할 일이 없다. 그러나 관을 쓴 사람은 모

173

든 책임이 돌아가니 충분히 명심하여라"라고 하였다. 종일 머리가 아팠고 밤에는 다리가 아팠다.[102]

　어른들은 류의목에게 관을 쓰는 의미를 되새기게 하며, 앞으로 학문에 정진할 것과 성인으로서 책임감을 갖고 매사에 예의를 갖출 것 등을 강조하였다. 『하와일록』에 류의목이 행한 관례의 자세한 절차와 내용은 보이지 않는다. 부친상을 마친 지 얼마 지나지 않은 시점에서 간소하게 진행된 것은 분명한 것으로 보이며, 류의목의 혼례를 올리기 위한 사전 단계로써 진행된 측면이 컸다고 판단된다.[103] 비록 부친의 부재로 인해 류의목이 감위에 배알할 때 눈물을 흘리기는 했으나, 집안 어른들 및 마을 사람들의 격려에 힘입어 관례를 순조롭게 마칠 수 있었다.

　이후에는 신부집에 초례를 하러 가기 위한 초행醮行을 준비하였다. 13일에는 혼수지婚需紙·단자單子·홀기笏記를 작성하였으며,[104] 14일 밤에는 후곡 아저씨, 갈전葛田 아저씨, 성곡省谷 서조庶祖가 와서 초행 준비하는 일을 함께 처리하였다.[105] 15일에는 식후에 마을의 집안 어른들이 모두 모여 해저로 출발하였다. 조부 류일춘이 뒤에서 이끌었고 막내아버지 류영조가 따랐다. 신양新陽의 길을 지나 북쪽으로 사천沙川 [내성천乃城川]을 건너 신은信恩에서 요기하였는데 바로 예천醴泉 땅이었다. 여기에서 동종同宗의 양인이었으나 생계 때문에 이 마을로 와서 살게 된 주인 귀삼貴三이 두터이 대접해 주었다. 저녁에는 영주[榮川] 반구盤邱의 주점에 들어가 유숙하였다.[106]

　16일 류의목 일행은 일찍 길을 나서 낮에 순흥順興의 불근덕不勤德

174

주점에서 쉬었다. 이곳은 신부집이 있는 해저까지 2리 정도 남은 지점이었다. 이후 류의목이 신부의 마을로 가니 노소의 사람들이 숲처럼 서 있고 화주華柱 8~9개가 마을 앞에 늘어서 있었다. 류의목 일행은 먼저 빙종조聘從祖 현감공縣監公 김희택金熙澤의 집으로 들어가 식사를 하였다. 그 마을의 여러 장로들은 평소 류일춘과 잘 알고 있는 사이였기에 팔순의 연세에 행차한 그를 반겨 다투어 와서 치하하였다. 특히, 김범동金範東 어른은 류일춘과 쉼 없이 이야기를 나눴다. 막내아버지가 중복重服을 입는 상중에 있어 술자리에 참석하지 않으려 하자, 정언 김희성金熙成과 류일춘이 만류하여 장로들이 모두 웃었다. 이윽고 장로들의 도움 속에 류의목의 초례를 진행하였다.

> 현감 김희락金熙洛 공의 사모관대를 입고 빙가聘家에서 예를 거행했는데, 옆에 있던 장로들이 많이 지도하며 예를 차렸다. 예가 끝나고 동방東房으로 들어가자 여러 벗이 모여 종일토록 농담하며 웃었다. 빙조聘祖 김희경金熙絧과 장인 김재화金在華가 들어와 보았고, 종동서從同婿 김휘덕金輝德은 순흥 문단리文丹里 사람으로 또한 보러 왔다.[107]

초례를 마친 류의목은 벗들과 함께 신부측 집안사람들을 만났다. 빙조와 장인을 비롯하여 문절공文節公 김담金淡의 후손인 종동서 김휘덕도 보았다. 류의목은 15세의 김휘덕과 저녁에 함께 밥을 먹고 밤에 초를 태우면서 술을 마시는 등 담소를 활발하게 나누었다. 이튿날 류의목은 새벽에 일어나 외당外堂에서 조부와 막내아버지에게 인사를 올린 후에 다시 김휘덕과 같이 식사를 하며 고금의 일들을 오랫동안 이야기하였다. 류의목의 처남 계팔繼八 또한 15세로, 류의목은 계팔·김휘덕과 함께 글씨 연습을 하기도 했다. 조부와 막내아버지가 들어가 신부를 보았고, 그 마을의 여러 어른들도 모였다. 이후 동방으로 돌아온 류의목은 장인에게 고금의 일을 끝없이 들으며 하루를 마쳤다.[108]

18일 식후에 류의목 일행은 신부집을 나섰다. 김범동은 물러가는 류의목에게 아쉬운 마음을 내비쳤고, 장로들은 송별한 후에도 류의목 일행이 학정鶴頂 동쪽 비탈에 이를 때까지 우두커니 서서 지켜보았다. 류의목 일행은 낮에 반평盤坪에서 식사하였으며, 예천 오치烏雉를 지나 안동 오치의 윤은보尹殷輔[109] 집에서 머물렀다.[110] 19일에는 식후에 출발하여 신양을 지나면서 조부와 막내아버지는 원장 이씨의 집에 방문하였고, 류의목은 소산素山에 못미처 길가 주점에서 기다렸다. 이윽고 류의목 일행은 해가 중천에 이르기 전에 하회에 당도하였다. 집에 도착한 류의목은 모친에게 절하고 부친의 신위를 배알하였는데, 슬픈 마음이 한 층 더하여 억제하기 어려웠다고 일기에 감회를 남겼다.[111] 이어 마을의 노소들이 모두 모여 상에 차린 음식을 먹고 마셨다. 류의목은 이날 밤에 처가에 편지를 쓰고, 다음 날에 짐을 꾸려 처가의 하인들을 보냈다.[112] 이로써 류의목은 3월 15~18일 3박 4일간의 초행을 마무리 지었다.

재행과 신행

처가에서 초례를 치르고 본가로 돌아온 류의목은 한 달 여 뒤에 처가에서 재차 초청하는 일로 하인을 보내오자[113] 재행再行에 나섰다. 재행은 집안의 어른이 동행하지 않고, 초례 후 신랑이 처가를 방문하는

176

절차였다. 류의목은 4월 26일부터 5월 19일까지 약 24일 동안 처가에 머물면서, 처가의 장인·장모와 친척 및 마을 사람들과 인사를 나누는 시간을 가졌다. 이후 류의목은 신부가 신랑집에 들어가는 신행新行[우귀于歸]을 행하기에 앞서 8월 29일부터 9월 2일까지 4박 5일간 처가에 다시 방문하였으며, 9월 28일 신행으로 장인과 함께 온 신부에게 연부례延婦禮를 행하면서 혼례의 주요 절차를 끝마쳤다.

4월 26일 류의목은 식후에 모친과 조부에게 인사를 하고 긴 여정에 올랐다. 그는 신양의 주막에서 잠시 쉬고 신은리信恩里에서 점심을 먹었으며, 식후에 곧바로 출발하여 반구에 이르러 옷을 풀고 잠시 쉬다가 또 출발하여 영주군으로 치달아 들어갔다. 류의목은 처가의 종인 험쇠[驗金]와 동행하였는데, 이번에는 본가에서 출발한 당일 저녁 무렵에 해저에 도착할 수 있었다. 길머리에서 기쁘게 맞이해 준 빙종조 청하淸河 어른을 따라 류의목은 처갓집으로 들어갔으며, 기존에 머물던 동방에서 저녁밥을 먹고 유숙하였다.[114] 당시 처가의 마을에서는 정언 김희락金熙洛의 자부子婦[류철휴柳喆休의 딸]가 호랑이에게 물려간 일로,[115] 사람들이 놀라 두려움에 떨면서 집집마다 모두 큰 나무로 바깥 창을 막아 지탱하도록 하고 그물을 걸어 놓았다.[116]

류의목은 이튿날부터 처가와 마을의 사람들을 만나거나 각종 행사에 참여하였다. 대표적으로, 27일에는 김재선金在璿·재달在達·재수在修·재기在器·재현在鉉·재전在田·인수仁銖·의수義銖·예수禮銖가 모두 처가에 방문하여 보았고,[117] 28일에는 생원 금씨琴氏와 처종남처從娚 윤팔胤八과 함께 마을에 인사를 다녔다. 이날 류의목은 상주喪主 김희분金熙奮·희질熙質을 위문하기도 하였는데, 인사를 할 때 실례失禮를 범

하고 말았다.[118]

5월 1일에는 대사간 김한동金翰東 친척 할아버지의 집을 방문하였다.[119] 이 자리에는 빙조와 장인 및 청하 김씨, 정언正言 김씨, 김희교金熙敎 어른 등 노인들이 많이 모여 있었다. 김한동은 류의목의 초례 때 황전黃田에 일이 있어 참석하지 못했음을 아쉬워하며, 함께 술을 마시면서 자상히 권면하는 뜻으로 많은 말을 하였다. 또, 그는 류의목에게 유곡酉谷의 권씨 어른과 영주의 김씨 어른 등 처음 보는 어른들을 누구누구라고 지목해 알려 주었다.

류의목은 처가에 있으면서, 집안사람들을 만나기도 했다. 5월 3일 류의목이 호군護軍 김씨의 석전夕奠에 가서 조문할 때에 안곡安谷의 재종숙부再從叔父가 둘째 상주 김희질의 집에 머무르고 있어 함께 이야기를 나누었다.[120] 다음 날에는 재종숙부가 류의목의 신부를 보기 위해 처갓집에 왔다.[121] 재종숙부가 신부를 보고 나서 용담龍潭으로 감에 류의목은 송하松下까지 따라 나섰다. 재종숙부는 마을의 어른들이 모두 류의목에 대한 기대를 하니, 더욱 근신하여 매사에 척념惕念하고 마을에 함부로 돌아다니지 말 것을 경계시켰다.[122] 류의목이 처가에 있을 때, 덕고德皐의 서족庶族인 류인춘柳仁春이 찾아오기도 했다.[123] 그가 류의목의 처가와 가까운 거리에 살고 있음을 이야기하자, 이틀 뒤에 류의목은 장인을 모시고 덕고에 방문하기도 하였다.[124]

한편, 류의목은 처갓집에서 학문을 게을리하지 않았다. 그는 틈틈이 독서를 행하였는데, 독서한 책들 중에는 김성일金誠一(1538~1593)의 『학봉집鶴峯集』, 김학배金學培(1628~1673)의 『금옹집錦翁集』, 김성탁金聖鐸(1684~1747)의 『제산집霽山集』, 김낙행金樂行(1708~1766)의 『구사당

집九思堂集』등 처가 의성 김씨 인물의 문집들도 있었다.[125] 류의목은 벗인 치학致學 김재수金在修, 접접의 황내한黃來漢 등과 글을 짓기도 하고,[126] 주부主簿 어른, 청하 어른 등의 앞에서 글을 지어 평가를 받기도 하였다.[127]

5월 18일에 왕동旺洞의 김재정金在靜 형이 와서 며칠 후에 영주 백일장에 함께 가자고 했으나, 류의목은 집에 돌아가고 싶은 마음이 급하여 다음 날 본가로 돌아갈 계획임을 밝혔다. 벗들이 크게 놀라 조금 더 머물면서 공부를 더 하고 돌아가기를 바랐으나, 류의목은 어버이를 떠난 지 오래되어 염려가 된다면서 거절하였다. 류의목은 저녁에 마을의 여러 장로를 두루 찾아뵙고 돌아갈 것을 고했으며, 밤에는 온 마을의 벗들과 담소를 나누며 한껏 즐기고 파했다.[128] 이튿날 류의목은 험쇠와 함께 길을 나서 본가로 돌아와 모친에게 인사를 올렸다.[129] 조부는 마을에 전염병이 있어 선정先亭으로 옮겨가 머물고 있었기에, 다음 날 겸암정사謙菴精舍로 찾아 뵈었다. 류의목은 집으로 돌아온 즉시 하인 험쇠를 꾸려 보내고, 이어 마을의 장로와 부형들에게 두루 인사하였다.[130]

류의목은 본가에 돌아온 지 3개월쯤 지난 시점에 일자日者 권씨權氏와 정씨鄭氏에게 신행 날짜를 물어 9월 26일로 정하였다.[131] 그리고 신행에 앞서 류의목은 8월 29일에 처가로 가서 인사를 드리고 9월 2일에 돌아왔다.[132] 택일한 일자와는 차이가 있었지만, 9월 28일 장인이 뒤에서 신부를 이끌고 와 신부를 맞이하는 절차인 연부례延婦禮를 행하였다. 류의목은 이 의례를 행하니 감회를 안정시키기 어려웠다고 술회하였다.[133] 이제 류의목이 신부와 함께 본가에서 생활하며 혼례를 마

무리 지을 수 있었기 때문으로 보인다. 이틀 뒤, 장인은 처가로 돌아갔다.[134]

1802년(순조2) 1월 18일부터 9월 28일까지 8개월에 걸쳐 진행된 류의목의 주요 혼례 절차를 정리하면 〈표 4〉와 같다.

류의목이 행한 혼례는 『가례』의 친영례親迎禮와 큰 차이가 있었다. 본래 친영례는 성혼成婚 첫날 신랑집에서 교배례交拜禮에서 합근례合졸禮로 이어지는 상견례를 행한 후 동침하고, 다음 날 시부모를 뵙는 현

〈표 4〉 『하와일록』에 기록된 1802년 류의목의 주요 혼례 절차

일자	혼례 절차
1월 18일 경인	신부집에 남선례(강선례)를 준비하여 보냄
1월 21일 계사	신부집에서 류의목의 나이를 물음
1월 22일 갑오	신부집에 류의목의 사주단자를 보냄
1월 28일 경자	신부집에서 연길涓吉을 행함
3월 12일 임오	류의목의 관례를 행함
3월 15일 을유	조부·막내아버지 등과 함께 초행醮行에 나섬
3월 16일 병술	초례醮禮를 행함
3월 18일 무자	조부·막내아버지 등과 함께 신부집에서 돌아옴
4월 25일 을축	신부집에서 류의목을 다시 초청함
4월 26일 병인	재행再行에 나섬
5월 19일 무자	신부집에서 돌아옴
8월 29일 정묘	재행에 나섬
9월 2일 경오	신부집에서 돌아옴
9월 28일 병신	장인이 신부를 이끌고 와 연부례延婦禮를 행함

구고례見舅姑禮, 3일째에는 묘현례廟見禮를 마치고 신랑집에서 신혼 생활을 하도록 되어 있었다. 그런데 류의목은 처가에서 초례를 치른 뒤 신부를 처가에 남겨둔 채 본인만 본가로 돌아와 처가와 본가를 왕래하다가 6개월 뒤에야 신부를 본가에서 맞이하여 신혼 생활을 하였던 것이다.

이런 현상은 17~18세기에 작성된 다른 일기에도 빈번하게 등장한다. 안동 사족 장흥효張興孝(1564~1633)의 『경당일기敬堂日記』에는 그의 딸이 영해寧海의 이시명李時明과 혼례를 올리면서 2년 8개월 만에 신행한 사실이 기록되어 있다.[135] 예안 사족 김령金坽(1577~1641)의 『계암일록溪巖日錄』에는 그의 맏아들 김요형金耀亨이 안동 권태일權泰一의 딸과 혼인을 하고 9개월 후에 신부를 맞은 일이 기재되어 있다.[136] 상주 사족 권상일權相一(1679~1759)의 『청대일기淸臺日記』에는 첫째 며느리이자 권욱權煜의 처인 풍산 류씨 류성화柳聖和의 딸이 2년 5개월 만에 신행한 것을 비롯하여,[137] 부인과 자녀 및 손자녀들이 대부분 혼인후 6개월~2년 5개월 있다가 신행을 했음이 나타난다.[138] 대구 사족 최흥원(1705~1786)의 『역중일기』에는 종매從妹가 4년 9개월,[139] 딸이 1년 1개월,[140] 종제從弟 및 조카들의 신부가 혼인 후 약 2년 만에 신행을 한 것이 확인된다.[141] 대체적으로 신부가 시가媤家로 오는 신행이 혼인 후에 적어도 6개월 이상 소요되었으며, 그 기간 동안 신랑이 본가와 처가를 왕래하였던 것이다.

이것은 오랜 풍습인 남귀여가혼男歸女家婚의 속례가 남아 있었기 때문이다. 조선은 왕실부터 민간의 혼례에 이르기까지 친영례를 적용하고자 지속적으로 노력하였으나,[142] 왕실을 제외한 민간의 혼례에서 친영례는 온전히 정착되지 못하였다. 이에 반친영半親迎이나 가관친영假館親迎 등과 같이 절충된 형태의 친영례가 등장하기도 했는데, 크게 효과를 보지 못하였다. 대신에 전통적인 남귀여가혼의 혼례 절차를 약간 변용하여 신부집에서 성혼한 후 신부가 일정 기간 그대로 친정에 머물다가 시가로 가는 방식인 신속례新俗禮가 혼례의 주류를 이루게 되었다.[143] 류의목의 혼례를 통해 19세기 초까지도 전통적인 남귀여가혼의 풍습이 남아 있는 혼례 형태가 유지되고 있었음을 확인할 수 있다.

맺음말

『하와일록』을 통해 10대의 류의목이 일생을 살아가며 수행하는 각종의 의례 속에서 어떻게 유교식 예제를 체득해 나갔는지 그 과정을 추적해 보았다. 먼저, 부친 류선조에 대한 상례는 기본적으로『가례』에 따라 진행했는데, 특히 시묘살이를 하지 않고 신주를 집으로 모셔오는 반혼을 철저하게 준수하고 있었다. 이때 15세의 류의목은 부친상을 치르면서 신주에 쓰기 위해 아명 대신 '의목'이라는 이름을 받았으며, 부친의 유언을 따르지 않고 관에 옻칠을 하는 실수를 범하기는 했지만 주변 어른들의 도움으로 몸소 유교적 의례를 익힐 수 있었다. 국상으로 인한 소상의 연기, 거듭된 친족들의 상례 참여 등의 의례 경험을 통해 좀 더 복잡한 의례 절차들도 배워 나갈 수 있었다. 류의목이 행한 대상 후의 부제는 속례의 절차를 따른 것으로, 『가례』를 준용하면서도 일부의 속례 관행이 아직 잔존해 실행되고 있었음을 확인할 수 있다.

류의목의 관례는 부친상을 마친 지 얼마 지나지 않은 시점에서 간소하게 진행되었으며, 혼례를 올리기 위한 사전 단계로써 진행된 측면이 컸다. 류의목이 행한 혼례는 『가례』의 친영례와 큰 차이를 보였다. 신부집에서 성혼한 후 신부가 일정 기간 그대로 친정에 머물다가 시가로 가는 방식인 신속례로 거행한 것이다. 류의목의 혼례를 통해 19세기 초까지도 전통적인 남귀여가혼의 풍습이 남아 있는 혼례 형태가 유지되고 있었음을 파악할 수 있다.

류의목의 일생 의례 시행에서 주목되는 점은 '대상 후의 부제'와 '신속례'와 같이 예문禮文과 행례의 격차가 있는 부분이 명징하게 드러난다는 것이다. 이는 18세기 말~19세기 초까지도 『가례』를 모본으로 하면서 시속時俗의 현실을 반영한 유교식 일생 의례가 거행된 사례를 보여 준다는 점에서 역사적 의미를 갖는다.

참고문헌

『正祖實錄』

『家禮』,『中庸』,『孟子』

『國朝五禮儀』,『大典通編』,『春官志』,『春官通考』

權相一,『淸臺日記』

金坽,『溪巖日錄』

柳懿睦,『河窩日錄』

尹行恁,『泣血錄』(古1325-37)

李植,『澤堂別集』

李裕元,『林下筆記』

張興孝,『敬堂日記』

崔興遠,『曆中日記』

류의목, 김정민 외 역,『할아버지와 함께한 시간들 하와일록』, 한국국학진흥원, 2015.

안경식 외,『하와일록-소년에서 유학자로, 조선 사대부 청소년의 성장 과정과 세상 읽기』, 은행나무, 2022.

김명자,「사랑채와 자제의 사회화 프로젝트 – 柳懿睦의『河窩日錄』을 중심으로-」,『민족문화논총』79, 영남대학교 민족문화연구소, 2021.

_____,「『河窩日錄(1796~1802)』을 통해 본 豊山柳氏 謙巖派의 관계망」,『대구사학』124,

대구사학회, 2016.

김소은, 「18세기 영남 사족의 일상과 생활의례(Ⅰ)-『청대일기』에 나타난 혼례를 중심으로」, 『사학연구』88, 한국사학회, 2007.

김정운, 「1799년 전염병[胡疫]의 대유행과 국가의 위기대응 방식」, 『대구사학』145, 대구사학회, 2021.

_____, 「19세기 초반 경상도 사대부家에서 庶族의 역할과 실제」, 『조선시대사학보』95, 조선시대사학회, 2020.

김종석, 「조선 후기 한 지방 士族의 세상 읽기-『河窩日錄』에 나타난 10代의 경험과 성장 과정-」, 『퇴계학논총』39, 퇴계학부산연구원, 2022.

박종천, 「『계암일록』에 나타난 17세기 예안현 사족들의 의례생활」, 『국학연구』24, 한국국학진흥원, 2014.

안경식, 「소년 류의목은 어떻게 유학자가 되었나-독서를 통한 유학적 지知의 내면화 과정을 중심으로」, 『국학연구』47, 한국국학진흥원, 2022.

이광우, 「1798~1799년 한 사대부가 청소년이 경험한 전염병 이야기-柳懿睦의 『河窩日錄』을 중심으로-」, 『민족문화논총』79, 영남대학교 민족문화연구소, 2021.

이병유, 「17세기 초반 『경당일기』의 의례 기록과 그 특징-가례 및 퇴계예설 이행을 중심으로」, 『국학연구』47, 한국국학진흥원, 2022.

이우진, 「죽음을 통한 젊은 유학자의 성장」, 『한국서원학보』14, 한국서원학회, 2022.

이 욱, 「최흥원의 『역중일기』에 나타난 상·제례 운영의 특징」, 『국학연구』38, 한국국학진흥원, 2019.

이은영, 「祝辭와 字說을 통해 본 冠禮-17세기 양상을 중심으로-」, 『정신문화연구』103, 한국학중앙연구원, 2006.

이현진, 「碩齋 尹行恁의 禮學과 喪禮 인식:『泣血錄』을 중심으로」, 『한국사상사학』34, 한국사상사학회, 2010.

_____, 「학봉鶴峯 김성일金誠一의 예학禮學과 『상례고증喪禮考證』」, 『역사문화논총』 4, 역사문화연구소, 2008.

장병인, 「조선 중·후기 사대부의 혼례방식 - 新俗禮·半親迎·假館親迎의 시행을 중심으로」, 『한국사연구』 169, 한국사연구회, 2015.

전성건, 「청대 권상일의 일상과 기억 - 『청대일기』의 관혼상제를 중심으로」, 『민족문화논총』 62, 영남대학교 민족문화연구소, 2016.

_____, 「18세기 대구 지역 한 양반가의 일상의례, 喪禮와 祭禮 - 百弗庵 崔興遠의 『曆中日記』(1735~1786)를 중심으로 - 」, 『민족문화논총』 73, 영남대학교 민족문화연구소, 2019.

주

1. 일기의 제목에 '하회의 집'을 뜻하는 '하와河窩'를 사용하고, '일기' 대신 '일록日錄'이라 표현한 것에서, 저자 본인만의 기록이 아니라 집안의 기록임을 알 수 있다[김정민,「『하와일록』해제」,『할아버지와 함께한 시간들 하와일록』(한국국학진흥원, 2015), 8쪽].

2. 류일춘은 73세 때인 1796년(정조 20)부터 79세 때인 1802년(순조 2)까지 문장을 지냈다. 그는 관찰사가 도내의 학식이 높고 유능한 사람을 왕에게 추천하는 '도천道薦'에 선정되기도 했는데, 당시 영남에서 선발된 도천은 단 2명뿐이었다[류의목,『하와일록』신유년(1801) 1월 24일 신축, 1월 25일 임인]. 이로써 그 문중과 지역 내에서 류일춘의 명망을 짐작할 수 있다.

3. 류의목,『하와일록』무오년(1798) 9월 4일 갑자, 경신년(1800) 12월 24일 임신 등 참조.

4. 류의목, 김정민 외 역,『할아버지와 함께한 시간들 하와일록』(한국국학진흥원, 2015).

5. 김명자,「『河窩日錄(1796~1802)』을 통해 본 豊山柳氏 謙巖派의 관계망」,『대구사학』124(대구사학회, 2016).

6. 김정운,「19세기 초반 경상도 사대부 家에서 庶族의 역할과 실제」,『조선시대사학보』95(조선시대사학회, 2020).

7. 김정운,「1799년 전염병[胡疫]의 대유행과 국가의 위기대응 방식」,『대구사학』145(대구사학회, 2021); 이광우,「1798~1799년 한 사대부가 청소년이 경험한 전염병 이야기-柳懿睦의『河窩日錄』을 중심으로-」,『민족문화논총』79(영남대학교 민족문화연구소, 2021).

8. 해당 연구 성과들은 단행본으로도 간행되었다. 안경식 외,『하와일록-소년에서 유학자로, 조선 사대부 청소년의 성장 과정과 세상 읽기』(은행나무, 2022) 참조.

9. 김명자,「사랑채와 자제의 사회화 프로젝트-柳懿睦의『河窩日錄』을 중심으로-」,『민족문화논총』79(영남대학교 민족문화연구소, 2021).

10. 안경식,「소년 류의목은 어떻게 유학자가 되었나-독서를 통한 유학적 지知의 내면화 과정을 중심으로」,『국학연구』47(한국국학진흥원, 2022).

11. 김종석,「조선 후기 한 지방 士族의 세상 읽기-『河窩日錄』에 나타난 10代의 경험과 성장 과정-」,『퇴계학논총』39(퇴계학부산연구원, 2022).

12. 이우진,「죽음을 통한 젊은 유학자의 성장」,『한국서원학보』14(한국서원학회, 2022).

13. 백민정,「아이에서 어른으로의 성숙 여정,『하와일록』」,『하와일록-소년에서 유학자로, 조선 사대부 청소년의 성장 과정과 세상 읽기』(은행나무, 2022).

14. 류의목,『하와일록』정사년(1797) 1월 2일 계묘.

15. 류의목,『하와일록』무오년(1798) 1월 1일 병인, "大人自去年, 已有羸瘵疾, 委臥數朔, 不能巾櫛."

16. 류의목,『하와일록』무오년(1798) 1월 11일 병자, 1월 16일 신사.

17. 류의목,『하와일록』무오년(1798) 3월 12일 병자, 4월 15일 기유.

18. 류의목,『하와일록』무오년(1798) 9월 27일 정해, 10월 1일 신묘, 10월 4일 갑오.

19. 류의목,『하와일록』무오년(1798) 10월 11일 신축, 11월 11일 경오.

20. 류의목,『하와일록』기미년(1799) 1월 7일 병인, "大人亦以本病添輪感痛臥, 閔閔. 蓋此病名,

雖感寒, 無異癘疫, 一村上下, 不見一人不臥者."

21 류의목, 『하와일록』 기미년(1799) 1월 8일 정묘.

22 당시 류의목은 계상溪上 할머니, 신당동新塘洞 할머니, 형호衡湖의 송천松川 집안 어른, 고랑곡高浪谷 서조庶祖, 명동命洞의 고산高山 할아버지, 백동白洞 할머니, 상주尙州 할머니, 마을의 여종 소아小牙, 초전草田의 김양진金良鎭 친척 아저씨 등의 부고를 들었다[류의목, 『하와일록』 기미년(1799) 1월 12일 신미, 1월 16일 을해, 1월 21일 경진, 1월 26일 을유].

23 한양에서 돌아온 성곡省谷 서조庶祖는 당시의 상황에 대해 "경성京城에 이르기 전에 길에서 죽은 사람을 만난 것이 무수히 많았습니다. 수안보 주막에 이르니 사람들이 모두 '어찌하여 죽을 것을 두려워하지 않고 멀리 왔습니까?'라고 하여 이에 돌아왔습니다. 또 인동仁同의 참봉參奉 장씨張氏가 상경하다가 죽고, 정승政丞 김종수金鍾秀도 죽었다고 합니다. 영남 유생 가운데 선조先祖를 위한 일로 상경한 사람은 한 사람도 살아 돌아온 사람이 없으며, 죽었지만 상주가 없는 시신을 한양 사람들이 실어 날라 짚으로 덮어 쌓아둔 것이 산과 같다고 합니다"라고 전하였다[류의목, 『하와일록』 기미년(1799) 1월 10일 기사, "蓋未至京城, 而路逢死人者無數. 及至安保酒幕, 人皆曰, 何不畏死地而遠來乎, 遂回來. 又聞仁同張參奉上京而歿, 金相鍾秀亦死. 嶺儒以先事上京者, 無一人生還者, 死而無主者, 京人輸尸掩藁, 積之如山云."]. 아울러 『정조실록』에 따르면, 이 해에 전염병의 유행으로 경외京外에서 사망한 자는 모두 12만 8천여 인이었다(『정조실록』 권51, 정조 23년 1월 13일 임신).

24 류의목, 『하와일록』 기미년(1799) 1월 23일 임오, 1월 29일 무자.

25 류의목, 『하와일록』 기미년(1799) 2월 22일 경술.

26 류의목, 『하와일록』 기미년(1799) 1월 11일 경오, 1월 13일 임신, 1월 15일 갑술.

27 류의목, 『하와일록』 기미년(1799) 1월 19일 무인.

28 류의목, 『하와일록』 기미년(1799) 1월 25일 갑신.

29 류의목, 『하와일록』 기미년(1799) 4월 29일 정사.

30 류의목, 『하와일록』 기미년(1799) 6월 15일 임인, "蓋出於不得已而無所不爲也."

31 류의목, 『하와일록』 기미년(1799) 10월 5일 경인, "向夕大人胷中煩悶, 請於大父願洞開東廳及南廳, 大父爲而開之. 大人强起謂余曰, 彼露積何者爲我物. 余對曰, 門內門外皆吾家稻粟也. 母氏在傍曰, 病勢少差, 願還本家. 大人撓頭, 遂命余閉門. 因南首北足而卧曰, 以彼草席遮障門隙, 遂以席蔽之. 又曰, 以小木枕高我首, 乃取枕而高之. 因燃燈母氏進床. 季父撿身而抱之, 將三飯, 撓頭卻之曰, 固置. 因痰上呼吸甚難. 大人欝欝再歎曰, 將何爲將何爲. 因連呼父, 呼父而逝."

32 류의목, 『하와일록』 일기 제1.

33 류의목, 『하와일록』 기미년(1799) 10월 6일 신묘.

34 류의목, 『하와일록』 기미년(1799) 10월 7일 임진.

35 류의목, 『하와일록』 기미년(1799) 10월 8일 계사.

36 류의목은 이날 부친의 관을 따라 집으로 돌아오며, "살아서 나가 죽어서 돌아왔으니 인정상 극도로 슬픈데 땅을 치고 하늘에 부르짖어도 끝내 미치지 못하니 아득한 하늘이여 이를 어찌하겠는가"라고 북받치는 심정을 드러냈다[류의목, 『하와일록』 기미년(1799) 10월 9일 갑오, "生行死歸, 人情之絶悲, 而叩地呌天, 竟無逮及, 悠悠蒼天此何爲哉."].

37 류의목, 『하와일록』 기미년(1799) 11월 4일 무오, "母喪時事多草率, 吾死後送終凡具, 無過於母喪云."

38 류의목, 『하와일록』 기미년(1799) 11월 9일 계해.

39 류의목, 『하와일록』 기미년(1799) 11월 10일 갑자.

40   이수광李晬光(1563~1628)은 "우리나라의 옛 풍속에는 사대부들이 친히 여막廬幕에서 상
     을 치렀으며 3년을 마친 다음에 비로소 집으로 반혼을 하였는데, 비록 쇠약하고 병든 자라고
     하더라도 역시 이와 같이 하였다. 그런데 근래 수십 년 이래로 사자士子들이 자못 성리학을
     숭상하여 상제喪制를 일체 예문禮文에서 정한 바에 따라서 치르고 있는바, 장례를 마친 뒤
     에 곧 반곡反哭을 하고 다시는 여막에서 거처하지 않는다. 그러나 상제를 지키는 엄격함으
     로 말하자면 더러 전일과 같지 못하여 삼가지 않는다는 비난을 초래하는 자들이 있으니, 개
     탄스러운 일이다"라고 상례의 변화를 주목한 적이 있다(李睟光,『林下筆記』권16,「文獻指掌
     編」, 返魂之非. "李睟光曰, 我國舊俗, 士大夫親喪, 廬幕終三年, 然後, 返魂于室, 雖衰病者, 亦
     然. 自頃數十年來, 士子, 頗尙性理之學, 喪制一從禮文, 葬則返哭, 不復居廬. 然守制之嚴, 或不
     如前日, 以致不謹之誚者, 有之, 可慨也.").

41   시묘살이를 하게 되면 장례를 지낸 후 신주를 사당에 새로 모시는 반혼을 시행할 수 없게 된
     다. 이러한 상황은 사당보다 무덤, 신혼神魂보다 체백體魄을 중시하는 전래의 습속에서 비
     롯된 것이다[박종천,「『계암일록』에 나타난 17세기 예안현 사족들의 의례생활」,『국학연구』
     24(한국국학진흥원, 2014), 282쪽].

42   이현진,「碩齋 尹行恁의 禮學과 喪禮 인식:『泣血錄』을 중심으로」,『한국사상사학』34(한국
     사상사학회, 2010), 214쪽.

43   崔興遠,『曆中日記』권1, 정사년(1737) 4월 6일; 崔興遠,『曆中日記』권4, 병술년(1766) 1월
     14일, 1월 24일. 최흥원의 부친상과 모친상의 시묘살이에 대해서는 이욱,「최흥원의『역중
     일기』에 나타난 상·제례 운영의 특징」,『국학연구』38(한국국학진흥원, 2019), 43~49쪽
     및 정진영,「18세기 대구지역 한 양반가의 일상의례, 喪禮와 祭禮-百弗庵 崔興遠의『曆中日
     記』(1735~1786)를 중심으로-」,『민족문화논총』73(영남대학교 민족문화연구소, 2019),
     541~546쪽 참조.

44   류의목,『하와일록』기미년(1799) 11월 10일 갑자.

45   『家禮』권4,「喪禮」참조.

46   집안 어른들은 류의목에게 학문과 과거科擧 등에 힘을 쏟을 것을 당부하기도 하였다. 특히,
     이씨 어른[李鎭東]은 겸암의 아우 집안인 서애西厓 집안에 과환科宦이 성대한 것을 비교
     하며, 류의목이 나란히 과거로써 문호를 지탱해 가기를 바랐다[류의목,『하와일록』경신년
     (1800) 3월 23일 을해].

47   류의목은 편지에 "찾아 주시는 후의를 가슴에 새기지 않음이 없으나, 먼 고을의 군인들이 좁
     은 길에 어깨를 맞대고 있어 질대絰帶의 상복으로 얼굴을 들고 다니기 마땅치 않습니다. 오
     직 사람들이 보고 놀랄까 걱정스러울 뿐이지 감히 은근하고 지극한 가르침을 어기겠습니까"
     라고 작성하였다[류의목,『하와일록』경신년(1800) 3월 21일 계유, "相訪之厚, 匪不銘感, 而
     遠邑軍人, 夾道磨肩, 絰帶衰衣, 不合擧面. 惟恐視聽之有駭, 敢違殷勤之至誨云云."].

48   류의목,『하와일록』경신년(1800) 7월 1일 신사.

49   류의목,『하와일록』신유년(1801) 9월 18일 임진.

50   류의목,『하와일록』경신년(1800) 3월 26일 무인, "古人居喪七八歲時, 已有如成人, 今汝年已
     十六, 朝夕祭奠, 晨昏哭泣, 當定守勿失, 益加自新之道, 則所益, 必不少."

51   류의목,『하와일록』경신년(1800) 4월 3일 을유, 4월 4일 병술, 4월 5일 정해, 윤4월 1일 계축.

52   『정조실록』권54, 정조 24년(1800) 6월 28일 기묘.

53   류의목,『하와일록』경신년(1800) 7월 6일 병술, 7월 10일 경인.

54   류의목,『하와일록』경신년(1800) 7월 22일 임인, "因山之前, 殯所朝夕奠, 不當用肉, 小大祥

亦然云."

55 류의목, 『하와일록』 경신년(1800) 10월 5일 갑인.

56 류의목, 『하와일록』 경신년(1800) 11월 3일 신사.

57 류의목, 『하와일록』 경신년(1800) 11월 12일 경인.

58 류의목, 『하와일록』 경신년(1800) 11월 18일 병신.

59 류의목, 『하와일록』 경신년(1800) 11월 19일 정유.

60 류의목, 『하와일록』 신유년(1801) 1월 25일 임인.

61 갑진년甲辰年(1784, 정조 8) 큰아버지가 임종할 때 큰어머니에게 유계를 남겼는데, 큰어머니가 일찍이 "내가 죽을 때 마땅히 유계를 의대에 묶고서 돌아갈 것이다"라고 하였으므로 이렇게 한 것이다[류의목, 『하와일록』 신유년(1801) 1월 26일 계묘, "蓋甲辰伯父臨終時, 遺戒於伯母, 而伯母嘗言, 我死當繫于衣帶以斂, 故有是."].

62 류의목, 『하와일록』 신유년(1801) 1월 27일 갑진.

63 류의목, 『하와일록』 신유년(1801) 1월 28일 을사.

64 류의목, 『하와일록』 신유년(1801) 1월 29일 병오.

65 류의목, 『하와일록』 신유년(1801) 3월 15일 신묘.

66 류의목, 『하와일록』 신유년(1801) 3월 16일 임진, 3월 17일 계사, 3월 18일 갑오, 3월 20일 병신.

67 류의목, 『하와일록』 신유년(1801) 7월 30일 갑진, "皆疑難不決, 終日殯祭何妨."

68 류의목, 『하와일록』 신유년(1801) 8월 1일 을사, 8월 2일 병오, 8월 3일 정미.

69 류의목, 『하와일록』 신유년(1801) 9월 20일 갑오.

70 류의목, 『하와일록』 신유년(1801) 9월 21일 을미, 9월 23일 정유, 9월 24일 무술.

71 류의목은 수월의 첫째 날에 "가슴 치며 무너지는 아픔에 살고 싶지 않다"라며 한층 성장한 태도를 보였다[류의목, 『하와일록』 신유년(1801) 10월 1일 갑진, "居然之頃, 譬月已迫, 拊辰摧痛, 如欲無生."].

72 류의목, 『하와일록』 신유년(1801) 10월 1일 갑진, 10월 4일 정미.

73 류의목, 『하와일록』 신유년(1801) 10월 5일 무신.

74 류의목, 『하와일록』 신유년(1801) 10월 6일 기유.

75 『國朝五禮儀』 권8, 「凶禮」, 大夫士庶人喪儀.

76 『家禮』 권4, 「喪禮」 祔. 卒哭明日而祔.

77 『가례』의 「상례」와 「국조오례의」의 「대부사서인상의」에 대한 비교는 이현진, 「학봉鶴峯 김성일金誠一의 예학禮學과 『상례고증喪禮考證』」, 『역사문화논총』 4(역사문화연구소, 2008), 99~107쪽 참조.

78 이현진, 앞의 논문, 2010, 222쪽.

79 윤행임은 부친상과 모친상 때 모두 『가례』의 상례 절차와 동일하게 졸곡 다음에 부묘를 행했다[尹行恁, 『泣血錄』 권1 신묘년(1771) 5월 5일; 尹行恁, 『泣血錄』 권2, 무오년(1798) 7월 17일].

80 17세기 광산 김씨光山金氏 예안派安派를 비롯한 예안 지역 사람들의 경우, 『가례』를 따라 반혼을 실천하면서도 기존의 풍속대로 시묘살이를 병행하는 양상도 보였다(박종천, 앞의 논문, 2014, 283~284쪽).

81 류의목, 『하와일록』 신유년(1801) 10월 7일 경술.

82 류의목, 『하와일록』 신유년(1801) 10월 22일 을축.

83 류의목, 『하와일록』 신유년(1801) 12월 19일 신유, "今聞禫日不遠, 吾當爲哀辭以送之. 汝受以展于卓上也. 哀辭非但爲死人作, 亦爲後孫佩服之資也."

84 류의목, 『하와일록』 신유년(1801) 12월 24일 병인.

85 류의목, 『하와일록』 신유년(1801) 12월 25일 정묘, "居然之頃, 衣服與平人同, 此痛如何, 罔極罔極."

86 서론의 내용이 담긴 「진성학십도차進聖學十圖箚」를 시작으로 10개의 도표와 그 해설이 있다. 도표에는 「태극도太極圖」, 「서명도西銘圖」, 「소학도小學圖」, 「대학도大學圖」, 「백록동규도白鹿洞規圖」, 「심통성정도心統性情圖」, 「인설도仁說圖」, 「심학도心學圖」, 「경재잠도敬齋箴圖」, 「숙흥야매잠도夙興夜寐箴圖」가 있다.

87 『中庸』 19장, "夫孝者, 善繼人之志, 善述人之事者也."

88 주곡 숙부는 "힘쓰고 힘쓰라. 형님이 살아 있을 때, 네가 일찍이 글을 읽어 성공하기를 기대했는데, 끝내 기다리지 못하고 중도에 세상을 버렸다. 네가 만약 이를 알고 부지런히 노력한다면 효도라 할 수 있다. 『중용』에 '뜻을 잇고 사업을 잇는다'라고 했는데, '계지술사'는 살아계신 부모님을 위한 것일 뿐만 아니라, 돌아가신 부모님을 아울러 가리켜 말한 것이다"라고 하였다[류의목, 『하와일록』 임술년(1802) 1월 1일 계유, "注谷叔父曰, 勉旃勉旃. 兄主在時, 嘗以讀書成功望汝, 卒未延待, 而中途捐世. 汝若體此而亹亹, 則可謂孝矣. 中庸曰, 繼志述事, 夫繼志述事, 非但爲生親, 蓋兼指死親而言也."].

89 류의목, 『하와일록』 임술년(1802) 1월 9일 신사.

90 류의목, 『하와일록』 신유년(1801) 12월 20일 임술, "此兒質本虛弱. 歲後醮禮時, 當補以肉汁, 使勿受病爲好. 吾常以此兒爲門戶之望, 故念慮亦不輕云."

91 강원도 관찰사를 역임한 의성 김씨義城金氏 김성구(1641~1707) 집안이다. 김성구의 조부는 이황의 문인 김우옹金宇宏이다. 김성구의 이주 이래 해저를 세거지로 삼았다(김명자, 앞의 논문, 2016, 11쪽).

92 류의목, 『하와일록』 임술년(1802) 1월 14일 병술.

93 류의목, 『하와일록』 임술년(1802) 1월 18일 경인.

94 류의목, 『하와일록』 임술년(1802) 1월 21일 계사.

95 류의목, 『하와일록』 임술년(1802) 1월 22일 갑오.

96 류의목, 『하와일록』 임술년(1802) 1월 28일 경자.

97 류의목, 『하와일록』 임술년(1802) 3월 10일 경진, "貧家, 豈望盛備. 不過濁酒數盃而已."

98 이식李植은 가난하더라도 관례를 행해야 한다고 주장하며, 빈객을 많이 초청하고 선물을 과중하게 증정하는 대신 술 한 병이나 지폐紙幣만 준비해도 괜찮다고 여겼다(李植, 『澤堂別集』 권16, 「雜著」家誡).

99 류의목, 『하와일록』 임술년(1802) 3월 10일 경진, "渠之大人若在, 冠禮不宜草草, 而此猶未焉, 誠爲缺然."

100 류의목, 『하와일록』 임술년(1802) 3월 11일 신사, "來日汝行弁禮, 古節雖不可行, 而三加儀節在我, 汝可取觀焉."

101 백이伯夷가 악을 미워하는 마음을 미루어서 생각하기를 향인鄕人과 더불어 서 있을 때에 그 관이 바르지 못하면 망망연히 떠나가 마치 장차 자신을 더럽힐 듯이 여겼다는 『맹자』의 구절이다(『孟子』, 「公孫丑上」 제9장).

102 류의목, 『하와일록』 임술년(1802) 3월 12일 임오, "食後加冠. 新陽李戚祖, 枝谷權戚叔彪及一村老少皆會. 李丈曰, 此一結, 編髮難再, 誠爲墮淚處. 都正大父曰, 頭已冠矣, 以文學充之, 豈不

好哉. 遂拜調龕位暗淚愀然而下. 母主亦愴懷如新. 將歷拜門中, 進士大父日, 殯所不哭, 但致拜爲可. 後谷叔日, 必以正冠爲務. 傳日, 其冠不正, 望望然去之, 最宜惕念, 都正大父日, 稱座中將寒暄, 必擧目回顧左右. 蓋以人事或有脫落也. 大竹大父日, 於汝別無加戒之事. 然冠者衆責之所歸, 十分惕念也. 終日疾首, 夜痛脚."

103 18세기에 관례는 그 의미가 쇠퇴하여 혼례의 전단계로만 명맥이 유지되다가 단발령이 반포되는 갑오경장甲午更張을 계기로 폐지되었다[이은영, 「祝辭와 字說을 통해 본 冠禮-17세기 양상을 중심으로-」, 『정신문화연구』103(한국학중앙연구원, 2006), 94~95쪽].

104 류의목, 『하와일록』임술년(1802) 3월 13일 계미.

105 류의목, 『하와일록』임술년(1802) 3월 14일 갑신.

106 류의목, 『하와일록』임술년(1802) 3월 15일 을유.

107 류의목, 『하와일록』임술년(1802) 3월 16일 병술, "着縣監金公熙洛帽帶, 行禮於聘家, 長老在傍多敎而成之. 禮畢入東房, 諸友來會, 戲笑終日. 聘祖熙絅聘父在華皆入見, 從同婿金輝德順興文丹里人也, 亦來見."

108 류의목, 『하와일록』임술년(1802) 3월 17일 정해.

109 이날 류의목 일행은 윤은보의 집에 머물면서, 그의 집안에 대해 물었다. 윤은보는 본래 파평坡平 출신이지만 지금은 예천을 관향貫鄕으로 삼는다고 하였으며, 별동別洞[윤상尹祥]의 후손이라고 답하였다[류의목, 『하와일록』임술년(1802) 3월 18일 무자]. 이튿날 아침에 윤은보는 선조의 문집인 『별동집別洞集』을 류의목 일행에게 보여 주었다. 『별동집』의 앞부분에는 점필재佔畢齋[김종직金宗直]가 쓴 서序가 있었고, 끝부분에는 눌은訥隱[이광정李光庭]이 작성한 발跋이 있었으며, 세계도世系圖에는 윤은보 부자父子의 이름이 들어가 있었다. 윤은보의 아들 윤석화尹碩和는 당시 안동부의 포도리捕盜吏라고 하였다[류의목, 『하와일록』임술년(1802) 3월 19일 기축].

110 류의목, 『하와일록』임술년(1802) 3월 18일 무자.

111 류의목, 『하와일록』임술년(1802) 3월 19일 기축.

112 류의목, 『하와일록』임술년(1802) 3월 20일 경인.

113 류의목, 『하와일록』임술년(1802) 4월 25일 을축.

114 류의목, 『하와일록』임술년(1802) 4월 26일 병인.

115 류의목, 『하와일록』임술년(1802) 4월 18일 무오, 호변虎變이 난 이후 김희락은 아픈 몸을 이끌고 순흥부와 본부本府에 군인을 내어 주기를 청하여 포수 800여 명을 급히 징발하여 호랑이를 잡을 계획을 세우고 태백산太白山·소백산小白山·문수산文殊山·봉황산鳳凰山 등의 산을 두루 수색하였다. 그러나 시체마저 찾지 못하여 이후에 관곽棺槨을 준비하여 남겨진 옷가지로 허렴虛斂을 치렀다[류의목, 『하와일록』임술년(1802) 5월 2일 신미].

116 류의목, 『하와일록』임술년(1802) 4월 26일 병인.

117 류의목, 『하와일록』임술년(1802) 4월 27일 정묘.

118 류의목, 『하와일록』임술년(1802) 4월 28일 무진.

119 류의목, 『하와일록』임술년(1802) 5월 1일 경오.

120 류의목, 『하와일록』임술년(1802) 5월 3일 임신.

121 류의목, 『하와일록』임술년(1802) 5월 4일 계유.

122 이후에 다시 만났을 때에도 재종숙부는 류의목에게 조심하고 경계하며 장로들의 바람에 부응할 것을 신신당부하였다[류의목, 『하와일록』임술년(1802) 5월 7일 병자].

123 류의목, 『하와일록』임술년(1802) 5월 8일 정축.

124 류의목,『하와일록』임술년(1802) 5월 10일 기묘.

125 류의목,『하와일록』임술년(1802) 4월 28일 무진, 5월 2일 신미.

126 류의목,『하와일록』임술년(1802) 5월 13일 임오, 5월 16일 을유.

127 류의목,『하와일록』임술년(1802) 5월 14일 계미, 5월 15일 갑신, 5월 17일 병술.

128 류의목,『하와일록』임술년(1802) 5월 18일 정해.

129 류의목,『하와일록』임술년(1802) 5월 19일 무자.

130 류의목,『하와일록』임술년(1802) 5월 20일 기축.

131 류의목,『하와일록』임술년(1802) 8월 21일 기미, 8월 25일 계해.

132 류의목,『하와일록』임술년(1802) 8월 29일 정묘, 8월 30일 무진, 9월 2일 경오.

133 류의목,『하와일록』임술년(1802) 9월 28일 병신.

134 류의목,『하와일록』임술년(1802) 9월 30일 무술.

135 張興孝,『敬堂日記』中, 병진년(1616) 2월 24일 을축, 무오년(1618) 10월 28일 계미.『경당일기』의 혼례 분석에 대해서는 이병유,「17세기 초반『경당일기』의 의례 기록과 그 특징-가례 및 퇴계예설 이행을 중심으로」,『국학연구』47(한국국학진흥원, 2022), 194~195쪽 참조.

136 金坽,『溪巖日錄』3, 신유년(1621) 4월 3일, 임술년(1622) 1월 11일.『계암일록』의 혼례 분석에 대해서는 박종천, 앞의 논문, 2014, 278~282쪽 참조.

137 權相一,『淸臺日記』5, 을사년(1725) 2월 8일; 權相一,『淸臺日記』6, 정미년(1727) 7월 22일.

138 자세한 내용은 전성건,「청대 권상일의 일상과 기억-『청대일기』의 관혼상제를 중심으로」,『민족문화논총』62(영남대학교 민족문화연구소, 2016), 45~49쪽; 김소은,「18세기 영남 사족의 일상과 생활의례 (I)-『청대일기』에 나타난 혼례를 중심으로」,『사학연구』88(한국사학회, 2007), 8쪽 참조.

139 崔興遠,『曆中日記』권1, 경신년(1740) 1월 24일, 갑자년(1744) 10월 26일.

140 崔興遠,『曆中日記』권2, 계유년(1753) 12월 10일, 을해년(1755) 9월 28일.

141 자세한 내용은 정진영,「대구 지역 한 양반가의 일기 자료를 통해 본 18세기 혼인풍속-百弗庵 崔興遠의『曆中日記(1735~1786)』를 중심으로-」,『고문서연구』54(한국고문서학회, 2019), 236~246쪽 참조.

142 『國朝五禮儀』권4,「嘉禮」, 宗親文武官一品以下昏禮;『大典通編』,「禮典」婚嫁;『春官志』권1,「婚禮」, 士庶婚禮;『春官通考』권52,「嘉禮」, 私婚禮 참조.

143 신속례에 대해서는 장병인,「조선 중·후기 사대부의 혼례방식-新俗禮·半親迎·假館親迎의 시행을 중심으로」,『한국사연구』169(한국사연구회, 2015), 162~166쪽 참조.

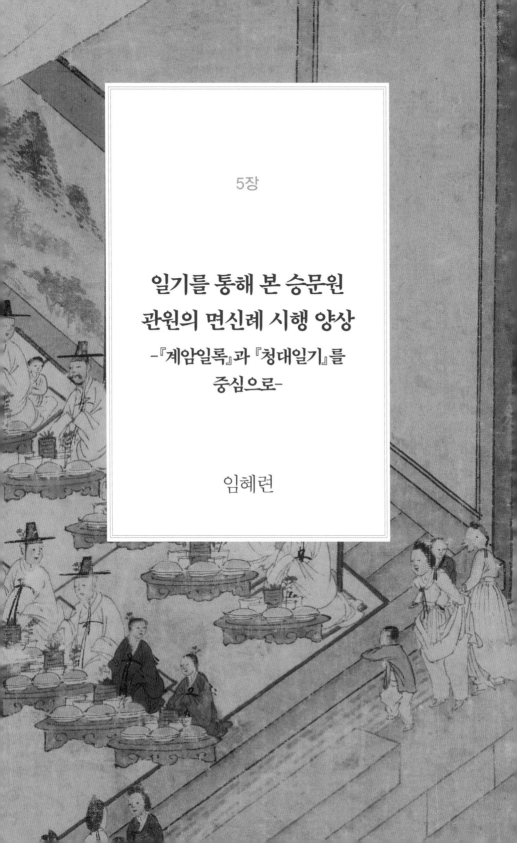

5장

일기를 통해 본 승문원 관원의 면신례 시행 양상

-『계암일록』과『청대일기』를 중심으로-

임혜련

머리말

　조선시대 양반 사족들은 학문을 연마하고 내면을 수양하고 이를 세상에 구현하여 성리학적 이상사회를 추구하고자 하였다. 이를 위해 수기치인修己治人을 통해 군자君子가 되려고 끊임없이 노력하였다. 그들이 학문과 이상을 실현하기 위한 방안은 관료로 진출하여 치인에 동참하는 것이었다. 이를 위해 과거에 급제하고 입신출사立身出仕하는 것은 양반 사족들에게는 가장 큰 목표이면서, 치인의 시작이기도 하였다.

　'면신免新'은 '신래新來를 면한다'는 의미다. 면신례免新禮는 이제 막 문과 시험에 급제하여 새롭게 관로官路에 나가게 된 신급제新及第, 곧 신래가 전임자들과 동석하게 되기까지 치렀던 오늘날 일종의 '신고식'으로, 신참례·신임례 등으로 불렸다. 면신례는 신참을 길들이기 위한 문화로서 성격을 지니며, 고려시대 이래 오랜 시간 동안 전승되었다. 또한 문과 급제자는 분관分館 후 면신례를 치러야만 해당 관서의 업무를 시작할 수 있었다. 그런 만큼 면신례는 관료로서는 반드시 치러야 했던 필수 코스였다.[1] 그런 만큼 관료로서는 반드시 치러야 했던 필수 코스였다. 면신례는 호방한 신래의 기운을 꺾고 상하 위계를 엄격하게 하여 질서를 세우기 위한 것이었다.[2] 이렇듯 신참을 길들이기 위한 문화의 성격이 있었지만, 신래들에게는 정신적·육체적 가학과 함께 경제적으로도 매우 큰 부담이 되었다.

신래가 거쳐야 하는 과정은 허참례許參禮와 면신례로 구성되어 있다고 한다. 조선 중종 대 성현成俔이 저술한『용재총화慵齋叢話』에는 면신례를 "처음 관직에 나오는 것을 허참(許參)이라 이르고 겨우 10여 일이 지나서야 그들과 더불어 같이 앉았는데, 이를 면신이라고 하였다"라고 전하였다.[3] 즉 과거에 합격하고 관직에 나오는 허참을 한 지 10일이 지나면 기존 관원들과 함께할 수 있었는데, 이것을 면신례라고 하였다. 18세기에 접어든 1716년(숙종 42년)에 승문원에 분관되어 면신례를 통과한 24명의 명단을 기록한『괴원신참동회록槐院新參同會錄』[4]을 통해서도 여전히 면신례가 치러지고 있었다는 것을 확인할 수 있었다.『괴원신참동회록』에는 분관이 되고, 1주일 동안 회자回刺를 돌리며 면신례에 참여하였다. 이러한 과정을 통과해야 비로소 선배 관원들과 함께 자리하는 허참을 하였다는 것을 확인할 수 있었다.[5] 그리고 이러한 면신례의 경험은 영남 출신 관료 김령金坽과 권상일權相一이 그들의 일기에 생생하게 기록하였다.

과거에 합격하여 출사出仕하려는 것은 다수의 사대부들이 추구하는 바였다. 조선시대 영남 지역은 사림들의 본향이며 훌륭한 학자와 관료들을 다수 배출한 곳이었다. 이 지역 출신 사족들은 그들의 삶을 일기日記로 많이 남겼다. 영남 지역이 배출한 관료 중 김령과 권상일은 17·18세기 문과에 급제하고 승문원에 분관되어 시작한 관료 생활을 일기에 기록하였다. 김령의 『계암일록溪巖日錄』과 권상일의 『청대일기淸臺日記』에는 이들이 직접 경험한 면신례가 면밀하게 기록되어 있다. 면신례가 기록된 관찬官撰 기록에는 주로 면신례의 폐단을 언급하고, 이를 금하거나 해결하기 위한 정책을 제기하였고, 야담·야사류의 기록에는 풍습으로 전해진 면신례 관련 이야기들을 찾아볼 수 있었다. 이에 비해 김령과 권상일의 일기에는 문과에 급제하기까지 과정과 승문원으로 분관되고, 권지權知로서 직접 경험한 면신례를 기록한 것으로, 매우 중요한 가치를 지니고 있었다. 김령과 권상일이 경험한 면신례는 사대부로서 그들의 일상생활의 큰 축을 이루는 일상 의례의 한 부분이며, 양반 본연의 역할을 수행하는 첫걸음이 되는 의식으로서 의미를 더해 주었다.

이 글은 사대부가 과거에 합격하고 승문원에 분관되어 관료로서 경력의 시작점이 되는 면신례에 대한 것이다. 이제까지 『용재총화』의 기록에 따라 인식되어 왔던 면신례를 김령과 권상일의 경험과 기록을 통해 보다 명확하게 이해하고자 한다. 즉 면신례는 문과의 경우 복시에 합격한 신급제新及第를 괴롭히면서 시작하여 분관된 후 일종의 명함인 회자回刺를 돌리고, 승문원의 관원으로 참여를 허락받는 허참례許參禮를 치르는 모든 과정을 포괄하는 것이다. 또한 승문원 관원으로 재직하고 있었던 김령은 분관에 참여하여 면신례를 받는 선배[선생]를 경험하였다. 이렇듯 『계암일록』과 『청대일기』를 통해 승문원 관원이 면신례를 치르고 관직자로서의 삶을 시작하는 과정과 의미를 이해하여 사대부 일상 의례의 한 장을 이루고자 한다.

문과 급제자의 승문원 분관과 면신례

조선시대 양반 사대부들은 학문을 공부하여 수양하면서도 과거에
합격하여 출사出仕하고자 하였다. 이것은 수기치인을 달성하여 성리
학의 이상사회를 구현하는 군자의 도리를 다할 수 있는 길이었기 때문
이다. 조선시대 문신으로 사환하는 과정은 문과 과거시험에 급제하는
것이 우선이었다. 이후 급제한 등위에 따라 6품부터 9품까지 품계가
주어지고, 이들은 관직에 제수되어 관료로서 활동하게 된다. 그런데
문과 급제자에게 관직에 제수되는 경로는 크게 두 가지로 나누어졌다.
하나는 실직實職에 바로 임명되는 것이고, 다른 하나는 임시 직책인 권
지權知의 직을 받아 삼관三館에 분관되어 실무를 익히는 것이다.

문과 급제자 중 관직에 바로 제수되는 직배의 경우는 급제 성적이
우수한 갑과 출신자, 문과에 응시하기 전 이미 관료로서 전력이 있는
참상직 품계를 소유한 자, 천거로 한림에 제수된 자들이다. 이들은 분
관되지 않고 바로 실직을 받아 근무하게 된다.[6] 이 경우가 아니면 삼관
三館, 즉 승문원·성균관·교서관에 분관되어서 권지權知의 직에 우선 제
수되었다.[7] 권지는 실직을 제수받기 전까지 임시로 근무하는 직임이
라고 할 수 있다. 권지로 근무한 후 일정 기간이 지나면 분관되어 배속
된 관서에서 차례대로 승진하여 참상관으로 진출한다. 이를 승륙陞六
한다라고 한다. 때로는 권지로 배속된 관서가 아닌, 다른 관서의 참상

관으로 옮겨가기도 하는데 이를 거관去官한다고 한다. 문과 급제자를 바로 실직에 제수하는 것이 아니라 분관하여 임시직으로 권지직에 두는 것은 성균관에서 인재를 양성하고 과거를 통해 선발하여 등용까지 연결하는 방안이기도 하지만, 선발된 인재를 바로 실직에 제수할 수 없는 현실 때문이기도 하였다.[8] 즉 문과 급제자 중 직배의 대상은 분관에서 제외되었지만, 그외에는 삼관에 분관된 후 이후 승진하게 되는 것이었다.

문과 급제자들이 삼관에 분관되고 참하관을 경력하여 승륙해야 이후 청요직이 보장되었다. 삼관 분관은 조선 초기부터 조선 후기 19세기까지도 문과 급제자 가운데 청요직을 변별하는 중요 경로 중 하나로 인식하였다.[9] 그리고 조선 후기 인조 대 이후부터는 이 삼관들 중 승문원에 분관되는 것을 '신진의 청선淸選' 또는 '참하 청선'으로 인식하였다. 이는 곧 승문원에 분관되어야만 보다 쉽게 청요직이나 당상관으로 올라갈 수 있었다는 당대 현실을 반영한 것이다.[10] 이는 곧 삼관 참하관원 중 승문원으로 분관된 급제자의 위상이 가장 높았기 때문이다. 그 이유는 분관할 때 기준이 승문원은 외교와 관련된 관서였기 때문에 삼관 중 가장 먼저 급제자를 나누었고, 대외문서 작성이라는 역할이 중요했던 것과 관계된다. 그리고 이러한 경향은 더욱 확고해져서 승문원 분관을 둘러싸고 정치세력 간의 대립이 전개되기도 하였다.[11]

면신례는 문과 급제자들이 삼관에 분관되면 선후배의 유대를 결속한다는 의미로 시행된 풍속이었던 것으로 이미 조선 건국 직후 태조 1년부터 폐단을 없애야 한다는 의견이 제기되었다.[12] 이는 고려의 풍속이 이어진 것으로 이때의 삼관은 예문관·성균관·교서관이었다. 그

후 승문원이 권지를 받아들이는 부서로 정착하자 삼관에 예문관 대신 승문원이 문과 급제자들의 출사로出仕路로서 기능을 맡게 되었다.[13] 승문원은 분관처 가운데 가장 우선시되는 관서로 자리매김하였고, 관료들의 기강과 결속을 다지기 위한 풍습으로서 면신례는 승문원 권지들이 반드시 치러야 하는 일상 의례가 되었다. 승문원에 분관된 권지는 면신례를 마쳐야 비로서 승문원의 본래 업무인 외교 문서와 관계된 업무를 수행할 수 있게 되기 때문이었다. 면신례는 처음 승문원에 배속된 권지에게는 관료로서 업무를 개시하는 기준이 되었다. 그리고 그 신래新來가 권지를 떼고 승문원의 참하관으로 재직하면서는 새롭게 급제한 입사자들을 분관하고, 또한 면신례를 받는 경험을 하게 된다.

　김령金坽(1577~1641)은 광산 김씨로 경상도 예안에 거주하였으며, 퇴계 학맥을 잇는 인물이었다.[14] 김령은 수학하며 치를 수 있었던 과거 시험은 대부분 응시하여 경험을 쌓았다.[15] 1612년(광해군 4) 8월 증광시에서 병과로 급제한 김령은 승문원에 분관되어 권지정자權知正字에 제수되었다.[16] 김령은 비교적 늦은 1614년(광해군 6) 3월 7일 면신례를 마친 후 승문원 종9품 정자正字에 제수되었다. 그리고 승문원의 분관 업무에 참여하였다. 이때에는 전년도 1613년(광해군 5)에 치러진 알성시와 증광시의 급제자에 대한 분관을 정하는 것이었다. 김령의 일기 『계암일록』에는 이렇듯 승문원 관원으로서 분관을 진행하고 면신례를 받는 입장에서 기록된 내용이 있다.

　문과 급제자를 승문원·성균관·교서관에 나누어 소속하게 하는 분관은 본래 분속삼관分屬三館 혹은 분차삼관分差三館이라고 한다. 분관하는 절차는 세 단계를 거치는데, 첫째 승문원에서 승문원에 소속시킬 사람을 우선 선발하는 단계다. 이러한 신래간택新來揀擇에는 승문원의 상박사上博士 이하가 모여 문과에 급제한 사람의 명단에서 적합한 사람의 이름 밑에 권점圈點을 하여 그중 차점 이상을 뽑아 승문원에 소속시켰다. 권점을 마치면 그 기록을 이조吏曹로 보냈다. 둘째, 이조에서 승문원에 소속된 사람을 제외한 나머지 사람을 성균관과 교서관에 나누어 소속시킬 사람으로 분류하는 단계다. 이조판서 이하가 모여 논의하여 나머지 사람 중 권점을 받는 사람이 성균관에 소속되고, 받지 못한 사람은 교서관에 소속되었다. 셋째, 승문원이 분관을 조정하는 단계다. 삼관으로 배정 절차가 끝나면 승문원의 도제조와 제조 등 3명이 모여서 합당하게 되었는지 여부를 검토하고 조정하는 것으로 이를 승문원의 간택좌기揀擇坐起라고 하였다.[17] 『계암일록』에는 위의 첫째 우선 선발과 셋째 도제조 등이 조정하는 단계를 모두 '신래간택'이라 지칭하여 기록하였다.[18] 그래서 김령은 분관 대상인 급제자를 승문원에 우선 선발하는 신래간택에 참여하게 되었다.

  김령이 정자로 참석한 분관은 광해군 6년 4월 4일부터 제기되었다. 이날 신래간택을 위해 곧 모이기로 약속하고, 이틀 후 6일에 모였지만, 불참자가 있었다. 당시 승문원 구성원은 박사博士는 윤전尹烇, 임효달任孝達, 최내길崔來吉이고, 저작著作은 김상金鏛과 윤근尹瑾 그리고 정자에 신천익愼天翊, 권확權鑊, 이진영李晉英, 이유달李惟達, 유백증兪伯曾, 오숙吳翻 그리고 김령이 있었다. 그런데 그중에서 정자 권확은 병을 핑계로 불참하였고, 정자 이진영은 가주서假注書를 겸해서 승정원에 근무하였으며, 이유달은 겸설서兼說書에 근무하였기 때문에 세자시강원에 근무하고 있었다. 이렇듯 이진영과 이유달은 궁궐 내에 있어서 참석이 어렵다고 하였다.[19] 문제는 분관에는 서울에 있는 승문원 관원이면 전원 참석하는 것이 예부터 내려오던 규칙이라는 것이었다. 그렇기 때문에 불참자가 나온 이상, 분관자를 분류하는 신래간택은 첫 단계부터 진행할 수 없었다. 이후에도 4월 12일에 다시 모여 진행하기로 하였지만 권확은 또 불참하였다. 권확은 한 명이라도 결원이 생기면 분관 업무를 할 수 없다고 하는데도 계속 출석을 안 하겠다고 고집을 부렸다.[20] 승정원과 사간원에서는 권확이 위세를 보이기 위한 것이라며 논박하였지만, 결국 4월에 분관은 이루어지지 못하였다.

김령은 이미 분관이 어려울 것이라 판단하고 있었다. 당시 이이첨李爾瞻의 전횡이 매우 심각한 시기였다. 전년도에 발생한 계축옥사로 두 달 전(광해군 6년 2월) 영창대군이 이미 사망했다는 것이 알려졌으며, 인목대비에 대한 폐모 논의가 제기되고 있던 상황이다. 더욱이 이이첨의 아들이 그 시기에 연이어 과거에 급제하고 분관을 앞두고 있었던 상황이다. 이이첨의 아들 중 2남 이대엽李大燁과 4남 이익엽李益燁은 김령과 동방(同榜)으로 광해군 4년 증광문과에 급제하였다. 그러나 이 둘이 승문원에 분관되지 못하자 이이첨은 사간원을 움직여서 승문원의 분관을 책임지고 있던 관원들을 탄핵하였다.[21] 이이첨은 한림과 승문원에만 자신의 세력이 없다고 판단하고 한림들을 모두 제거한 후 한림자천제를 무시하고 예문관 검열에 통훈대부의 품계를 가진 오여온吳如穩을 자신이 추천하여 임명하게 하였다. 김령은 승문원을 장악하려고 한 것이라고 파악하였다. 더욱이 이번 분관의 대상이 되는 광해군 5년의 알성시와 증광시의 급제자에는 이이첨의 3자 이홍엽李弘燁이 있었다. 그 외에도 이이첨의 심복 이위경李偉卿도 분관의 대상이었다. 그러므로 정자 권확은 분관 업무에 불참하는 것으로, 이이첨에게 빌미를 제공하지 않으려고 한 것이었다.

급제자들에 대한 분관은 한 달이 지난 광해군 6년 5월, 명나라 사신 유자치가 5월 11일에 한양에 입경하고, 승문원이 매우 바빠진 가운데 5월 13일 박사 윤전 이하 모두 참석하여 승문원 권점을 마칠 수 있었다.[22] 이때 권점에서 이이첨의 아들 이홍엽은 승문원에 분관되지 못했고, 권점을 하지 않은 사람은 김령을 포함하여 3명이었다. 권점이 끝나자마자 이이첨과 유희분에게 결과를 알려 주려고 달려가는 이가 있었다고 할 만큼 승문원 내부에도 권력을 좇는 인물들이 있었다. 그리고 이홍엽에게 권점하지 않은 3명이 알려졌다는 소식이 편지로 전해졌다는 것을 김령도 듣게 되었다. 그렇지만 김령은 "(…)[23]우스웠다. 이위경의 이름 아래 권점이 한 개였으니 더욱이 억울하였다"라며 오히려 이이첨과 그 일파를 비웃었고, 편지로 전해졌다는 소식에 가소롭다고 하였다.[24] 이렇듯 대북이 독주하면서 특히 인사가 이들의 뜻에 맞지 않을까 하여 전전긍긍할 때 김령은 이를 대놓고 비웃어 주었던 것이다.

삼관의 분관이 모두 진행되어 알성시에서 2명, 증광시에서 17명이 간택되어 분관지가 결정되었다. 이를 최종 조정하는 간택좌기도 영의정이 계속 미루고 피하다가, 사직한 끝에 6월 13일에 완료되었다. 그리고 바로 그날부터 신래 침학이 시작되었고, 김령은 승문원의 관원으로 참여하였다.[25] 신래간택이 끝나자 바로 신래에 대한 침학이 시작되었다. 김령은 승문원 정자로 이제 선배[선생]였기 때문에 신래들을 침학하는 입장이 되었다. 이날 승문원에는 13명의 신래들이 찾아왔다. 승문원 관원들은 업무를 마치고 청사에서 나가 신래들을 괴롭히면서 서로 장난치고, 크게 웃었다. 이강후는 나이 많은 권선달을 다른 사람보다 심하게 괴롭혔다. 승문원 청사를 나와 퇴근한 후에도 김령과 동료 관원들은 신래를 괴롭혔다. 마침 그날은 종일 큰비가 와서 온통 진흙탕이었는데, 신래들은 시키는 대로 앞뒤로 종종걸음을 치고 뛰어다니며 고생하였다. 분명 승문원의 관원들, 특히 참하관들은 불과 얼마전에 본인들이 겪은 일이었지만, 이를 보면서 웃었다. 다음 날 김령은 당번이라 저물녘 승문원에 들어갔다. 그때 신래를 불러서 잠시 보았으나 괴롭히지는 않았다. 그러던 중 어제 괴롭힘을 당했던 권선달이 다쳐서 사가에 가서 조리한다는 소식을 듣고 문병을 갔다. 아무래도 승문원 참하관들 중에서는 김령이 불과 한 달 전에 면신례를 마친, 가장 최근에 권지를 떼었기 때문에 선임자들에 비해서 신래들에게 인간적인 면모를 가지고 있었다. 신급제들에 대한 분관이 이루어진 이후 신래들의 회자回刺도 시행되고 있었다. 다만 15일은 합격자 방방의가 있었기 때문에 저녁 회자는 없었다. 다음 날에는 김령도 신래들의 회자를 받았다. 회자는 17일까지 지속되었다.

원래 신래들의 회자는 17일로 종료하고, 18일에 허참례를 시행하기로 하였다. 이는 면신례를 시작하고 6일째 되는 날에 허참례를 하는 것이 나름 당시의 관행이었던 것 같다. 불과 3달 전 면신례를 하였던 김령도 5일간 회자를 돌리며 침희를 당하였고, 6일째 되는 날 허참례를 하면서 면신례를 마무리하였다. 그런데 김령이 정자로 신래의 회자를 받았던 이때에는 18일에 시행하려고 했던 허참례가 다음 날이나 그 이튿날로 연기되었다. 그래서 신래들은 이틀간 더 놀림을 받았다. 6월 20일 신래들에 대한 허참례를 하였는데, 알성시 급제자가 먼저 하였고, 별시 급제자가 그다음에 하였다. 그리고 신래 중 류위柳韡 집에서 잔치가 열려서 김령도 함께 참석하였다. 이강후가 임시 장무관으로 술잔을 돌렸다. 승문원에는 예부터 내려오는 풍습에 한 종발을 단번에 마시는 벌주가 있어서 김령도 이를 따랐다. 덕분에 잔뜩 취해서 돌아왔다. 김령은 내일 고향으로 가기로 결정하였다.

원래 김령은 면신례만 하고 고향으로 돌아가려고 하였다. 김령은 문과 급제한 후 면신례가 한참 늦어졌다. 이유는 건강상 상경을 하지 못한 점도 있지만, 조선 건국 초기부터 분관이 된 관원은 '입문허참례入門許參禮'를 치러야 했고, 해당 관서에서 근무해야 했다. 허참을 치르는 순서로 천전遷轉이 되었기 때문에 같은 해 과거에 급제한 동방同榜이라 해도 먼저 허참례를 하고 면신례를 마치면 선배가 되고, 근무 일수가 먼저 채워지기 때문에 승진과 거관 역시 빠르게 이루어졌다. 반면에 권지가 직무에 나오지 않는 경우에는, 사정이 있는 경우는 100일, 이유 없이 나오지 않는 경우는 30일이 지나면 관원 명부에서 제명하도록 하였다. 다만 다시 관직에 나올 뜻이 있으면 다시 입문허참례를 치른 후 서용될 수 있었다.[26] 대신 허참을 늦게 했기 때문에 그때부터 관원으로 근무한 것이 되었다. 이를 보면 허참례와 면신례가 그냥 전해 오는 풍습이 아니라 관료들의 의례이고 제도적인 규정으로 기능하였다고 할 수 있다. 김령은 1년 7개월여 만에 허참례를 하였기 때문에 동방들보다 늦게 사로仕路에 들어왔다. 김령은 관료로서 활동할 뜻은 적었던 듯하다. 이는 건강의 문제도 있었지만, 당시 이이첨과 같은 대북이 독주하던 정세도 영향을 끼친 듯하다. 그러나 김령이 면신례를 하지 않음으로써 주변의 동방이나 지인들이 대신 곤욕을 치르거나 수고로

울 수 있었기 때문에 면신례를 하고 고향으로 내려갈 생각이었다. 그러나 승문원 정자가 되고, 신래간택에 전원 참여해야 하기 때문에 내려갈 수 없었고, 이러저러한 사정들로 여전히 한양에 있었던 것이다. 김령은 신래들의 면신례를 마치고 6월 22일에야 비로소 고향으로 내려갈 수 있었다.

이상과 같이 김령이 문과에 급제한 17세기 초반이던 광해조光海朝 초기는 대북大北 세력이 전횡을 하였던 시대적 상황이었기에 승문원 분관도 영향을 받았던 것이었다. 이는 그만큼 승문원 분관이 관료 사회에서 차지하는 중요성이 크다는 것을 알 수 있게 해 준다. 당대의 정치적 상황에 좌절하였던 김령의 심정은 『계암일록』의 곳곳에 묻어 나온다. 김령은 그럼에도 동료들과 주변인들에게 피해를 주지 않기 위해서 면신례를 치렀지만, 승문원에 근무하면서 신래간택과 면신례에 참석하는 '선생'이 되었다. 오히려 이러한 경력이 승문원 분관에서 면신례 시행까지의 과정과 중요성을 잘 설명해 줄 수 있었던 것이다.

면신례의 시작, 신급제 침희

면신례와 허참례의 기록과 인식

면신례는 면신, 즉 신래를 면한다는 뜻으로 관서에 처음으로 제수된 신임을 면한다는 의미를 가지고 있다. 면신례와 같은 의미로 사용되었던 용어들은 신참과 같이 신입이 신고식을 하는 것이라는 의미를 가지고 있는 것이 상당하였다. 그러한 용어로는 면신례, 신임례, 신참례, 허참례, 지면례 등이 있다. 여기에서 허참례와 면신례는 이들의 관계가 명확하게 설명되지 못한 면이 있어서 다소 혼란을 불러왔다. 문헌 자료에서 면신례에 대해 전하는 기록은 다양하다. 현재 우리가 알고 있는 면신례의 정의는 대개 성현의 『용재총화』의 기록을 담고 있는 『대동야승大東野乘』의 아래 내용을 따른 것으로 보인다.

> 옛날에 신입자新入者(새로 문과에 등과한 사람)를 제재한 것은 호사豪士의 기를 꺾고 상하의 구별을 엄격히 하여 규칙을 따르게 하기 위함이었다. 바치는 물품이 물고기면 용龍이라 하고, 닭이면 봉鳳이라 하였으며, 술은 청주면 성聖이라 하며, 탁주면 현賢이라 하여 그 수량도 한이 있었다. 처음으로 관직에 나가는 것을 허참許參이라 하고 10여 일을 지나 구관舊官과 자리를 같이하는 것을 면신免新이라 하여 그 정도가 매우 분명했다. 그런데 오늘날에는 사관四館(성균관·예문관·승문관·교서관)뿐만 아니라, 충의위忠義衛·내금위內禁衛 등 여러 위衛의 군사와 이전吏典의 복예僕隸들까지도 새로 배속된 사람을 괴롭혀서 여러 가지 귀하고 맛있는 음식을 졸라서 바치게 하는 데 한이 없어 조금이라도 마음에 흡족하지 않으면 한 달이 지나도 동좌同坐를 불허하고, 사람마다 연회를 베풀게 하되 만약 기악妓樂이 없으면 간접으로 관계되는 사람에게 책임을 추궁하는 것이 끝이 없다.[27]

위의 기록은 허참례와 면신례를 규정하는 가장 중요한 기록이다. 대부분의 당대 역사서나 관찬 사서들도 이와 같이 서술하고 있고, 현재 연구자들도 위의 기록을 근거로 하여 면신례와 허참례를 설명하고 있다. 위의 기록을 보면 처음으로 관직에 나가는 것을 허참이라 하고,

10여 일이 지나 구관과 동석하는데, 이것을 면신이라 하고, 이것은 매우 분명하다고 하였다. 그렇지만 처음으로 관직에 나가 구관과 동석을 허락받는 것이 허참이고, 허참을 할 수 있기까지 회자를 돌리고 '새로' 온 내가 '누구다'라고 소개하고 다니는 기간이 있다. 대개 분관되고 5~6일 정도다. 그 기간이 지나면 허참례를 하고 면신례를 마치게 되는 것이다. 이후에는 숙직을 서게 되었다. 그렇지만 숙직을 서야 면신례를 마치는 것은 아니다. 이는 앞으로 검토할 김령의 『계암일록』과 권상일의 『청대일기』를 보면 더욱 분명하게 이해할 수 있다. 즉 허참례를 하고 10일이 지나면 면신례를 한다는 서술이 실제 일기에 기록된 것과 차이가 있다. 그러나 『조선왕조실록』에는 허참례를 한 후 면신례를 한다고 기록하기도 하였다. 명종 8년의 기사에는 "승문원·성균관·교서관에서는 2~3일 후에 허참례를 행하고 4~5일 후에 면신례를 행하는데, 그 사이에 연회를 요구하는 폐단이 있어…"[28] 이러한 기록들은 허참례를 한 후 면신례를 하는 것으로 소개하였다. 이렇듯 그때 허참례와 면신례가 실제 어떤 절차나 행위를 하는 일상 의례인지에 대해서는 불명확하게 설명되어 있다. 단지 면신례에서 행해지는 각종 침학에 대해서 설명하고 있을 뿐이다.

이러한 문제는 면신례를 연구한 선행 연구들에서도 그 용어에 대한 이해에 차이가 있다. 면신례를 신참례新參禮라 호칭한 연구에서는, 신참례는 허참례와 면신례로 구성된다고 위에 제시한 『용재총화』를 전거로 하여 설명하였다. 그리고 각기 의례들을 설명하였다. 즉 신참례는 관직에 나아간 신임 관원들이 선배 관원들을 접대하는 일종의 신고식 관행으로 연회를 준비하기도 하고, 벌칙으로 가학행위까지 하기도 한다고 하였다. 허참례는 신입 관원들이 업무에 참여하는 것을 허락하는 것이고, 면신은 신참을 면하는 것이라고 하였다.[29]

또 다른 연구에서는 신래가 기본적으로 거치는 과정을 허참례와 면신례라고 하였다. 허참은 그 집단에 참여를 허락한다는 뜻으로 서로 상종을 허락한다는 내용이며, 여기에 음식을 차려 접대하는 예를 더한 것이라 하였다. 이러한 허참례는 신입 관원의 오만함을 없애는 것이라 하였다. 면신례는 허참 후 다시 치르는 것으로 신래를 면하게 해 주는 최종 의식으로 이러한 절차가 끝나야 비로소 구관원과 동석할 수 있었다고 하였다. 그러나 대체로 이런 절차를 통틀어 면신례라 칭한다고 하였다.[30] 그리고 면신례란 용어가 처음 보이는 것은 성종 6년경이고, 조선 중기 이후 허참례와 면신례는 거의 같은 뜻으로 쓰였지만 신참의 통과의례에서 일정 기간을 두고 연속적으로 이어진 행사라고 하였다. 즉 허참례는 새로 출사하는 관원이 구 관원에게 음식을 차려 대접하고 인사드리는 예를 행하는 자리로, 이로부터 서로 상종을 허락한다는 뜻으로 허참이며, 다시 10여 일 뒤 면신례를 행해야 비로소 동료로 인정되어 신래를 면했다는 것이라고 하였다. 그래서 면신례는 당시 여러 통과의례 절차에서 최후로 갖는 의식이라고 하였다.[31] 이러한 설명은 『용재총화』와 『조선왕조실록』을 근거로 한 것 같다. 면신례를 기록한 자료들과 선행 연구를 통해 면신례와 허참례의 실제와 이들 간의 선후 관계에 대한 의문점을 가질 수 있었다. 이러한 궁금증을 『계암일록』과 『청대일기』 및 이후의 자료들을 통해 파악해 보겠다.

『계암일록』과 『청대일기』는 문과에 급제한 김령과 권상일이 승문원에 권지로 분관되어 면신례를 하고 관원이 되어 승문원의 업무를 수행하는 사환의 내용도 담고 있다. 개인 일기이지만 당대 정국의 중요한 내용을 기록하고 있고, 무엇보다 본인이 직접 경험한 내용을 기록한 만큼 공개된 관찬 사료들이나 기존의 사료들이 설명하지 못한 부분을 새롭게 이해하는 데 결정적인 자료가 될 수 있다.

신래에 대한 괴롭힘의 시작은 분관 전에 이미 시작되었다. 두 일기 『계암일록』과 『청대일기』를 보면 공통적으로 문과 복시의 합격자 방목이 발표되면 선임 관원들이 새로 급제한 신급제新及第들에 대해 침희侵戱를 시작하였다. 이때는 신급제들이 아직 전시殿試를 치르지 않은 상태였기에 품계나 관직의 제수 및 분관이 이루어지지 않은 상태였다. 그렇지만 불특정 다수의 선배 그리고 친구, 가족 및 친인척까지 주변에서 침희하고, 놀렸다. 전시가 끝나고 방목이 발표되어 등수가 공개되면 합격에 따르는 방방의放榜儀와 사은사배賜恩四拜, 성균관 알성의 謁聖儀 의식을 시행하게 된다. 그런데 이때 더 많은 선배 관원들이 침희와 침학을 하였다. 이후 고향으로 내려가서 합격 소식을 전하고 있을 때 분관의 소식이 전해지고, 한양으로 올라와서 승문원에 출근하게 된다. 그렇지만 승문원에서 승문원 관원으로 아직 업무에 참여할 수 있는 것은 아니었다. 바로 면신례를 하지 않았기 때문이다. 면신례는 이렇게 면신례를 위해 승문원에 출근하고 대개 5~6일 정도 침학, 침희를 겪으면서 자신을 소개하는 일종의 명함을 만들어 돌리는 회자回刺를 해야 했다. 회자는 승문원 선배 관원들 모두에게 하는 것이었고, 한 명에게 한 번만 하는 것이 아니라 그만할 때까지 하는 것이다. 이것이 매우 힘든 일로 자정을 넘겨서까지 회자를 하였다. 도성 밖에 거주하는 선배 관원들도 모두 찾아가서 회자를 해야 하는 것이었다. 그리고 허참례의 날이 오면 허참례를 하게 된다. 허참례는 상박사 이하 선임 관원들이 참석을 하는데, 이때 몰두례를 비롯한 몇 가지 의식을 하고, 전체적으로는 신급제를 괴롭히는 의식을 하게 된다. 사관에 분관을 하게 될 때, 예문관에서는 허참례·면신례를 하고, 한림별곡翰林別曲을 부르는 것이 전해 내려온 풍속이다.[32] 이렇게 하면 신래는 비로소 승문원 관원이 된다. 즉 면신을 하게 된 것이다. 이렇게 허참례를 하고 면신례를 한 다음 날부터 승문원의 업무를 할 수 있었고, 근무일수가 시작되었다.

신급제 침희로 시작된 면신례

김령은 17세기 초엽인 1612년(광해군 4) 증광시增廣試에 급제하였다. 그리고 권상일은 이로부터 100여 년 후, 18세기 초반인 1710년(숙종 36) 대증광시에 급제하였다. 『계암일록』과 『청대일기』에는 문과 급제 후 면신례를 치르고, 이후 사환仕宦하는 과정이 상세히 기록되어 있었다. 권상일보다 5년 먼저 문과에 급제하고 승문원의 선배 관원이 되었던 엄경수嚴慶遂도 『부재일기浮齋日記』라는 일기를 남겼다. 『부재일기』에도 역시 생생한 면신례의 경험이 기록되어 있었다. 일기 속 면신례는 신급제로 침희를 당할 때부터 분관되어 침학과 침희를 당하며 허참례 전까지 회자하는 것과 허참례를 마치는 이러한 일련의 과정이 면신례라고 볼 수 있다. 그러므로 면신례는 신래에서 벗어나는 모든 의례와 행위를 포함하고 있는 상위의 개념이라고 할 수 있다. 그렇다면 이제부터 일기 속에 기록된 면신례의 체험을 따라가 보며 이해해 보겠다.

면신례는 관료가 치렀던 통과의례였던 만큼 그 시작은 사로仕路의 시작인 과거시험에 급제하면서부터다. 승문원 관원은 문과에 급제해야 한다. 면신례의 시작은 문과에 새로 급제한 신급제를 놀리고 괴롭히는 침희였고, 신급제 침희는 문과 복시覆試에 합격하면서 시작된다. 김령은 1612년(광해군 4년) 7월 7일 문과 회시(=복시)를 치르기 위해 한양에 도착하였고, 25일 성균관에서 표表와 부賦로 시험을 치렀고, 이틀 후 27일에 책문을 치렀다.[33] 김령이 복시 합격 소식을 알게 된 것은 8월 2일이었다. 이때 영남 출신 10명도 함께 급제하였다. 다음 날 바로 사관四館의 선임자들이 신급제 침희를 시작하였다.

복시 방목이 공개되자 달려온 선임자들이 속해 있던 사관은 분관하였던 승문원·성균관·교서관에 예문관까지 포함된 것으로 보인다. 조선 초기 삼관은 예문관·성균관·교서관이었지만, 예문관은 참하관이 사관이라는 업무의 특성상 급제자를 권지로 분관하는 것이 곤란하였다. 그런 가운데 승문원이 설립되어 문과 급제자를 권지로 받아들이는 부서로 정착하면서 삼관 구성에 변화 양상을 보이게 되었다. 그러면서 예문관은 사관에 포함되고, 삼관에 승문원이 대신 자리하게 되었다.[34] 그렇지만 오랜 풍습이라 알려진 신급제 침희에는 사관에서 참여하였던 것이다.

그런데 김령은 복시 합격 후 병을 핑계대고 침희를 모면하였다. 사관 선임자들이 들이닥친 8월 3일 김령은 고향으로 내려갔다고 알리고 임시 숙소[寓所]에서 출입하지 않았다. 이 시기 김령은 일기에 다음과 같이 기록하였다.[35]

a) 내 병 등 약골로 견딜 수 없을까 두려워서 고향으로 내려갔다고 칭탁

하고 출입을 하지 않았다(8월 3일).

b) 요즈음 고향으로 내려갔다고 핑계대고 출입을 하지 않아서 사관의 선
   임자들에게 침학당하는 것을 모면했으니 제법 한가하고 조용하였다
   (5일).

c) 사관의 선임자들이 신급제들을 침절侵折하는데, 하루도 그러지 않은
   날이 없었다. 들으니, 오늘도 성균관에서 모였는데, 우리 고을의 함께
   급제한 여러 사람이 모두 곤욕을 당하였다고 한다. 그러나 나는 그럭
   저럭 편안하고 담담하였다(11일).

김령은 몸이 약해서 과거에 응시할 때도 병 때문에 멈춘 경우도 있
었다. 그런 만큼 침학과 희학과 같은 괴롭힘은 경험하지 않아도 두려
울 수 있었다(a). 그러한 두려움에 김령이 선택한 방법은 고향에 내려
가는 것으로 하고 칩거하는 것이었다(b). 김령은 두문불출하고 있으면
서도 신급제들에 대한 괴롭힘을 소식으로 알고 있었던 것 같다. 사관
의 선임자들은 신급제들을 상당히 괴롭혔던 것 같고, 그 기간도 1주일
간 이어졌던 것이다(c). 김령은 건강을 핑계로 동방들을 만나거나 심지
어 한양에 없는 것으로 하여 침희를 당하지 않았다. 그렇지만 면신례
의 첫 단계로 신급제에 대한 침학은 복시에서 급제가 결정되면서 시작
되었고, 상당히 극성이었다. 이는 김령보다 100년 뒤 급제한 같은 영
남 출신 관료 권상일도 마찬가지였다.

권상일權相一(1679~1759)은 남인으로 1710년(숙종 36) 문과에 급제하
였고, 당쟁이 극심하였던 숙종 대에 관료로 꾸준히 부름을 받아 영조
대 당상관에 올랐으며 기로소에 들었고, 불천위를 명받은 관료였다.

그가 쓴 『청대일기』에도 김령과 같이 문과 복시에 급제하고 전시를 치르기 전 선배 관료들이 와서 침희를 하였다.

권상일은 1710년 5월 16일에 문과 회시를 치르기 위해 고향인 안동을 출발하여 5월 20일에 한양의 반촌泮村의 주인집에 도착하였다. 그런데 권상일은 이번 시험에 자신이 없었던 듯하다. 함께 올라온 이들이 모두 궐방闕榜(합격자 없음)할 거라며 불안해하였다.[36] 5월 26일에 서학西學에 가서 전례강典禮講[37]을 치른 후 28일 부賦를 짓고, 30일에 책문을 치름으로써 문과 복시를 마쳤다. 그리고 6월 3일 방목이 나왔고, 급제 소식을 듣게 되었다.[38] 권상일은 함께 올라왔던 외숙을 비롯한 친구 동학들이 모두 낙방한 가운데 혼자 급제하였던 것이다. 이때 영남 출신은 6명이 급제하였다.

문과 복시 합격을 알게 되고 이틀 후, 6월 5일부터 선임자들의 침학이 시작되었다. 이날 정랑正郞 김시빈金始鑌과 박사博士 이증록李增祿이 제일 먼저 침학을 하였다. 이들은 권상일과 친교親交가 있었던 인물로 보이기 때문에 축하의 의미를 담은 놀림으로 여겨진다. 그렇지만 오후에는 수찬修撰 권세항權世恒, 신 정랑申正郞,[39] 장령掌令 이웅징李熊徵과 김시경, 관찰사 홍중하洪重夏 등에게 침학을 당하였다. 다음 날 6월 6일에는 박사 홍도달洪道達, 감찰 남구명南九明, 전적 권대항權大恒, 필선 신경제申慶濟, 사간 박행의朴行義, 장령 이진환李震煥, 주서 홍상인洪尙寅, 전적 정시숙鄭時淑, 정랑 김명형金命衡, 감찰 도영성都永成, 감찰 정몽해鄭夢海, 박사 류봉명柳鳳鳴 등이 침학하였다. 전시를 하루 앞둔 6월 7일에는 신 정랑, 승지 심중량沈仲良, 심계량沈最良 형제, 지평 권호權瑚, 참찬 권환權瑍 등이 심부름꾼을 보내어 안부를 물었다. 그렇지만 판교 심

216

탱沈㭒, 사예 심득량沈得良, 정랑 김일좌金日佐가 침학을 하였다. 이를 보면 이 시기에 당한 침학의 구체적인 내용까지 일기에 기록한 것은 아니지만, 괴롭힌 인물들은 구체적으로 알 수 있었다. 100여 년 전 김령이 급제했을 때와 비교해 본다면 광해군 대에는 사관의 선임자들이 와서 신급제들을 침희했다면 권상일이 급제한 숙종 대에는 사관뿐만 아니라 이병조, 삼사, 승정원까지 침희에 참여하는 관원의 소속 범위가 넓어졌다. 이는 분관지의 선임자들이 와서 신급제들을 간선하기 전에 보려는 것이 아니었다. 그저 급제한 것을 축하하는 의미를 담고, 그동안의 풍속을 이어 반어의 뜻으로 침희한 것이 아닐까 한다. 그럼에도 권상일이 "몹시 더운 날씨에 매일 사람들에게 침학을 당하니 피곤함과 괴로움을 말할 수 없다"[40]라고 하였듯이 회시 급제 후 이어지는 침희는 상당히 곤욕스러운 것이었음은 틀림없었다.

복시에 합격한 신급제를 침희한 것은 복시 합격은 이미 금회 문과 시험의 합격을 의미하기 때문이었다. 아직 전시殿試가 남아 있었고, 전시는 등수를 가리기 위한 것이었으므로 전시에서 갑과에 속하게 되면 높은 품계를 받아 바로 실직에 제수될 수 있었다. 이렇게 되면 거관去官의 시기도 빨리 올 수 있는 만큼 출세가 빨라질 수 있을 것이라 생각할 수 있을 것이다. 그렇지만 조선시대 명관·명현들이 문과 갑과 출신, 특히 장원 급제자 일색이었던 것은 아니다. 김령은 광해군 4년 9월 4일 치러진 전시 책문 시험에서 병과 22등에 이름을 올렸다. 복시에서는 병과 6등이었지만, 전시에서 22등이 된 것에 대해 김령은 실망한 듯 "합격 순서가 낮아서 가소롭다"고 하였다.[41] 그러면서 분수가 이미 정해진 것이라 하며 유학幼學들이 아랫자리를 차지한 것이라고 하였다.

그렇지만 속상한 김령의 생각일 뿐일 듯하다. 김령과 동방同榜에는 당대 권신權臣이던 이이첨李爾瞻의 아들 이대엽李大燁과 이익엽李益燁이 있었다. 이들 중 이대엽이 병과 23인 중 23등이었던 것을 보면,[42] 김령의 심증과 같이 부정不正의 소지가 있었다고 확증하기 어려울 수도 있을 것 같다. 문제는 이제까지 고향에 내려갔다고 하여 침희를 피할 수 있었던 김령도 이제는 괴롭힘을 당하게 되었다.

전시까지 마무리된 후 문무과 합격방이 나왔고, 이에 따르는 의식들이 치러졌다. 9월 9일에는 합격자 방방 의례가 치러져서, 김령은 홍패紅牌와 어사화御賜花, 선온宣醞을 하사받았다. 10일 오후에는 왕에게 사은사배謝恩四拜를 하고, 자전과 중궁전에게 사배四拜를 하였으며, 세자에게 재배再拜를 하였다. 이제 김령은 성균관에 가서 알성謁聖만 하면 급제에 따른 의식을 마무리하고 고향으로 귀향할 수 있었다.[43] 그렇지만 김령도 신급제에 대한 침희에서 예외일 수는 없었다. 문무과 합격생들이 충훈부忠勳府에 모였을 때 사관四館에서 나와 신래들을 침곤侵困하려고 준비하였다가 성사하지는 못하였다고 하였다.[44] 성균관에서 알성을 하였던 9월 11일에 성균관의 관원들에게 침희를 당하였다. 성균관원 김경직과 김주는 서재西齋 마루 위에 앉아 있다가 문무과 가리지 않고 신급제들을 모두 들어오게 하여 한참 동안 괴롭혔다. 이들은 신래들의 얼굴에 먹을 칠하고 까치걸음을 걷게 하면서 한참 동안 침희하였다. 그리고 동재東齋로 들어가게 하여 방상씨方相氏 탈을 쓰고 귀신을 쫓는 행세를 하도록 하는 나희儺戲를 시켰다. 이렇게 놀림을 당한 후 알성을 마친 김령은 숙소로 돌아가던 중 경섬慶暹의 집에서 열리고 있던 무과 장원 이후여李厚輿의 축하 잔치에 참석하였다. 이곳에서도 얼굴에 검댕이를 칠하고 이름을 거꾸로 쓰게 하는 침희를 당했고, 참석자들의 농담을 들어 주어야 했다. 다행히 친분이 있던 승문원 판교判校 박동망朴東望이 돌아가도록 해 주었지만, 길에서 승문원 정자正字 조정호趙廷虎, 양만고楊萬古, 정백창鄭百昌을 맞닥뜨려서 다시 침곤을 당했다. 이렇게 숙소에 돌아온 김령은 몸에 한기가 들고 불편할 정도로 병이 났다.[45]

이제까지 김령은 병을 핑계로 칩거하여 회시 합격 후 신급제 침희에 상대적으로 덜 노출되어 있었다. 전시를 마친 후 알성까지 합격자 의식을 치르면서 중간 중간 무과 합격자 잔치에도 참석하고, 지인들의 축하도 받았지만, 성균관에서 침희와 나희를 겪었고, 승문원 정자들에게 침학을 당했다. 이러한 신급제에 대한 침희는 아직 분관처가 정해지기 전에 겪게 된 것이었다. 그러므로 '신래'를 벗어나기 위한 '면신의 길'은 아직 시작점에 서지도 못한 것이다.

승문원 권지의 회자

문과 시험에 급제한 김령은 광해군 4년 9월 말 고향에 도착하였다. 그리고 이후로는 친인척들의 축하를 받으면서 휴식을 취하며 건강을 회복하면서 지내고 있었다. 김령은 11월 말 예천으로 시집 간 누님을 가서 뵙고, 그곳에서 친척들을 만났다. 이곳에서 친척 누님과 지인들은 신래를 놀리는 것을 보고 싶어서 모두 모였고, 온갖 놀이를 김령에게 시켰고, 또 춤을 추면서 '모자 바꿔 씌우기'를 하며 함께 웃었다. 이는 신급제로 선배 관원들에게 침희를 당한 것과는 다른 것이었다. 가족 중에 문과 급제자가 나왔기 때문에 너무 기뻤고, 자주 있는 일이 아닌 만큼 신래에 대한 희학戱謔을 보고 싶어한 것이었다. 여기에는 가족들의 기쁨이 반영된 것이기도 하였다. 해를 넘겨 1613년(광해군 5) 1월에 김령은 제천에 사는 친척집에 갔고, 이곳에서도 또 신래희를 하자고 하였다. 역시 술을 마시고, 친척들이 신래희를 보고 싶다고 하면서 서로 즐기며 축하하였다.

그런데 고향에 있던 김령은 아직 면신례를 치르지 않았다. 김령이 고향에 있을 때 분관이 진행되었고, 승문원에 분관된 그에게 가족들은 면신례를 지체하지 말라는 조언을 여러 차례 하였다. 당시 김령은 건강이 좋지 않았던 것 같다. 그래서 병환 때문에 면신하러 가기가 어려워서 안타까워하기도 하였다. 면신례를 절대 지체하지 말라고 했던 이유는 승문원 관원들을 승진시키는 방법이 실제 근무 일수를 계산하여서 하는 것이 아니라 차례로 승진시키도록 하였기 때문이다. 즉 '차차천전次次遷轉'으로 승진하도록 하는 것이 바로 이것이다. 1612년(광해군 4) 10월 승문원에서 사대문서를 전담하는 승문원의 특성을 고려하여 승문원에서는 근무 일수를 고려하지 말고, 관원이 된 순서에 따라 차례로 승진시켜 달라고 요청하여 왕의 허락을 받아낸 바 있었다.[46] 그동안 관료들의 승진 규정이 근무 일수를 채워야 승진이 가능하였고, 여기에 관료들 간에 상하를 존중하여서 윗자리의 관료가 근무 일수를 다 채우고 승진을 해야만 그 하급 관료가 승진할 수 있었다. 그렇지만 승문원의 요청이 받아들여져 승진 규정이 변경되자, 이제는 면신례를 완료한 시점을 기준으로 승문원 관원으로 근무를 시작하는 것이 되었다. 그러므로 면신례가 늦어질수록 그만큼 근무 시작이 늦어지므로 승진에서 뒤로 밀리게 되는 것이다.

그리고 승문원에서 들려오는 소식 또한 뒤숭숭하였다. 광해군 4년 12월 말에 김령과 동방으로 급제한 이이첨의 두 아들 이대엽과 이익엽이 승문원에 분관分館되지 못하자, 여기에 보복이 이루어졌다는 것이다.[47] 즉 이이첨의 사주를 받은 사헌부에서 승문원 행수장무관行首掌務官을 탄핵하는 일이 벌어졌던 것이다.[48] 이토록 심상치 않은 분위기가 승문원에 조성되었기 때문에 김령도 상경하여 면신례를 하고 승문원 관원으로 복무하는 것이 필요한 상황이 된 것이다.

승문원에서도 김령의 면신례를 독촉해 왔다. 서울에 살던 처남 홍할은 편지를 통해 소식을 전해 주었다. 승문원에서 아직은 크게 독촉하지 않지만 면신례를 하라고 하니 여기에 쓸 경비를 보내 달라는 것이었다. 그러나 시간이 지날수록 승문원에서는 김령이 상경하여 면신례를 하고 복무하도록 독촉하였다. 이로 인해 지인이었던 이청송은 김령이 상경하지 않아 다른 이가 괴롭힘을 당할 것 같으니 당월 내에 서울로 올라오기를 원한다고 연락할 정도였다.[49] 그러는 사이 광해군 5년 5월 2일 계축옥사가 발생하였다. 김령은 예안에서 조정의 소식을 비교적 상세히 접하면서 시세時勢를 한탄하고 있었다. 그러나 승문원에서는 김령이 부임하지 않는 것에 대해 독촉을 더욱 심하게 하였다. 김령은 당시 병으로 피접을 다니느라 면신례가 늦어진 이유를 설명하였고, 자신 때문에 동방 오숙吳翻이 먼저 면신례를 하고, 혼자 고생하게 되어서 미안하다는 마음을 표현하였다. 그리고 김령은 광해군 5년 7월 8일 면신례를 위해 한양으로 출발하였다.[50]

김령은 상경하는 중에 영창대군永昌大君이 강화도에 위리안치圍籬
安置되었다는 소식과 대비大妃를 폐모廢母하려는 논의가 진행되고 있
다는 소식을 듣게 되었다. 그러나 김령은 상경하던 중 상주尙州에 사
는 형 김호金壕의 아들 김찬중金纘中이 사망했다는 소식을 듣고, 돌아
와서 곡을 하느라 상경하지 못하였다. 김령은 조카의 상을 치른 후 고
향에서 조정의 상황을 예의주시하고 있었다. 광해군 5년에 시행된 증
광시增廣試의 합격자 40명이 모두 북인 출신이었다. 이것은 당시 과거
부정不正이 심각한 문제였다는 것을 단적으로 알 수 있게 해 준다. 당
시 영의정 한음 이덕형李德馨과 삼사三司에서 파방罷榜과 시관試官들을
삭탈관직에 처할 것을 청하였다.[51] 이토록 혼란스러운 정국에서 김령
은 1614년(광해군 6) 2월 12일에 면신례를 하기 위해 다시 서울로 출발
하였다.[52] 김령은 문과에 급제하고 1년 7개월여 만에 관료로 재직하기
위해 상경하게 된 것이다.

김령이 도성에 들어갔을 때 영창대군이 이미 사망했다는 소식을 듣
게 되었다. 그러는 사이에 승정원 주서注書 변성지卞三近가 와서 면신
례의 일을 상의하였고, 동방으로 먼저 면신례를 하고, 그동안 김령과
연락을 주고받았던 정자正字 오숙이 편지를 보내와서 읽었으며, 전년
도에 급제한 홍득일洪得一이 와서 만났다. 그리고 변성지가 보낸 승문
원 아전 김순현이 오자 면신례와 관련한 여러 가지 사항을 물어보며
준비하였다. 김령은 면신례를 준비하고 여기에 들어가야 하는 것들이
많아서 걱정을 하였다.[53] 막상 면신례를 하겠다고 상경했지만, 준비부
터 여러 가지 걱정이 앞서고 있었다. 그때 승문원에서는 노비를 찾았
고, 불려갔던 수년이가 곤장 50대를 맞고 왔다. 이는 정자 오숙이 내린

명령이었다. 김령은 본인이 면신례를 제때 하지 않아 수년이를 비롯하여 주변인들이 피해를 입게 되었다며 매우 한탄하였다. 이제까지 오숙은 김령을 비호해 주던 인물로 알고 있었는데, 이렇게 김령의 노비에게 엄한 형을 내린 것이 의외였다. 그러나 이는 김령을 다른 이들로부터 구하기 위해서 수년에게 곤장을 쳐 넘어가게 한 것으로 보인다. 이미 김령은 병으로 인해 복무하지 못했다고는 하나, 승문원 권지정자權知正字에 분관되고 100일을 훨씬 더 넘겼기 때문에 상당한 불이익을 당할 수 있었던 상황에서 면신례를 하겠다고 상경한 것이었기 때문이다.

김령은 광해군 6년 3월 2일 처음으로 승문원에 들어갔다. 그가 승문원에 출근하자마자 신래침학이 시작되었다. 저작著作 윤근尹根[54]이 공사公事를 가지고 왔다가 매우 괴롭혔으며, 김령을 대청 현관 밑으로 내보내기도 하였고, 제목을 주어 시를 짓게 하며 신래침학을 하였다. 동방이었던 오숙은 가주서假注書로 승정원에 근무하고 있으면서도 김령이 제술製述을 하면서 시달리도록 하였다. 이렇게 괴롭힘을 당하고 난 후 저녁이 되어 회자를 하게 되었다. 회자는 전용 종이가 있는 듯한데 종이에 이름을 써서 돌리는 것으로 일종의 명함이다. 회자를 하는 의미는 승문원에 들어온 새로운 관원이므로 자신을 소개하면서 승문원의 선배 관원들과 함께할 수 있게 허락하여 달라는 의미를 담고 있는 것이었다. 〈표 1〉은 김령이 수행한 회자를 정리한 것이다.

〈표 1〉을 보면 면신례 시행과 관련한 몇 가지 정보를 얻을 수 있었다. 우선 김령은 5일 동안 회자를 돌렸다. 이것은 승문원 구례에 4일째에 허참을 한다고 했던 것과 차이가 있는 것이었다. 김령은 당시 중국 황태후가 붕어하였기 때문에 반드시 엿새가 지나야만 허참례를 할 수

〈표 1〉 김령의 회자 수행(광해군 6, 1614)[55]

날짜	회자 및 특이 사항
3월 2일	[도성 밖] 윤전(박사) / 김상, 윤근(이상 저작) / 오숙(정자) ☞ 총 4명 [도성 안] 김대성, 임효달, 최래길(이상 박사) / 임숙영(저작) 　　　　이진영, 민응형, 유백증, 권황, 이유달, 신천익(이상 정자) ☞ 총 10명 [특이사항] ○ 민응현 종료 / ○ 3경 귀가(새벽 1시)
3월 3일	[도성 밖] 윤근(저작) ☞ 총 1명 [도성 안] 이진영, 유백증(정자) ☞ 총 2명 [특이사항] ○ 오숙 정지(가주서로 대궐 근무) / ○ 이진영, 유백증 종료 　　　　○ 2경 귀가(밤 11시)
3월 4일	[도성 밖] 윤근(저작) ☞ 총 1명 [도성 안] 임효달, 최래길(이상 박사) / 이유달(정자) ☞ 총 3명 [특이사항] ○ 윤근 내일 생략 / ○ 선배 댁 노비들 징색徵索
3월 5일	[도성 안] 임효달, 최래길(이상 박사) / 이유달(정자) ☞ 총 3명
3월 6일	[도성 밖] 윤전(박사) / 김상, 윤근(이상 저작) / 오숙(정자) ☞ 총 4명 [도성 안] 김대성, 임효달, 최래길(이상 박사) / 임숙영(저작) 　　　　이진영, 민응형, 유백증(이상 정자) ☞ 총 7명 [특이사항] ○ 내일이 허참례이므로 처음처럼 다시 회자하기로 함 　　　　○ 최래길 박사가 마지막 방문. 차와 술 차려 줌 　　　　○ 임숙영, 이겸선, 신천익의 집에 들렀다가 돌아옴
3월 7일	허참례許參禮

있다며 지연되는 것을 걱정하였다. 그렇지만 다른 면신례의 시행 기간
과 비교해 보았을 때 김령이 특별히 오랜 기간 동안 회자를 돌린 것은
아니었다. 대개는 1주일을 전후로 회자를 돌렸으므로 김령도 기간은
비슷하게 소요된 것이었다. 〈표 1〉에서 김령은 하룻밤에 14명의 선배
관원의 집을 찾아가서 회자를 돌린 것을 알 수 있었다. 더욱이 이들 선
배 관원들의 집은 도성의 안과 바깥으로 퍼져 있었기 때문에 첫날 김
령은 도성을 넘나들며 임무를 수행하다가 새벽 1시에나 귀가할 수 있
었다. 회자를 돌리는 선배 관원의 범위는 현직 관원 8명과 산직散職까

지 포함되었음을 알 수 있었다. 그리고 승문원 저작著作 윤근이 역시 꼬박꼬박 괴롭혔다는 것도 파악되었다. 이에 비해 한 번의 회자를 받은 것으로 더 이상 하지 않아도 된다고 해 준 전임관들도 있었다. 또한 회자를 돌리러 갔던 선배 관원들의 집 노비들이 금품을 내놓으라는 징색徵索을 하였다. 그리고 허참례를 하기 전날에는 첫날과 같이 모든 승문원의 선배 관료들에게 회자를 돌리면서 면신례를 마무리한 것을 알 수 있었다.

이러한 김령의 회자는 100년 후 같은 승문원 권지로 면신례를 치른 권상일보다는 양호한 것이었다. 권상일은 32세인 숙종 36년(1710) 대과에 급제하였다. 응시한 시험은 증광시인데, 방목에는 대증광시大增廣試라고 되어 있다. 숙종의 평복과 세자가 학질에서 회복한 것을 함께 축하하며 치러진 시험이었다. 권상일은 청도淸道로 가서 문과 초시에 응시하였고, 복시와 전시는 한양으로 와서 치렀다. 권상일이 복시에 합격하자 관원들이 안부를 전해 오기도 했지만, 침학과 침희를 했다. 이는 분관이 된 후 치르게 되는 허참례·면신례와는 다른 것이었다. 관찬 자료에는 이토록 복시 직후부터 침학이 자행되는 문제가 기록되어 있지 않았다. 권상일의 일기가 전해 주는 분위기는 합격을 축하한다면서 놀리는 것이었지만, 당사자에게는 상당히 곤욕스러운 일이었던 것은 분명해 보였다. 이러한 침학과 침희는 방방放榜하기 전, 분관分館하기 전, 전시殿試를 치르기도 전에 이미 복시로 급제자가 정해지면 괴롭히는 것이었다. 권상일은 전시를 치르고 등수까지 모두 확정된 방목榜目이 나온 후, 방방의放榜儀를 하고, 삼전三殿을 뵙고 사은을 하였고, 성균관에 가서 동서재를 돌고, 문묘에서 공자 신위에 인사를 드리고 6월

16일에 고향으로 돌아왔다.

권상일은 고향인 안동으로 내려와서 가족 친지들과 친구들을 만나고, 선조들의 묘소를 배알하였고, 또한 그는 향교를 방문하였으며, 처가댁까지 다니면서 인사를 하고 축하를 받았다. 그러나 권상일의 분관은 앞서 숙종 25년(1699)에 치러진 과거시험이 파방罷榜되었다가 복과復科되면서 순탄하게 이루어지지 않고 있었다. 그러던 중 11월 5일 권상일은 승문원에 분관되었다는 소식을 들었다. 일단 권상일은 영남 남인인 자신이 노론과 소론이 각축을 벌이던 당대에 승문원에 분관되었다는 데 매우 놀라면서도 영광스럽게 생각하였다.[56] 권상일은 새해가 되자 면신례를 하러 상경할 예정이었지만 치질로 날짜를 뒤로 미뤘다. 그 사이에 자신이 가주서에 낙점 받았다가 서울에 부재중이어서 체임되었다는 것을 알고 놀라면서도 이를 아무도 알려주지 않은 점에 대해 속상해하였다.[57] 권상일은 한양에서 내려온 노비가 승문원에서 면신례를 독촉한다는 소식을 듣고 상경을 결심하였다.

1711년(숙종 37) 4월 12일에 도성 안 반촌泮村 주인집에 도착한 권상일은 승문원 관원들을 만나서 면신례를 준비하였다. 권상일은 '승문원 규례'를 따라서 면신례 준비를 진행하여, 4월 20일 시작되었다. 그는 '승문원 규례'에 따라 승문원 근처에 임시 막사를 정하였다. 그날 권상일의 일기에는 "아침때가 지나 임시 막사에 나가 있는데, 서리가 승문원의 오래된 규례 한 권을 가지고 와서 보여 주었다. 첫머리에 선생 김자정金自貞의 찬贊 한편, 그 아래 규례 수십 조목이 있었다. 이른바 찬자贊者 어세겸魚世謙이 지었다는 구절들로, 내용은 모두 붕우 간에 서로 침학侵虐하는 일이었다. 책의 첫머리에 두어 허참許參할 때 신래들에게 외우게 하였으니 괴이쩍다. 대체로 승문원 규례는 희롱하는 일이니, 알 수 없고 알 수 없다"라고 하여 승문원에는 신래침학이 나름 체계적으로 준비되어 있음을 알 수 있다. 그리고 그날 권상일의 회자가 시작되었다.[58] 권상일은 이를 '회자 돌리기'라고 하였다. 그는 저녁에 귀신 행세를 하며 큰 회자를 돌렸다. 동방同榜으로서 먼저 면신례를 한 자들이 모두 선생이 되었기에 많게는 열아홉 집을 도성 안과 밖으로 방문하였다. 이렇게 회자를 돌고 임시 막사로 오면 해가 중천에 떴다고 하였으니 날을 새워서 회자한 것이었다. 권상일은 퇴계 선생도 "머리를 숙이고 욕됨을 참으며 면신례를 치렀다"라고 했다며 어려움을 참았다.

다음 날 또 귀신 행세를 하고 작은 회자를 열네 곳의 선배들 집에 돌렸다. 권상일이 회자할 때 첫 날과 마지막 날은 관직에서 물러난 원임 관원들에게까지 모두 돌렸지만, 그외에는 현직 관원들에게만 찾아가서 회자하였기 때문에 새벽에 돌아올 수 있었다. 면신례 3일째는 열 집에 회자하였고, 4일째가 되는 4월 23일에는 여덟 집에 회자를 돌렸다. 이렇게 회자를 돌리다가 아침이 되어 버리면 "지난날은 자리를 비워야 했으니 도깨비는 도망가지 말지어다"라는 글자를 써놓는 농담을 하는 선배도 있었다. 이는 귀신이나 도깨비들이 해가 뜨면 돌아다니지 못하는 것에 신래를 빗대어서 농담을 한 것이었다. 5일째가 된 4월 24일에는 선배들에게 근실謹悉을 받아야 했다. 근실은 '잘 알았다'는 답장을 말하는 것인데, 근실을 받아야만 다음으로 대회자[큰회자]를 돌릴 수 있다고 '승문원 규례'에서 규정했기 때문이다. 권상일은 근실을 받기 위해서 지평持平 홍상빈洪尙賓과 좌랑佐郎 정운주鄭雲柱에게 선배들에게 보낼 편지를 부탁하였다. 6일째 되는 날에도 박사, 홍상인 선생 집에 의례적인 편지를 보냈는데, 날이 저물어서야 겨우 큰 회자를 받아들였다. 권상일은 면신례를 시작한 지 일주일이 된 4월 26일 오후 1시에 회자를 마칠 수 있었다. 이제 다음 날 허참례를 하면 권상일은 면신례의 모든 절차를 끝낼 수 있는 것이었다. 원래 '승문원 규례'에는 회자 돌리기를 마친 뒤에 바로 그날 허참례를 하나 사정이 있어서 상박사에게 요청해서 하루 미루어서 내일하기로 했던 것이다. 이로서 권상일은 승문원 관원으로 관료 생활을 시작할 수 있었다.

면신례는 고려시대부터 있었고, 조선 건국 초부터 시행되어 왔다. 그사이 면신례로 인한 폐단이 심각해졌기 때문에 이를 폐지하거나 폐단을 처벌하는 등의 조처가 여러 번 취해졌고, 특히 숙종 대에는 숙종 9년과 20년에 신래를 침학하는 것을 금지하는 사목까지 반포되어서 이전 시기와 비교한다면 면신례의 정도가 약화되었다고 하였다. 그러나 영남 출신 두 승문원 관원 김령과 권상일의 일기 속의 면신례를 비교해 보면 김령보다 100여 년 후에 승문원 권지부정자가 된 권상일이 겪은 면신례는 그사이 '승문원 규례'로 더욱 짜임새 있고, 정형화되었으며, 신래를 괴롭히는 것이 심화된 것으로 보인다. 숙종 대 사목들도 약탈에 가까운 경제적 침탈에 대한 금지를 내용으로 하였는데, 권상일의 회자는 체력적으로 정신적으로 신래를 제대로 침학하였던 정황을 확인할 수 있었다. 그러므로 면신을 위해 허참례를 시행하기 전에 신래들은 상당한 침학과 침회를 견디며 회자를 하였고, 그 과정에서 선배들을 만나 얼굴을 익히기도 했지만 정신적·육체적 피곤함도 함께 얻게 되었을 것이다.

허참례 시행, 면신례의 마침

승문원 권지는 신래에 대한 침학과 침희를 당하고, 선배 관원들에게 회자를 돌리고 허참례를 하게 되면 신래를 면할 수 있다. 그러한 면신 례를 마치게 되면 승문원 관원으로 관료 생활이 시작된다.

우리나라에서 새로 급제한 자를 신래라 불렀고, 사관四館에 나누어 예속 시키는 것을 분관이라 하였으며, 분관한 후에 새로 예속된 자가 밤에 본 관의 선진先進의 문門에 가서 인사드리는 것을 회자回剌라고 하였는데, 출 입·진퇴할 때에 어떤 침학과 곤욕을 주어도 오직 선진의 명에 따라야 했 으며, 거의 10여 일에 이르러서야 비로소 본사本司에 참석하는 것을 허용 하고, 신임을 면했다 하여 이를 신래면신新來免新이라 이름 했으며, 밤에 다녀도 순경巡更하는 자가 그의 행동을 금하지 못하였고, 복색이 극히 괴 상스러워 심지어 새 귀신[新鬼]이란 조롱까지 하였다.[59]

위의 글은 숙종 대 영의정을 지낸 최석정崔錫鼎의 아들 최창대崔昌大 의 이야기다. 바로 권상일이 살았던 시기에 면신례에 대한 인식을 확 인할 수 있는 것이다. 조선 후기에는 면신례를 이렇게 신래에 대한 침 학과 함께 회자를 하고 허참을 하는 것으로 이해하고 있었다.

김령은 광해군 6년 3월 7일 허참례를 하였다. 허참례는 오후에 하기 로 예정되어 있었다. 그러나 새벽에 출근한 김령은 허참례를 하기 전 까지 마지막으로 선배들에게 괴롭힘과 곤욕스러움을 당하였다. 김령 은 여러 번 앞뒤로 나아갔다가 물러나기, 종종걸음 치기, 뛰어오르기,

바닥에서 몸을 뒤집어 구르기, 몸을 구부려서 대청 아래를 기어 나오기, 기와 위에서 책상다리 하기, 국궁 자세로 단단히 세워 놓기와 같은 침학을 당하였고, 이를 하면서 기력이 다 떨어져서 지탱할 수 없을 지경에 이르게 되었다고 하였다.[60] 김령의 허참례는 일기에 구체적으로 쓰여 있지 않다. 다만 엎드려서 꾸중을 받았다고 되어 있고, 고달픔과 피곤함을 견딜 수 없고 사지를 추스를 수 없다고 되어 있었다. 이는 평소 병약하였던 김령의 건강상태를 고려해 본다면 그날은 기력이 다하여 일기도 제대로 남기지 못한 듯하다.

한편 권상일도 회자를 돌린 후 숙종 37년 4월 27일 허참례를 하였다. 허참례에는 승문원 선배 관원 상박사上博士 홍상인洪尙寅, 사록司錄 신숙진愼肅晉, 저작著作 성윤광成胤光과 권지權知 심상정沈尙鼎 그리고 강륜姜綸 이렇게 다섯 명이 참석하였다. 이들 중 심상정과 강륜은 1710년 증광시에서 함께 급제한 동방이었다. 허참례는 먼저 갖가지 침학으로 시작하였다. 선배들은 갖가지로 신래를 부르며 침학한 뒤에 장난으로 글을 짓게 하고, 김자정이 지은 찬을 외우게 하고, 밖으로 나가 귀신 복장을 벗고 새 사모와 관대를 착용하고 장복章服을 입고 끝자리에 앉는 것을 허락하였다. 그리고 몰두례를 하였다. 허참례에서 중요한 의식은 몰두례沒頭禮였다. 몰두례는 이른바 군대에서 하는 '원산폭격'이라는 것으로 머리를 땅에 박고 지탱하는 것이다. 몰두례는 좌중에서 차례대로 오른쪽 자리부터 행하되 상박사만 하지 않았다. 몰두례를 행하면 허참례가 끝난다. 이후에는 술과 안주를 들이고 조용히 이야기를 나누었다.[61] 이로서 권상일은 면신례를 마쳤고 승문원 관원으로 재직하기 시작하였다. 이와 함께 바로 그날부터 승문원에서 20일간 숙직을 하였다. 그리고 5월 26일에는 권지 정자에 임명되었다. 이러한 허참례는 당시 줄여서 시행한 것이라고 하였다. 그렇지만 면신례를 마무리하는 자리였던 만큼 희학과 침학이 극에 도달한 것이 허참례였다고 보여진다.

권상일과 비슷한 시기 숙종 후반기에 면신례를 치르고 승문원 관료로 분관되었던 소론 출신 엄경수가 남긴 『부재일기』는 허참례의 실상을 좀 더 구체적으로 알려준다.

『부재일기』는 조선 숙종 대 활동하였던 소론 출신 엄경수嚴慶遂가 숙종 32년(1706)부터 44년(1718)까지 13년간 기록한 일기다. 일기의 시작은 그가 숙종 32년 승문원 관원이 된 때부터 시작하고, 면신례의 실상이 구체적으로 서술되어 있다. 엄경수는 숙종 31년(1705) 진사시에 입격하였고, 같은 해 증광문과에 급제하였다. 그는 승정원 가주서, 승문원 정자, 승문원 박사의 참하관 관직을 경력하였다. 엄경수는 1705년 11월에 실시된 대과에 합격하였고, 이듬해(1706, 숙종 32) 7월에 면신례를 시작하여 8월에 허참을 하며 마무리되었다.

엄경수는 숙종 32년 7월 11일 신래간택을 통해 승문원에 분관되었다. 그리고 바로 그날부터 승문원선생[전임자]이 신래를 불러 잡스러운 놀이를 모두 행하였다. 한양에 거주하였던 엄경수는 김령이나 권상일처럼 면신례가 늦어지지 않고 바로 진행되었다. 분관된 당일 저녁 바로 귀신 역할을 시작하면서 회자를 하였다. 그리고 8월 28일 대회자大回刺를 올리면서 회자를 마무리하였으며, 다음 날 허참례만 남기게 되었다.[62]

1706년(숙종 32) 8월 29일 허참례 당일에 선생들은 승문원에 모두 모여서 신래들을 불러놓고 마음껏 괴롭혔다. 그리고 날이 저물어서야 허참례를 시작하였다. 허참례는 규례에 따라 신래들이 절하기를 한 후, 상박사부터 아박사亞博士에게까지 몰두례를 행례하고, 마지막으로 상박사 명령으로 환역換易하면 끝나는 것이었다.

우선 신래들이 절하는 순서는 신래 중 우두머리[수신래首新來]가 대청에 올라 상박사에게 한 번 절을 하고 아박사에게 절을 한다. 이렇게 가장 말단의 선생에게까지 하고 아래로 가서 앉는다. 그리고 다음 신래 대청으로 올라가서 앞서 신래가 했던 것과 같이 절을 하고, 이번에는 수신래 앞으로 나가서 절하고, 차례를 이어 앉는다. 나머지 신래들 모두 오른쪽 자리에서 절을 하였다.

다음으로 몰두례를 하였다. 몰두례를 몰두배沒頭拜라고도 하였다. 바로 뒷짐을 지고 머리가 땅에 닿을 정도로 절을 하는 것이다. 몰두례는 상박사에게 행례를 하고, 아박사에게 하는 순서로 하여 모두에게 순서대로 하였다. 상박사에 대한 몰두례는 아박사 이하 모두 일어나고, 아박사가 상박사 앞으로 가서 절을 하면 아랫사람들이 동시에 절을 하였다. 아박사가 상박사에게 몰두배를 하면 아랫사람들도 동시에 몰두배를 한다. 그리고 아박사가 절을 하고, 이하 사람들이 절을 하면 상박사에 대한 몰두례가 끝나는 것이다. 이렇게 해서 아박사 이하 참석한 인원수대로 모두에게 몰두례를 한다.

마지막으로 환역을 하였다. 환역은 옷과 장신구를 서로 바꾸는 것이다. 승문원 하리下吏가 조사曹司(가장 말단)에게 나아가면 허리띠[대]를 풀고, 상박사까지 모두 대를 풀러 대청 가운데 쌓아두었다. 그리고 그중 가장 좋은 것을 골라 상박사에게 주고, 자리의 고하에 따라 물건의 우열을 구별하여 나누는 것이 고풍이다. 허리띠뿐만 아니라 신발, 부채 같은 것들도 모두 그런 식으로 바꾼다. 이렇게 하여 환역까지 끝내고 나면 허참례가 마무리되어 신례를 면하게 되는 것이다.[63]

　1716년(숙종 42) 승문원에 분관되어 면신례를 통과한 것을 기념하며 작성한 자료『괴원신참동회록』은 승문원 분관의 중요성과 함께 당시에 시행된 면신례를 잘 정리하였다. 그 내용은 김령과 권상일이 100여 년을 사이에 두고 거쳐 온 면신례의 절차와 소회의 종합판으로 볼 수 있다.『괴원신참동회록』에 홍중상洪重相이 쓴 발문跋文에는 면신례를 통과한 신래, 즉 면신자들이 겪은 괴로움이 기록되어 있었다. 신귀新鬼라고 홍중상이 표현한 면신자들의 괴로움은 육체적 고난과 희학 속에서 모욕을 감내해야 하는 것이었다. 면신자들이 통과해야 하는 육체적 고난은 무릎으로 걷기, 머리 숙이고 기어가기였다. 여기에 반드시 수반되어야 하는 것이 선생들에게 잘 보여야 하는 것이었다. 이를 위한 행위도 모욕적이었다. 선생에게 아양을 보이기 위해서 양발을 모으고 앉아서 양손을 옆에 끼고 바짝 붙어서 선생을 부르고, 존경하는 자세로 몸을 굽혀야 했으며, 심지어 껑충껑충 뛰어오르기까지 해야 했다. 밤이 되면 면신자들은 회자를 돌려야 했는데, 이때에도 역시 선생들의 마음에 들게 맞춰야 했다. 선생들이 물러가라면 가고, 나오라고 하면 나와야지, 내가 회자 돌리러 왔으니 물러가라고 해도 그냥 가서 회자를 돌리면 안 된다는 것이다. 여기에 면신자들은 스스로 웃음거리가 되기 위해서 우습고 이상한 행동과 표정을 보이고, 특이한 소리를 내야 했다. 예를 들어 얼굴 모양을 순한 양처럼 보이게 만들고, 수리부엉이가 우는 소리를 내고, 하늘에 있는 별을 가리키면서 바닷가에서 게를 잡았다는 엉뚱한 말을 하는 것이다.『괴원신참동회록』의 일정을 보면 신래들이 면신을 위해 괴롭힘을 당했던 기간은 1주일 남짓이었다. 그렇지만 괴롭힘을 당한 면신자들의 충격은 상당했던 것 같다. 면신례가 선배를 존경하고 후배를 억압하는 것으로 기록되어 전해졌다고 하나, 홍중상은 "무슨 말을 하는지 모르겠다"고 하여 면신례의 전통에 대해 불만도 표현하였다.[64] 면신례는 필요성에도 불구하고 그 폐단은 이미 조선 건국 직후부터 제기되어, 폐지하자는 의견이 있어 왔다.[65] 그렇지만 면신례의 폐단은 18세기에 작성된 『괴원신참동회록』에서도 여전히 찾을 수 있다. 이러한 면신례가 끝나면 허참을 하여 잔치를 벌이다가 마무리되었다.

승문원 관원의 면신례는 문과에 급제한 신급제新及第 시절에 불특정 다수의 선배들에게 침희를 당한 것에서 시작되었다. 이후 전시에 합격한 후, 등수에 따라 바로 관직에 제수되거나 분관이 결정되었다. 승문원에 분관된 권지는 승문원에 출근하여 침희와 침학을 견디고, 회자를 돌리고, 허참례를 마치게 나면 신래에서 벗어났다. 이 모든 과정이 면신례를 뜻하는 것으로 이를 통해 신래를 면하게 된다. 면신례는 신급제가 승문원 관원이 될 때까지 경험하고 감내해야 하는 각종 침희와 침학, 곤욕을 의미하는 것만이 아니었다. 면신례는 관료로서 경력을 가늠하는 기준점이 되었다.

문과 급제자의 관직 임용은 우선 승정원 가주서에 뽑혀서 승정원으로 출근하는 경우가 다수였다. 그 기간은 각각 다르지만, 가주서로 출근하다가 분관이 되고, 이후 승문원에 근무하거나, 타관에 임용되거나, 아니면 가주서로 계속 근무하기도 하였다. 그렇지만 정식으로 직임이 생기는 것은 면신례를 마친 후에야 가능하였다. 1728년(영조 4)에

『숙종실록』을 찬집纂輯하던 중, 실록청 낭청實錄廳郎廳을 충원해야 하는 사정이 발생하여, 권지승문부정자權知承文副正字 남태량南泰良과 이유신李有信을 투입하려고 하였다. 그러나 이들이 승문원에 분관은 되었지만, 아직 면신례를 치르지 않아 녹봉祿俸을 주는 규례가 없다는 문제가 발생하였다. 실록청 총재관總裁官이었던 정수기鄭壽期는 이들을 우선 군직軍職에 붙이게 하였다. 이는 군직이라도 직임을 주어야 녹봉을 줄 수 있는 규정이 생겼기 때문이다.[66] 즉 면신례를 치르지 않으면 분관이 되었어도 업무를 맡을 수 없었던 만큼 녹祿을 받지 못하는 것이었다. 이는 19세기에 70년간 관료로 활동하였던 정원용鄭元容의 일기에서도 확인할 수 있다. 정원용도 급제 후 분관이 미루어졌고, 급제한 후 가주서로 근무하였다. 그렇지만 1804년(순조 4) 8월 22일 허참을 마친 후, 24일에 처음으로 녹봉을 받았다고 하였다.[67] 그러므로 면신례는 관원이면 반드시 거쳐 가야 하는, 사로仕路로 진입하는 절차였던 것이다. 그런 만큼 면신례는 통과의례의 성격이 있으며, 사대부의 일상의례의 한 축을 구성하고 있는 것이었다. 그리고 승문원의 인사포폄人事襃貶과 승진 규정에 따라 면신례를 마치면 승문원 관원이 되어 승문원의 업무를 시작할 수 있었다. 이것이 곧 관원으로서 근무의 시작을 확인할 수 있는 지점이 되었다.

맺음말 : 면신례의 폐해, 그럼에도 중요한 의미

이상에서 조선시대에 승문원으로 분관된 권지가 문과에 급제하여 면신례를 모두 마치고, 관료 사회에 정식으로 입문하는 과정을 영남 출신 관료 김령과 권상일의 일기를 따라가면서 살펴보았다. 문과에 급제하고 삼관 중에서도 승문원에 분관되었다는 것은 관료로서 출사出仕하는 초입사初入仕들에게 가장 이상적인 과정이라고 할 수 있었다. 그러나 면신례는 고려시대에 시행된 이래 그 폐해도 심화되었다.

면신례의 폐해는 신급제 혹은 신래에 대한 침학으로 인한 폐해와 경제적인 폐단으로 크게 묶어서 제시할 수 있다. 첫째, 신급제와 신래에 대한 침학은 모욕을 주어서 곤욕을 치르게 하는 것이 대부분이었다. 그러나 심하게는 폭행이나 생명이 위중할 정도로 괴롭히고, 이를 수행하다가 사망하는 사태가 발생하기도 하였다. 단종대端宗代 승문원에 분관된 정윤화鄭允和가 침학을 당하던 중 병으로 사망한 사건이나,[68] 중종조中宗朝에 사헌부 감찰司憲府監察에 부임한 조한정趙漢鼎이 침학을 받던 중 기절하였다가 사망한 사건[69]을 예로 들 수 있다. 둘째, 면신례를 치르면서 발생하는 경제적 폐단도 심각하였다. 경제적 문제들은 대개 면신례를 준비하면서 과도한 비용을 지출하여 발생하기도 하였다. 그렇지만 이후에도 관서를 옮겨서 임용될 때 선배 관원들에게 향응饗應 등을 제공하거나, 반대로 선배들이 요구하는 것을 맞추기 위한 부담이 커졌다.[70] 더욱이 조선 후기로 갈수록 그 정도가 심각해져 군영軍營에서 필요한 물품을 신래들에게 받아서 충당하는 문제가 발생하기도 하였다.[71] 이는 사건이 발생한 18세기 정도면 분관처分館處였던 삼관뿐만 아니라 군문軍門까지 면신례를 시행했고, 그 폐단이 매우 심각했음을 알 수 있다.

이러한 침학으로 인한 신체적·정신적 고통과 경제적 부담을 주는 폐단을 막기 위한 대책으로 조정에서는 여러 차례 '금단절목禁斷節目'을 반포하였다. 성종과 중종은 신래들에 대한 침학을 금지하는 절목을 정하여,[72] 시행하도록 하였다. 또한 신래에 대한 침학은 법령을 통해서도 금지하고 있었다. 면신례와 관련된 법조항은 『속대전續大典』에서 찾을 수 있었다. 『속대전』 '신래면신新來免新'조條에는 "사관四館의 신래가 면신례를 행할 때에 선진先進[선배]이 곤욕을 주는 폐단은 일절 통렬히 금지하되, 범하는 경우에는 장무관掌務官과 상박사上博士를 파직한다"고 하였다.[73] 이 조항은 1553년(명종 8)에 제정된 내용으로 『수교집록受敎輯錄』과 『전록통고典錄通考』에도 수록되었다가, 『속대전』에 명문화되었다. 또한 경제적 폐단 역시 법으로 금지하였다. 역시 『속대전』 '관원면신벌례허참官員免新罰禮許參'조에는 다음과 같은 금지 조항을 규정하였다.

○ 각 관사의 관원 및 하인배가 면신免新·벌례罰禮·허참許參 등의 일로 재물이나 향응饗應을 요구하는 경우에는 관리수재불왕법률官吏受財不枉法律에 의거하여 부당하게 요구했던 재물이나 향응을 장물로 계산하여 논죄한다. 【적발하지 않은 관원은 파직한다. ○ 지방의 향교나 향소鄕所의 임원 및 관속官屬으로서 위와 같은 행위를 범한 경우에는 각 관사의 예에 따라 논죄한다.】 여러 군문軍門의 장교 및 군졸들이 면신례를 칭하면서 재물을 뜯어낸 경우에는 무거운 쪽으로 곤棍을 친다. 【적발하지 못한 장령

將領은 무거운 쪽으로 논죄한다. 죄를 지은 본인은 군율대로 처벌한다. ○
지방의 장교·군관 및 군졸이 위와 같은 행위를 범한 경우에는 여러 군문
의 예에 따라 논죄한다.】

『大典通編』,「刑典」, '금제禁制' [官員免新罰禮許參]

이러한 금령은 면신례로 인한 폐단을 막기 위한 것이었다. 그렇지
만 숙종은 면신례가 군영의 재정까지 충당하는 것으로 변질된 것을 알
게 되자 면신례를 금지하는 절목으로 '계해사목癸亥事目'과 '면신금지
사목免新禁止事目'을 각각 반포하였다.[74] 면신례는 숙종 이전에도 이미
여러 차례 폐지가 시도되었다. 중종 대에 사헌부에서 면신례를 혁파하
자고 하였다. 그 이유는 면신례의 폐단이 발생하는 이유가 신래라는
이름에 있기 때문에 후배와 선배, 품계의 차이가 있는 것이고, 이로 인
해서 상하가 엄격해져서 괴롭힘을 가하는 것이라고 하였다. 그러므로
신래라는 이름을 없애 버리고, 선배와 후배의 예절로 대하게 하고, 허
참·면신·침학·책판責辦 등의 일을 일체 혁파하자고 하였다. 그러나 이
때에도 중종은 면신례를 고칠 수는 없으므로 이러한 폐단을 고치도록
하였다.[75] 선조 대에는 율곡이 면신례에서 발생하는 각종 침학을 선비
의 위의威儀와 염치廉恥를 버리는 오랑캐의 풍습이라고 비판하였다. 율
곡은 면신례의 풍습을 고쳐서 상견례相見禮만 할 것을 건의하였다.[76]
이상과 같이 면신례는 상당한 폐단을 만들어 냈다. 이를 금지하기 위한
절목과 법령이 마련되었지만, 폐해는 개선되지 않고 더욱 심각해졌으
며, 폐지가 여러 차례 논의되었지만 19세기까지도 여전히 유지되었다.
이렇듯 폐단에도 불구하고 면신례가 유지되었던 것은 면신례가 관

료 사회에서 차지하는 의미가 컸기 때문이다. 면신례는 문벌귀족 사회였고, 혈연적인 요소가 상대적으로 컸던 고려에서 가문의 위세를 배경으로 하여 선배들을 우습게 여기는 신래들의 기를 꺾어 주기 위해서 시행된 하나의 풍습이었다. 처음 과거에 급제한 신래가 분관이 되어 구관舊官들과 함께 자리할 수 있는 허참례를 마치기까지의 면신례는 관료 사회의 중요한 예절이었고, 나라에서도 용인하는 사대부들의 일상 의례였다. 면신례는 관료 사회의 질서를 유지하고, 관로官路에 들어서는 시작점이 되는 중요한 의례이면서도, 공적 기능을 가지고 있다. 그러므로 면신례를 지체하거나 제대로 하지 않으면 탄핵받기도 하였고, 관인官人 명부에서 제명되기도 하였다. 면신례를 시행하면서 침학과 침희로 인한 폐해와 경제적 문제가 발생하였지만, 나라에서는 이러한 문제점을 엄금하고, 때로는 벌을 주면서도 허참과 면신례를 지켜가려는 의지를 분명히 하였다. 그 이유는 면신례가 고려시대부터 내려오는 풍습을 넘어서 관료제도를 운영하는 원리의 출발점이었기 때문이다. 즉 분관이 되고, 관직에 제수되어도 허참을 하고 면신례를 마쳐야만 해당 관서의 관원으로 허락 받는 것이고, 비로소 업무를 시작할수 있었으며, 그에 대한 대가로 녹봉도 받을 수 있게 되는 것이었다. 그리고 이는 묵언의 약속이 아니라, 관료제 운영에 실제 적용되었던 원칙이다. 그러므로 관료제 운영의 시작이 허참을 했는가이고, 결국 이는 허참을 하고 신래를 벗는 면신례를 해야만 진정한 관료로서 활동할수 있었다. 그러므로 면신례는 조선시대 사대부의 입신양명을 위한 출발을 보장해 주려 한 중요한 의미를 갖는 것이었다.

참고문헌

『태조실록』,『태종실록』,『단종실록』,『성종실록』,

『중종실록』,『명종실록』,『선조실록』,『선조수정실록』,

『광해군일기』,『숙종실록』,『비변사등록』,

『經國大典』,『國朝文科榜目』,『燃藜室記述』,『慵齋叢話』(『大東野乘』수록),

『鷄巖先生文集』,『鷄巖日記』,『淸臺日記』,『浮齋日記』

나영훈,「조선 헌종대 문관 인사와 홍문관 관원의 위상」,『한국학』172, 2023.

노혜경,「18세기 한 영남 남인의 관직생활-권상일의『청대일기』를 중심으로」,

　　『사학연구』88, 2007.

박홍갑,「조선시대 免新禮 풍속과 그 성격」,『역사민속학』11, 2000.

　　　　,「조선 초기 승문원의 성립과 그 기능」,『사학연구』62, 2001.

원창애,「조선시대 문과급제자의 관직 진출 양상」,『조선시대사학보』43, 2007.

윤진영,「조선시대 관료사회의 新參禮와 契會圖」,『역사민속학』18, 2004.

이강욱,『조선 후기 양반제도』, 은대사랑, 2023.

이근호,「『溪巖日錄』을 통해 본 金坽의 정치활동과 정세 인식」,『역사와 실학』45, 2014.

이지은,「17~18세기 경상도 사족의 과거 체험-『계암일록』과『청대일기』를 중심으

　　로-」,『조선사연구』32, 2023.

임혜련,「『槐院新參同會錄』을 통해 본 숙종대 承文院 分館과 免新禮 시행 양상」,『韓國史學

　　報』96, 2024.

차미희,「조선 후기 文科 及第者의 分館」,『한국사학보』6, 1999.

주

1 박홍갑,「조선시대 免新禮 풍속과 그 성격」,『역사민속학』11, 2000; 윤진영,「조선시대 관료 사회의 新參禮와 契會圖」,『역사민속학』18, 2004.

2 李肯翊,『燃藜室記述』別集 第10卷,「官職典故」, '科擧制度-新來·回刺.'

3 成俔,『慵齋叢話』, 卷4(『大東野乘』수록).

4 洪重相 等編,『槐院新參同會錄』(서울대학교 규장각 소장, 古5129-42).

5 임혜련,「『槐院新參同會錄』을 통해 본 숙종대 承文院 分館과 免新禮 시행 양상」,『韓國史學 報』96, 2024.

6 원창애,「조선시대 문과급제자의 관직 진출 양상」,『조선시대사학보』43, 2007, 43~44쪽.

7 『經國大典』一,「吏典」, '諸科'.

8 박홍갑,「조선 초기 승문원의 성립과 그 기능」,『사학연구』62, 2001, 170쪽.

9 나영훈,「조선 헌종대 문관 인사와 홍문관 관원의 위상」,『한국학』172, 2023, 123쪽.

10 박홍갑, 위의 논문, 2001, 193쪽.

11 차미희,「조선 후기 文科 及第者의 分館」,『한국사학보』6, 1999, 85~88쪽.

12 『태조실록』권2, 태조 1년 11월 25일 임임.

13 박홍갑, 위의 논문, 179~186쪽.

14 김령의 활동은 이근호의 연구에서 광해군에서 인조 대까지 당대 시대적 상황과 함께 분석하 여 참고가 된다(이근호,「『溪巖日錄』을 통해 본 金坽의 정치활동과 정세 인식」,『역사와 실 학』45, 2014).

15 김령이 과거시험에 응시한 시기와 시험은 이지은이 표로 정리하여 소개하였다(이지은, 「17~18세기 경상도 사족의 과거 체험-『계암일록』과 『청대일기』를 중심으로-」,『조선사연 구』32, 2023).

16 金坽,『鷄巖先生文集』, 卷6,「附錄」.

17 이강욱,『조선 후기 양반제도』, 은대사랑, 2023, 302쪽.

18 김령,『계암일록』2권, 갑인년(1614) 4월.

19 김령,『계암일록』2권, 갑인년(1614) 4월 6일.

20 김령,『계암일록』2권, 갑인년(1614) 4월 12일.

21 『광해군일기』권61, 광해군 4년 12월 21일 경술.

22 김령,『계암일록』2권, 갑인년(1614) 5월 13일.

23 원문은 소실되어서 내용 확인은 어렵다.

24 김령,『계암일록』2권, 갑인년(1614) 5월 15일; 5월 18일.

25 김령,『계암일록』2권, 갑인년(1614) 6월 13일.

26 『태종실록』권32, 태종 16년 9월 1일 기축.

27 『용재총화』제1권(『대동야승』수록).

28 『명종실록』권14, 명종 8년 윤3월 11일 정사.

29 윤진영, 위의 논문, 2004, 136쪽.

30 박홍갑, 위의 논문, 2000, 233~234쪽.

31 박홍갑, 앞의 논문, 2000, 239쪽.

32 『성종실록』 권58, 성종 6년 8월 4일 경진.

33 김령, 『계암일록』 2권, 임자년(1612) 7월 25일; 7월 27일.

34 박홍갑, 위의 논문, 2001, 170쪽.

35 김령, 『계암일록』 2권, 임자년(1612) 8월 3일; 8월 5일; 8월 11일.

36 권상일, 『청대일기』 1, 숙종 36년 5월 20일.

37 문과 복시를 치르기 전에 경국대전과 가례에 대한 강독 시험을 치르는 것(『經國大典』 三, 「禮典」, '諸科').

38 권상일, 『청대일기』 1, 숙종 36년 6월 3일.

39 신 정랑은 1709년(숙종 35년) 병조정랑에 제수된 신택(申壋)으로 보인다(『승정원일기』 449 책, 숙종 35년 7월 12일 신사).

40 권상일, 『청대일기』 1, 숙종 36년 6월 7일.

41 김령, 『계암일록』 2권, 임자년(1612) 9월 4일.

42 『國朝文科榜目』, '壬子四年 增廣榜'(奎 106).

43 법전에 따르면 새로 문무과, 생원진사시에 합격하면 방방을 한 다음 날 대궐에 가서 사은謝 恩한 다음 성균관에 가서 알성을 하도록 되어 있다(『經國大典』 三, 「禮典」, '朝儀').

44 김령, 『계암일록』 2권, 임자년(1612) 9월 6일.

45 김령, 『계암일록』 2권, 임자년(1612) 9월 11일.

46 『광해군일기』 권58, 광해군 4년 10월 27일 정해.

47 김령, 『계암일록』 2권, 임자년(1612) 12월 25일.

48 『광해군일기』 권61, 광해군 12월 20일 기유; 『광해군일기』 권61, 광해군 12월 21일 경술.

49 김령, 『계암일록』 2권, 계축년(1613) 3월 8일.

50 김령, 『계암일록』 2권, 계축년(1613) 7월 8일.

51 『광해군일기』[중초본] 권65, 광해군 5년 4월 15일 계묘.

52 김령, 『계암일록』 2권, 갑인년(1614) 2월 12일.

53 김령, 『계암일록』 2권, 갑인년(1614) 2월 23일.

54 윤근은 광해군 4년 식년시에 급제하였다. 같은 해에 급제하였지만, 김령은 증광시에 급제한 것이고, 윤근은 이보다 먼저 시행된 식년시에 급제한 것이다. 또한 윤근은 면신례를 먼저 시 행했기 때문에 선배 관원이었다.

55 김령, 『계암일록』 2권, 갑인년(1614) 3월 2~7일.

56 권상일, 『청대일기』 1, 숙종 36년 11월 5일.

57 권상일, 『청대일기』 1, 숙종 37년 2월 19일.

58 권상일, 『청대일기』 1, 숙종 37년 4월 20일.

59 李肯翊, 『燃藜室記述』 別集 第10卷, 「官職典故」, '科擧制度-新來·回剌.'

60 김령, 『계암일록』 2권, 갑인년(1614) 3월 7일.

61 권상일, 『청대일기』 1, 숙종 37년 4월 27일.

62 엄경수, 『부재일기』 권1, 병술년 8월 28일.

63 엄경수, 『부재일기』 권1, 병술년 8월 29일.

64 『槐院新參同會錄』, '洪重相 跋文.'

65 『太祖實錄』 권2, 太祖 1년 11월 25일 壬寅.

66 『承政院日記』 654책, 英祖 4년 1월 17일 戊辰.

67   鄭元容, 『經山日錄』1책, 갑자년(순조 4) 8월 22일; 24일

68   『단종실록』권6, 단종 1년 6월 8일 계사.

69   『중종실록』권56, 중종 21년 1월 24일 정미.

70   『중종실록』권97, 중종 35년, 12월 10일 신유.

71   『비변사등록』숙종 9년 1월 22일.

72   『성종실록』권278, 성종 24년 윤5월 18일 신해; 『중종실록』권97, 중종 36년, 12월 29일 경진.

73   『續大典』, 「禮典」, '雜令' [新來免新].

74   『비변사등록』숙종 20년 8월 19일.

75   『중종실록』권97, 중종 36년 12월 10일 신유.

76   『선조수정실록』권3, 선조 2년 9월 1일 신미.

일기로 본 사족의 의례 생활

1판 1쇄 발행 2024년 11월 30일

지은이 · 신진혜 김성희 박미선 윤혜민 임혜련
펴낸이 · 주연선

(주)은행나무
04035 서울특별시 마포구 양화로11길 54
전화 · 02)3143-0651~3 | 팩스 · 02)3143-0654
신고번호 · 제1997-000168호(1997. 12. 12)
www.ehbook.co.kr
ehbook@ehbook.co.kr

ISBN 979-11-6737-474-4 (93910)

ⓒ 한국국학진흥원 인문융합본부, 문화체육관광부